THE LAW BOOK

"人类的思想"百科丛书
精品书目

 经济学百科

 心理学百科

 哲学百科

 科学百科

 商业百科

 政治学百科

 莎士比亚百科

 社会学百科

 文学百科

 福尔摩斯百科

 电影百科

 历史百科

 艺术百科

 罪案百科

 宗教学百科

 天文学百科

 生态学百科

 数学百科

 古典音乐百科

 法律百科

 神话百科

更多精品图书陆续出版，
敬请期待！

"人类的思想"百科丛书

DK 法律百科

英国DK出版社　著

任利仁　译

杨大可　熊倍羚　审校

电子工业出版社
Publishing House of Electronics Industry
北京 · BEIJING

Original Title: The Law Book
Copyright ©2020 Dorling Kindersley Limited
A Penguin Random House Company
本书中文简体版专有出版权由 Dorling Kindersley Limited 授予电子工业出版社。未经许可，不得以任何方式复制或抄袭本书的任何部分。
版权贸易合同登记号　图字：01-2022-0679

图书在版编目（CIP）数据

DK 法律百科 / 英国 DK 出版社著；任利仁译 . —北京：电子工业出版社，2023.10
（"人类的思想"百科丛书）
书名原文：The Law Book
ISBN 978-7-121-46011-1

Ⅰ．① D⋯　Ⅱ．①英⋯　②任⋯　Ⅲ．①法的理论－研究－英国　Ⅳ．① D956.19

中国国家版本馆 CIP 数据核字（2023）第 133359 号

审图号：GS 京（2023）1375 号
本书插图系原文插图。

责任编辑：郭景瑶
文字编辑：刘　晓
印　　刷：鸿博昊天科技有限公司
装　　订：鸿博昊天科技有限公司
出版发行：电子工业出版社
　　　　　北京市海淀区万寿路 173 信箱　邮编：100036
开　　本：850×1168　1/16　印张：21　字数：672 千字
版　　次：2023 年 10 月第 1 版
印　　次：2023 年 10 月第 1 次印刷
定　　价：168.00 元

凡所购买电子工业出版社图书有缺损问题，请向购买书店调换。若书店售缺，请与本社发行部联系，联系及邮购电话：（010）88254888，88258888。

质量投诉请发邮件至 zlts@phei.com.cn，盗版侵权举报请发邮件至 dbqq@phei.com.cn。

本书咨询联系方式：（010）88254210，influence@phei.com.cn，微信号：yingxianglibook。

www.dk.com

"人类的思想"百科丛书

　　本丛书由著名的英国DK出版社授权电子工业出版社出版，是介绍全人类思想的百科丛书。本丛书以人类从古至今各领域的重要人物和事件为线索，全面解读各学科领域的经典思想，是了解人类文明发展历程的不二之选。

　　无论你还未涉足某类学科，或有志于踏足某领域并向深度和广度发展，还是已经成为专业人士，这套书都会给你以智慧上的引领和思想上的启发。读这套书就像与人类历史上的伟大灵魂对话，让你不由得惊叹与感慨。

　　本丛书包罗万象的内容、科学严谨的结构、精准细致的解读，以及全彩的印刷、易读的文风、精美的插图、优质的装帧，无不带给你一种全新的阅读体验，是一套独具收藏价值的人文社科类经典读物。

　　"人类的思想"百科丛书适合10岁以上人群阅读。

　　《DK法律百科》的主要贡献者有 Paul Mitchell, Peter Chrisp, Claire Cock-Starkey, Frederick Cowell, Thomas Cussans, John Farndon, Philip Parker, Marcus Weeks 等人。

目　录

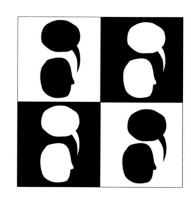

法治的兴起

1800—1945年

新国际秩序
1945—1980年

INTRODUCTION

法律是一个管理社会成员行为的规则体系，它自身带有的复杂性，源自创建、管理的历史过程，实现的社会功能，体现的运作方式及产生的社会效果。

大约1万年前，人类开始群居，且规模日益增大，他们不得不寻求一种新的生活方式以和平共处。人们需要通过明确的法律来解决生活中的各项争议。目前已知最早的法律，大约可追溯至公元前2100年美索不达米亚平原（现今的伊拉克）上一座名为乌尔的城市。国王乌尔纳姆制定了针对一系列犯罪的惩罚措施，如谋杀会被判处死刑。这是早期实践法律的一种做法，在许多后来的法律中都得到了呼应：以确保罪行得到公正的惩罚。

早期，统治者们诉诸神明，以赋予法律权威性。犹太律法承自上帝赋予摩西的教义。公元前1046年前后，中国的周武王声称自己的统治源于天命。到了公元4世纪，基督教的教会法发展成影响现代大陆法系和英美法系的法律体系；而伊斯兰教法则以《古兰经》中真主安拉的启示为基础。

这些新的文明，建立了程序和官僚制度的法律框架，以确保法律得到遵守。哲学家们就正义进行辩论，由此形成了有关的政治思想。在雅典这样一座最早实行民主的古希腊城市中，理性与正义被看作一种美德，引领了柏拉图与亚里士多德的法律理论。罗马帝国的《十二表法》，解释了法律并阐明了公民的权利。公元前475—公元前221年，中国的道家、儒家和法家的学者们提出了各式各样的法律观点，从自由放任到独裁，每种观点都长远地影响了中国。很大一部分法律的存在是为了保护社会成

> 法律的目的不是废除或限制自由，而是维护和扩大自由。
>
> 英国哲学家约翰·洛克
> （1632—1704年）

员及其财产。法律既可起到威慑作用，亦可确保公正。随着贸易的发展，民法被制定出来，用于管理交易与规范商业行为。为了促进国家间的贸易，在公元前500—公元前300年，即古希腊的古典时期，已知最早的海商法——《罗得岛法》逐渐发展开来。

惩罚与权利

在古希腊与古罗马文明衰落之后，中世纪的欧洲仍存在着野蛮的司法形式。在没有证据或可靠证人的情况下，被指控的人（通常是穷人）被用神判法进行审判，即给予被指控的人酷刑，以他们从折磨（如烫伤或烧伤）中恢复的情况为标准来衡量他们的清白程度。一些纠纷依据决斗结果处理，这是一种让当事双方进行肉体对抗的形式。

到了13世纪，罗马教皇下令禁止采用神判法，而决斗审判则维持了很长的时间。少数统治精英之外的一般人变得更加富有，受教育程度得到提高，法律体系也发生了变化。除最底层的贫困者外，普通公民开始寻求更多的权利及更多的法律保障。1215年颁布的《大宪章》

确立了每个自由人诉诸司法的权利。这种权利的法律理念，被1679年的《人身保护令》进一步确立。在英格兰和威尔士，1601年的《济贫法》，也试图解决贫困问题，为社会底层的人们提供了一个非常基本的安全网。

自古以来，刑法、财产法和商法的制定，伴随着时代发展得到了进一步完善，但关于公民权利和基本人权的立法，则经历了一段奋斗的历程，即便到今日也尚未被完全采用。英国的《权利法案》（1688—1689年），诞生于英国内战、查理一世被处决及查理二世和詹姆斯二世的专制统治之后，确保了民选议会的权力。1804年的《拿破仑法典》是围绕法国大革命初期出现的《人权和公民权利宣言》的关键思想制定的。随后，大部分的奴隶制度得以废除，女性投票权也以流血抗争为代价而得到了实现，诸如此类的权利斗争，足足经历了一个世纪。

随着18—19世纪工业革命的到来，工人们开始认识到他们的集体力量。英国1871年制定的《工会法》，赋予了工人政治上的发言权，工会主义在全世界范围内获得了力量，促进了工作条件的改善。1883—1884年，德国通过了一部新的法律，强制雇主为受到工伤的工人提供医疗基金。

为了认可对新的或修订的法律的需要，政府必须对改变持开放态度。在人口超过50万的国家里，有一半以上的国家形成了民主政府，它们采取立法、行政和司法分权的形式，分别制定、管理和执行法律。这种分权的政府体制可以防止权力滥用，并允许政府各部门之间相互制衡。

国际立法

过去的一个世纪里，全球贸易大幅增长，迫切需要大量新的国际立法。同时，世界各国必须共同努力，寻求法律措施，以打击上升中的国际犯罪。第二次世界大战结束后，为寻求世界和平而成立的联合国等国际组织，以及欧盟等贸易集团，将其职权扩展至建立能够就贸易、人权和国际犯罪等问题制定具有约束力的法规的机构。国际刑事警察组织与190多个国家的警察合作，共同打击组织犯罪、恐怖主义和网络犯罪。此外，人们关注如何执行保护环境的措施。

本书以时间顺序，介绍了一些影响法律的重要思想，讲述了这些思想产生的社会和政治环境、拥护它们的人，以及它们在形成这样的社会和政治环境方面所扮演的角色。■

法律必须确立在超越多数人的意志的某种事物之上，这种事物就是正义的永恒基础。
美国前总统卡尔文·柯立芝
（1923—1929年在任）

THE BEGINNINGS OF LAW

2100 BCE—500 CE

法律的起点

公元前2100—公元500年

乌尔国王乌尔纳姆颁布了已知最早的成文法。

约公元前2100年

根据拉比传统，摩西在西奈山上从上帝那里接受了《妥拉》，作为犹太律法的基础。

约公元前1300年

来自罗得岛的古希腊商人发展了在整个地中海被广泛采用的国际海事法律准则。

公元前500—公元前300年

古罗马颁布了其第一部成文法，它被刻在古罗马广场上的12块铜板上。

约公元前450年

约公元前1750年

汉谟拉比国王在巴比伦中心的一块石碑上刻上了282条法律。

约公元前1046年

周武王在中国建立了周朝，声称他的统治"源于天命"。

公元前475—公元前221年

中国进入战国时期，出现了分别以儒家、道家和法家思想为基础的法律体系。

人类作为一种社会性物种，在史前时期，生活在由长辈统治的亲属团体和群体部落中。

几千年来，伴随着文明的发展，出现了不同的政府系统。最初基于习俗与宗教信仰的行为准则变得更为正式，并被进一步编纂为法律。约4000多年前，在美索不达米亚平原，即现今的伊拉克，乌尔国王乌尔纳姆颁布了已知的第一部成文法。

宗教在早期文明中发挥了重要作用，不可避免地影响了立法。法律，尤其是那些规范道德或宗教仪式的法律，被广泛认为具有神圣的权威。

根据犹太传统，上帝赐给摩西《妥拉》，这是希伯来《圣经》的前5卷书，其中包括十诫。这些内容奠定了摩西律法的基础，《妥拉》和后来的《塔木德》，即一部犹太口述传统的书面文集，共同构成了犹太教法的主要法律渊源。

在中国，大约在公元前1046年，西周的第一位君主周武王推翻了商朝的统治。他向臣民表示自己拥有"天命"，如果他未能履行公正统治的神圣职责，"天命"就会被上天收回。

复杂社会的法律

古代世界的文明，在美索不达米亚、古埃及、古印度、中国、古希腊和古罗马等地建立法律框架来组织其日益庞大和复杂的社会，并确保法律条例能够得到真正的执行。

为了进行交易，各国还需要相互接受商业规则，大约在公元前500—公元前300年，《罗得岛法》成为第一个被广泛认可的海商法。

随着国家变得越来越复杂，世界各国的思想家们开始思考如何更好地组织他们的社会。公元前5世纪之后，中国出现了三种截然不同的国家治理思想体系：儒家主张回归美德和尊重传统的价值观，并强调以身作则的重要性；道家提倡与自然和谐相处，而不是按照统治者的意志制定法律；而法家则注重实行专制统治，并给予犯罪者严厉的惩罚。公元前3世纪末，经过战国时期250多年的动荡后，一个基于法家思想的王朝最终建立了秩

亚里士多德阐述了他的正义理论，以法律应该符合自然法这一观点为基础。

古印度的习惯法，在两部梵文著作《政事论》和《摩奴法典》中被提及。

古罗马法学家乌尔比安就罗马法撰写了200多篇有影响力的评注和论文。

约公元前340年　　　　**公元前2世纪**　　　　**公元212—公元222年**

公元前348年　　　**公元前286年**　　　**公元70年**　　　**公元313年**

柏拉图在其著作《法律篇》中提议，在民选官员掌权之前，先由城邦中明智的立法者建立最初的独裁统治。

古罗马的护民官阿奎利乌斯设立了《阿奎利亚法》，为财产的不当损坏提供了经济赔偿的法律依据。

耶路撒冷的第二圣殿被摧毁后，犹太人更加严格地遵守《妥拉》的律法。

《米兰敕令》赋予了罗马帝国中的基督教合法地位，为第一部系统的教会法典汇编铺平了道路。

序，尽管其实施法律的苛刻程度很快就受到了民众的质疑。

公元前5世纪，雅典城邦建立了一种直接民主制度，所有成年公民都可以参与城邦的治理。然而，古希腊的哲学家柏拉图，在其著作《国家篇》与《法律篇》中主张，一个国家应由少数人统治，即由"理想国家"的一群"哲学家国王"或明智的立法者统治。

柏拉图坚称，只有那些受过哲学训练的人才能够理解政府和正义的概念。柏拉图的学生亚里士多德提倡一种公民参与的宪制政府，并且认为有关的立法必须与自然法相协调。

相比之下，古印度则倾向于一个严格的等级社会，古印度按照公元前2世纪的《政事论》与《摩奴法典》主张的那样划分了种姓。

罗马帝国与基督教会

大约在公元前509年，罗马共和国——一个由选举出来的两名执政官统治的宪制政府——成立了。公元前450年，罗马共和国颁布了其第一部成文法——《十二表法》，规定了公民的权利和义务。

随着罗马帝国的扩张，古罗马的法律被乌尔比安等法学家修订，在之后的1000余年里，成为罗马法的基础。

公元313年，皈依基督教的君士坦丁大帝颁布了《米兰敕令》，宣布整个罗马帝国实施宗教宽容政策，这结束了对基督徒的迫害。公元380年，基督教成为罗马帝国的官方宗教，基督教神学家们开始根据基督教教义来制定有关的法律。

早期的教规源于人们应该信仰什么的宗教争论，是罗马天主教教会法的基础。教会法是规范教会组织和基督教信仰的法律体系，影响了中世纪欧洲民法的发展。■

观察正义的篇章

早期法典（公元前2100—公元前1750年）

背景介绍

聚焦
第一部成文法

此前
约公元前4000年　世界上第一座城市乌鲁克在美索不达米亚平原的苏美尔建立。

约公元前3300年　楔形文字是最早的书写系统，是在乌鲁克被发明的。

约公元前2334年　阿卡德的萨尔贡（美索不达米亚平原上的一座城邦）征服了苏美尔，并建立了世界上第一个帝国。

此后
约公元前600年　《出埃及记》呼应了巴比伦的律法，将"以眼还眼"作为摩西律法的一个组成要素。

约公元前450年　报复的法律基础——《同态复仇法》的法律条文，被纳入古罗马的《十二表法》中。

大约6000年前，在美索不达米亚平原，苏美尔人开始建造城市，如乌鲁克，这些城市由恩西统治。对于居住在小型农业定居点的人们来说，对个人所受的冤屈进行报复的责任落在家庭身上。在城市中，由于大量无关的人聚集在一起，需要一种可使人们和平共处的生活方式，因此，人们发明了法律，以解决纠纷和防止争斗。当城邦强大到足以形成第一个帝国时，统治者便开始颁布法律以控制人民。

法律记录的保存

最初，法律以口耳相传的形式存在并传播。约公元前3300年，苏美尔人开始使用一种被称为"楔形文字"的书写系统来记录信息。现存最早的楔形文字法律规则或法典，由乌尔国王乌尔纳姆在公元前2100年前后制定。其中的每条法律都采取犯罪与惩罚结合的表述形式，比如，"若一人犯谋杀罪，则此人应被处死"。

20世纪初，人们发现了更为完整的法典。《汉谟拉比法典》由公元前1792—公元前1750年的巴比伦国王汉谟拉比编撰，被用楔形文字刻在2.25米高的玄武岩石柱上。在法典的开篇序言中，国王宣布：众神命令他"发扬正义于世，灭除不

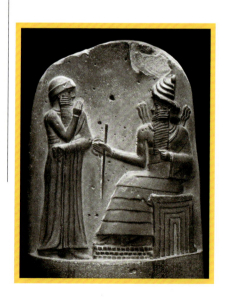

石碑顶端的浮雕是《汉谟拉比法典》的一部分。该法典被雕刻在黑色的玄武岩石柱上。浮雕展示了国王汉谟拉比站在以坐姿出现的美索不达米亚正义之神的身前。

参见：十诫与摩西律法 20~23页，《十二表法》30页，古印度的《政事论》与《摩奴法典》35页，神判法与决斗·裁判 52~53页。

法邪恶之人，使强不凌弱"。

以眼还眼

　　《汉谟拉比法典》与《乌尔纳姆法典》一样，以条件语句的形式来陈述法律内容。《汉谟拉比法典》共有282条，其中的第196条写道："如果一个人挖掉另一个人的眼睛，那么他的眼睛也将被挖掉。"这种同态复仇的原则，也出现在《出埃及记》和《利未记》之中，并作为希伯来律法的一部分。之后，该原则在罗马法中以《同态复仇法》的形式再次出现。然而，这样的法律设立的目的，并不是鼓励报复，而是限制报复，以实现罪行与惩罚相适的目标。

　　《乌尔纳姆法典》针对暴力犯罪的报复，采取了一种相对柔和的惩罚方式，即将身体的每一部分表示为白银的重量。例如，砍断他

塔庙是一座巨大的阶梯金字塔，顶部建有神殿，作为美索不达米亚城市的宗教中心。

人脚的人会被处以"10舍克勒"（shekel）的罚款。《乌尔纳姆法典》这种采用经济手段惩罚的形式，更接近现代的惩罚观念。■

将来，逐代相继，使这地的王……必不改变我所吩咐的这地的律法。

《汉谟拉比法典》

司法程序

　　记录在泥板上的案件，显示了美索不达米亚平原上的人们是如何进行所谓的审判的。审判程序中并不存在正式的法院，也没有律师参与。指控方与被指控方，加上证人，一起出现在由当地人或城市长老组成的集会中，接受审判。涉及更为严重的案件时，由3~6名法官组成的法庭会以提供口头或书面证词的形式进行审判。如同今日的情况，审判的参与者庄严宣誓，这样的场景可能出现在公共场所、国王的宫殿或城市的寺庙中。在某些情况下，人们认罪是因为他们害怕说谎会惹怒神明。

　　因此，一个案件若不能得到解决，那就得交由诸神来决定。在《汉谟拉比法典》中，残酷的试炼被当作一种法律解决方案：被告被迫跳入幼发拉底河，"如果他沉入河中，那么指控他的人将占有其房屋；若他毫发无伤地逃脱了，那么指控他的人将被处死"。

巴比伦宗教的主神马尔杜克象征着秩序，他击败了代表邪恶和混乱的蛇形海神提亚玛特。

这将是你们永恒的律令

十诫与摩西律法

（约公元前1300—公元前6世纪）

背景介绍

聚焦
神圣法

此前

约公元前1750年　巴比伦国王汉谟拉比颁布《汉谟拉比法典》。

此后

约公元前1207年　古埃及法老麦伦普塔赫在一座花岗岩石碑上吹嘘他的战功，并首次提及迦南的以色列人，"以色列荒芜，其种无存"。

公元前3世纪　《妥拉》被译成希腊文，并被定名为《摩西五经》，即"五本著作的合集"。

约公元200年　巴勒斯坦的拉比（Rabbi，指犹太教律法学者）编纂了一部基于犹太口述传统的成文法典《密释纳》。这部法典为解释《妥拉》中的律法提供了进一步的指引。

约公元350—公元550年　拉比出版了《革马拉》，对《密释纳》进行了进一步的分析和阐明。《革马拉》和《密释纳》两部犹太法典，共同组成了《塔木德》一书的内容。

摩西律法是《妥拉》中确立的一种古老的法律体系，是《塔纳赫》的前5卷。"妥拉"一词作为法典的标题，本身体现了一种源自宗教的"教导"成分——该书包含了大量犹太教律法。这些律法由上帝直接赐予犹太民族的创始人和律法制定者摩西。

参见： 早期法典 18~19页，古印度的《政事论》与《摩奴法典》35页，《密释纳》和《塔木德》38~41页，教会法的起源 42~47页，《古兰经》54~57页。

这幅17世纪的画作为"摩西十诫"，是法国画家菲力普·德·尚帕涅的作品。

在《妥拉》中关于《出埃及记》的传说里，摩西在公元前1300年受上帝的指引，带领以色列人脱离古埃及的奴役，走向名为迦南的应许之地。

摩西带领其追随者，先前往

西奈山。摩西登上西奈山，在那里，上帝赐予了他十诫及许多详细的律法。这些律法涵盖了道德行为、宗教崇拜及日常生活的方方面面。十诫中最重要的一条，即第一诫的内容，是"除我以外，你不可有别的神"。以色列人在到达迦南之前，在沙漠中流浪了40年，而摩西本人也在途中过世，未能到达应许之地。

摩西律法被视为上帝与以色列人之间圣约的一部分。人们相信，若以色列人遵守神的律法，上帝就会保护他们，并把迦南赐给他们。《出埃及记》第19章第5节写道："如今你们若实在听从

我的话，遵守我的约，就要在万民中做属我的子民，因为全地都是我的。"

《妥拉》的作者们

《妥拉》一书最初由希伯来文撰写，并被认为是摩西本人亲自写下的。但是，从18世纪开始，学者们发展了一套阅读《圣经》的历史方法。这套方法表明，这些故事是随着时间的推移由许多作者使用不同的词汇和写作风格共同塑造的。书中的文字内容包括后人为了解释古代地名而插入的脚注，同时也指明了"至今可见"的事件的相应证据。

19世纪的德国学者认为，《妥拉》中的原始材料可归纳为4种类型，他们用E、J、D和P4个字

组成《妥拉》的宗教典籍

《创世纪》
天地万物的创造。

《出埃及记》
犹太人逃离古埃及，以及包括十诫在内的宗教律法。

《利未记》
关于宗教献祭、祭司职位，以及仪式净化的律法。

《民数记》
犹太人在旷野中流浪40年的事迹，以及以色列部落的首次人口普查。

《申命记》
摩西生前颁布的关于供奉上帝、犯罪和惩罚的律法。

《十诫》第20章

1. 除我以外，你不可有别的神。

2. 不可为自己雕刻神像，也不可供奉它。

3. 不可妄称耶和华你神的名。

4. 要记念安息日，守为圣日。

5. 当孝敬父母。

6. 不可杀人。

7. 不可奸淫。

8. 不可偷盗。

9. 不可作假证陷害人。

10. 不可贪恋别人的任何物品。

母来表示这4种类型。这4个字母分别为埃洛希姆派（Elohist）、雅威典派（Jahwist）、申命派（Deuteronomist）和祭司派（Priestly）的首字母。最早的材料，即《创世纪》和《出埃及记》的大部分内容，以及《民数记》的部分内容，被认为是E类和J类。E类材料描述了当时北方部落的传统，并以埃洛希姆来称呼上帝。J类材料属于以色列南部的犹大部落，用4个字母构成的名字，即YHWH来称呼上帝，并假定上帝名字的发音为耶和华。《申命记》，即《妥拉》的第5卷内容，属于D类材料，与公元7世纪统治以色列王国的约西亚王的宗教改革有关。约西亚王将宗教崇拜活动集中在耶路撒冷的圣殿之中，并严格执行一神论的宗教教义。犹大王国北方的以色列王国在公元722年被亚述人侵略。在《申命记》中，犹大认为以色列的历史被改写了。

来自P类的最新材料可追溯到公元前586年巴比伦国王尼布甲尼撒摧毁耶路撒冷城和圣殿之后。犹太祭司们在被驱逐到巴比伦后，针对《创世纪》和《出埃及记》的内容进行了修订，同时还写下了《利未记》和《民数记》。

在祭司们撰写的内容中，上帝耶和华并没有被局限在一处，他可以陪伴犹太人到任何地方。《利未记》第26章第11~12节写道："我要住在你们中间……我要在你们中间往来。我要做你们的上帝，你们要做我的子民。"

摩西律法随着时间的推移而更新。然而，每一条新的律法都源自上帝在西奈山上赐予摩西的十诫。

一位超然的神

早期以色列人在崇拜耶和华的同时，也崇拜其他迦南神祇。《妥拉》中有很多以色列人崇拜巴力神的故事。巴力神是掌管降雨和生育之神。上帝耶和华和其他神被供奉在圣所（圣地），而圣所通常位于山顶。

十诫的第一诫写道："除我以外，你不可有别的神。"这句话表明，其他的神祇也可以被崇拜，只是耶和华的地位要在他们之上。在雅威典派和埃洛希姆派中，上帝以凡人的形式出现：亚当和夏娃听见耶和华上帝在园中行走的声音（《创世纪》第3章第8节）；上帝在亚伯拉罕的帐篷前拜访他（《创世纪》第18章）。然而，到《申命记》成书时，上帝却成为超然的存在。犹太教成为一神教后，早期以色列人崇拜亚舍拉和巴力神的故事，在《圣经》中被解释为背离摩西律法的例子。巴比伦之囚被看作上帝对这一切的惩罚。

一个祭司的国度

在流放巴比伦期间，犹太祭司宣称：上帝命令以色列成为一个圣洁的民族，一个属于祭司的国度，这样上帝便可住在他们中间。犹太祭司们被指示遵守严格的饮食和清洁规则，与他们的巴比伦邻居保持距离。在古代世界，祭司遵守宗教生活戒律是十分常见的，比如，古埃及祭司每天必须用冷水沐浴4次，必须穿着纸莎草凉鞋和亚麻布衣服。但是，在整个国家施行这些戒律，却是独一无二的。

《利未记》详细描述了犹太人的生活规则和仪式。《利未记》第11章第47节命令百姓分清"什么是洁净的，什么是不洁净的，什么是可吃的，什么是不可吃的"。猪肉、贝类和许多其他食物被禁止食用，而那些允许食用的动物，也只有在仪式上宰杀并去除血液后，才可被食用。

《利未记》第14章第48～53节描述了一项净化墙壁上带有霉菌的房子的复杂仪式。祭司要拿着香柏木、朱红色线和牛膝草，蘸于在活水中被宰杀的鸟的血中，在房子里洒7次，然后把活鸟放在城外的田野里。这样，它就能够为房子赎罪，房子也就洁净了。

绝对的真理

早期的古代法典，如《汉谟拉比法典》，试图以一种诡辩式的角度，强调某种特殊情况下的程序，并从中推演出适用于一般情况的法律原则。相比之下，十诫的内容则是定论化的，只有绝对意义上的是与非，例如"你不能杀人"。即便如此，摩西律法中仍包含许多与美索不达米亚和巴比伦法律相似的法律。例如，《汉谟拉比法典》第251条规定："如果一头牛曾经用角撞过人，而且这头牛的主人已经被告知过他的牛曾用角撞过人，但该主人没有把牛角挫钝或者控制好牛，导致牛撞死了一个自由人，那么牛的主人应该赔偿0.5迈纳。"

尽管美索不达米亚的国王声称自己代表诸神来进行统治，但他们从未声称自己的神就是法律的制定者。触犯法律就是冒犯他人，被冒犯者却可能选择原谅。但是，违反《妥拉》中的律法就不同了，这不仅是对他人的冒犯，也是对上帝的冒犯。■

> 你把以下条例告诉以色列全体会众。你们要圣洁，因为我——你们的上帝耶和华是圣洁的。
>
> 《利未记》第19章第1～2节

《妥拉》经卷

诵读《妥拉》经卷是犹太人祷告仪式的一部分。这种仪式在特定的日子举行，包括安息日和其他的犹太节日。

《妥拉》经卷，包含了上帝赐予摩西的律法，是每个犹太会堂里最神圣的物品。每个卷轴，或者说实体意义上的《妥拉》经卷，都是使用传统的羽毛笔或芦苇在特殊的羊皮纸上手写而成的。《妥拉》经卷包含了304805个希伯来字母，必须由受过训练的抄写员完美书写。

即使是一个小小的错误，也会导致整个经卷作废。《妥拉》经卷被保存在妥拉柜里，那里是犹太会堂最神圣的部分和祷告面向的中心。妥拉柜一般靠墙放置，那堵墙面朝耶路撒冷。

犹太会堂里，信徒会诵读《妥拉》的段落，一周数次。每个安息日早上，他们都要读选定的章节，这样他们就能在一年的时间里读完整部律法。这个诵读经卷的年度周期的结束，以"庆法节"为标志。

天命

中国周朝

（公元前1046—公元前256年）

公元前1046年前后，周武王推翻了统治中国5个世纪的商朝。作为新王朝的开国君主，周武王诉诸一种叫作"天命"的概念。他强调，一个君王只有拥有上天的眷顾才能执政，商朝君王疏忽了自己的神圣职责，统治腐化，所以上天才将统治权转交给了新的王朝。

商朝君王通过占卜来寻求与祖先交流的能力，并以此建立自身的统治权威。他们也通过占卜来预测未来。周武王及其继任者，包括后来朝代的君王，延续了这一概念，都强调天命的重要性，并为自己的统治辩护。

君王的职责

周朝君王相信他们有义务实施公正的统治，否则他们将面临失去天命的风险。这种天命赋予的职责，在周朝最早的历史文献中就有记载。在周成王（周武王之子）命人编纂的《康诰》中，周成王向康叔（周武王的兄弟）发布了告诫治理的有关命令。■

命之不易，
无遏尔躬，
宣昭义问，
有虞殷自天。
《大雅·文王》

参见: 早期法典 18~19页，中国的儒家、道家和法家 26~29页，《大宪章》66~71页，英国国王查理一世的审判 96~97页。

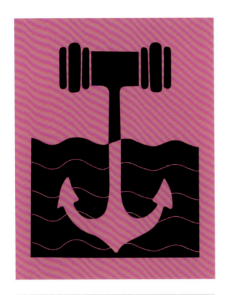

海洋的法律

《罗得岛法》

（约公元前500—公元前300年）

《罗得岛法》是目前已知最早的海事法典，源自古希腊的古典时代（公元前500—公元前300年）。古希腊的罗得岛是地中海东部及整个地中海航海线上的一个军事要塞，它的海商法内容如此全面，以至于从西班牙到黑海的其他古希腊城市和殖民地都采用

了它。《罗得岛法》还影响了罗马法，为解决跨地中海的海上争端提供了一种公认的方法。

货物的抛弃法则

《学说汇纂》（公元533年）中留存至今的条文提到了遇险船舶丢弃货物的有关法律规定：如果为了减轻船舶重量而抛弃货物，则必须由货物体现的共同价值来弥补为共同利益所做出的牺牲。这种分担损失的原则，被称为"共同海损"，在今日的海商法中仍然适用。《罗得岛法》威望如此高，以至于东罗马帝国在约公元700年以《罗得岛海洋法》命名了其新颁布的海事法典。■

罗得岛巨像是古代世界七大奇迹之一。这座巨大的太阳神赫利俄斯雕像是为了迎接进入罗得岛港口的水手们而建造的。

参见: 古罗马的《阿奎利亚法》34页, 法学家乌尔比安 36~37页,《商人法》74~77页, 世界贸易组织 278~283页。

良善执政的艺术

中国的儒家、道家和法家

（公元前475—公元前221年）

背景介绍

聚焦
法律与哲学

此前
公元前1046—公元前771年　西周实施分封建国制度，在地方建制诸侯国，各诸侯统治着自己的封地。

公元前475—公元前221年　中国进入战国时期，诸侯间彼此讨伐，周朝君王无力控制。大的诸侯国不断吞并周遭小国，最后形成政治上具有代表性的7个诸侯国，分别是齐、楚、燕、韩、赵、魏、秦。

此后
公元前221年　秦吞并6国后统一中国，建立秦朝（公元前221—公元前206年）并强制实行法家统治。

公元前141年　汉朝（公元前206—公元220年）赋予儒家官方思想地位，法家思想遭到压制。

在中国的战国时期（公元前475—公元前221年），7个较大的诸侯国彼此敌对，征战不断。

在这种大背景下，中国发展出3种在一定程度上相互排斥的思想体系：儒家思想、道家思想和法家思想。这3种不同的思想体系，在政府与法律治理方面有着截然不同的观点，均对中国历史产生了持久的影响。

儒家思想

中国的哲学家孔子（公元前551—公元前479年）强调依靠传统

参见: 早期法典 18~19页, 中国周朝 24页, 柏拉图的法律观 31页, 古印度的《政事论》与《摩奴法典》35页。

战国时期的中国形成了3种相互竞争的思想。

儒家思想: 教化百姓。统治者以德行和传统来治理国家。	道家思想: 人与自然和谐共处。统治者不应该干涉人民的生活。	法家思想: 人都是自私自利的。统治者应该阻止犯罪, 用刑罚维持秩序。

孔子

孔子生于公元前551年, 属于鲁国的下层贵族。后来, 他的追随者称他为孔夫子。孔子在鲁国朝廷为官数年, 没有获得任何的政治影响力, 于是他开始周游列国, 希望被其他国家的执政者礼遇从而得以实现自己的政治抱负。最终, 孔子未能获得出仕任官的机会, 因为他的想法在当时的统治者看来过于理想化。孔子继续通过教学传播他的哲学思想, 他学识渊博, 吸引了众多学生。

孔子在公元前479年去世, 他的学说被他的学生(包括学生的学生)记录、整理在《论语》一书中。书名"论语"二字体现了孔子和门人之间的"对话", 西方世界也采用"语录"(Analects)一词来称呼《论语》。

主要作品

春秋战国时期 《论语》

来维持社会稳定, 并强调古代礼制的重要性, 即"仁"的人生哲学和所谓的孝道精神。孔子还认为, 孝道应该从家庭扩展到整个社会, 每个人都要扮演好自己的角色。5种关键的社会关系, 分别是君对臣、父对子、夫对妻、兄对弟、友对朋。其中, 上位者应像慈父, 而位居下者理应恭顺。

孔子认为, 只有原始社会才需要法律和惩罚, 因为那时的人们没有遵守适当的礼仪。如果当权者给人们树立了良好的榜样, 并且使人们接受了教育, 人们便会表现出良好的行为。孔子在《论语》中写道: "道之以政, 齐之以刑, 民免而无耻。道之以德, 齐之以礼, 有耻且格。"

道家思想

道家思想的关键著作是《道德经》, 相传该著作为老子在公元前6世纪所著。关于《道德经》一书的作者归属, 学术界尚未有定论, 不过该书的中心思想却很明确: 人应该与宇宙的自然秩序和谐相处。这种哲学观点, 可简化为一个字: 道。在《道德经》中, 老子说: "天下莫柔弱于水, 而攻坚强者莫之能胜, 其无以易之。弱之胜强, 柔之胜刚, 天下莫不知, 莫能行。"

道家认为, 只要人们都过着简单的生活, 摆脱野心和贪婪, 那么所有的社会问题都会迎刃而解。道家和儒家一样, 也对法律的作用存有疑虑, 但有一点与儒家不同: 儒家认为政府的治理有益于社会, 而道家坚信私人生活的重要性, 希望统治者远离人们。道家认为, 最好的统治方式是"无为"。"为无为, 则无不治", 完美的统治者不制定法律, 不限制他的臣民, 行为也不被人注意。

作为一种主张个人主义和"无为"的哲学，道家对政府的实际用处十分有限。然而，道家思想对后续中国哲学和宗教的发展产生了十分持久的影响。

法家思想

战国时期，最成功的思想是法家思想，西方也采用"守法主义"（Legalism）一词来称呼中国哲学中的法家思想。法家认为，人本质上是自私、懒惰且无知的，建立社会秩序和强大国家的方法，就是以严格的法律和刑罚来遏制犯罪，即便较轻的罪行也应受到严厉惩罚。

公元前4世纪，秦国宰相商鞅进行变法改革，并遵循了法家的主张。商鞅及其追随者将他的法家思想编纂为《商君书》，这本书对儒家思想进行了抨击，并表示，对过去和传统的崇敬会鼓励人们批

> 不贵难得之货，使民不为盗；不见可欲，使民心不乱。
>
> 老子
> 《道德经》（公元前4世纪）

评他们现在的统治者，即使是仁慈和美德也会破坏法律。《商君书》认为，"坏人"理应掌权，原因有二：首先，人们应该忠于法律本身，而不是忠于执法者；其次，"坏人"很可能会举报犯罪，因为他们喜欢窥探他人。

商鞅变法中采用的刑罚是十分屈辱且痛苦的。这些刑罚包括黥

刑、刖刑（刖字音yuè，指砍去受罚者左脚、右脚或双脚），以及各种方式的公开处决，如烹刑、车裂或活埋等酷刑。刑罚的实施也不局限于犯罪者个人，还会株连到犯罪者的家庭或氏族全体，知情不报者会被视为同罪，接受与犯罪者同样的惩罚。

商鞅利用法家思想建立了一个强大的专制国家，以及一支由农民组成的强大军队。商鞅摧毁了封建贵族的政治力量，使贵族如平民一般，也受制于同样的法律。然而，好景不长，当先前被商鞅羞辱的贵族重新掌权后，商鞅在政治上便不再得势。公元前338年，商鞅被车裂并示众，其全体族人也被诛灭。

历史学家司马迁认为商鞅的变法措施是有效的，但他自己本身也是罪有应得的。司马迁在《史记·商君列传》中写道："行之十

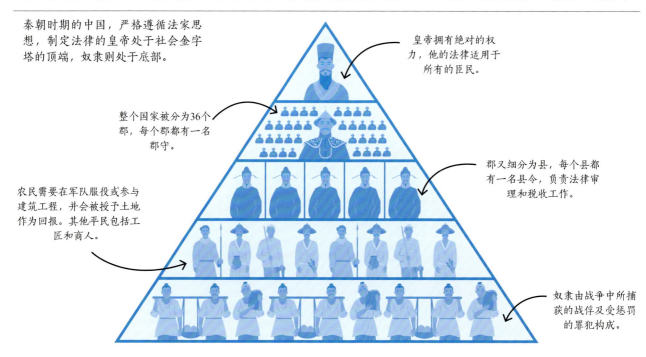

秦朝时期的中国，严格遵循法家思想，制定法律的皇帝处于社会金字塔的顶端，奴隶则处于底部。

皇帝拥有绝对的权力，他的法律适用于所有的臣民。

整个国家被分为36个郡，每个郡都有一名郡守。

郡又细分为县，每个县都有一名县令，负责法律审理和税收工作。

农民需要在军队服役或参与建筑工程，并会被授予土地作为回报。其他平民包括工匠和商人。

奴隶由战争中所捕获的战俘及受惩罚的罪犯构成。

年，秦民大说，道不拾遗，山无盗贼，家给人足。民勇于公战，怯于私斗，乡邑大治。"

法家最伟大的思想家是韩非子（公元前280—公元前233年）。他认为，普遍执行和广为宣传的法律，会为生活带来秩序和可预测性，从而使每个人最终受益。法家思想促使人们做一些他们本来不愿意的事情，如努力工作、参加战争。如果说法律让人反感，那是因为人们就像婴儿，不知道什么对自己有好处。

秦朝的集权统治

公元前221年，秦王嬴政统一了全中国，并自称"始皇帝"，即所谓的"秦始皇"。秦始皇推崇法家思想，在全国各地推广统一的生活方式，并且引入标准货币、度量衡和新的书写文字。秦始皇强迫百姓劳动，修筑了横跨北部边境的第一道长城、一条全国的道路网，以及一座属于他自己的巨大陵寝——秦始皇长眠于此，并有大量的兵马俑。这些兵马俑作为戍卫陵寝的军队，守护着他。

民愚则易治也。
秦鞅
《商君书》

兵马俑守卫着秦始皇陵墓。兵马俑除了8000名战士，还包括军车和战马，它们一同组成了秦始皇的地下军队。

秦朝时期的中国是一个集权统治下的国家，人民生活的方方面面都受到控制。秦始皇下令焚书，以利于思想上的控制。同时，据司马迁的记载，秦始皇还下令坑杀460余名儒生。如此严厉的统治，导致秦朝的统治在秦始皇去世后仅仅维持了不到4年。

汉代的改革

公元前206年，刘邦夺取了政权，建立了新的王朝——汉朝，开创了中国历史上第一个黄金时代。法家思想在战争不断的时代行之有效，而儒家思想则有助于提升社会的凝聚力和对统治者的忠诚度，在中国的承平时期，似乎更适用。

在汉朝，法家思想遭到了广泛的质疑，最为严厉的刑罚被废止了。公元前141年，汉武帝宣布以儒家思想作为国家的意识形态。在

这样独尊儒术的影响下，孔子的《论语》成为一本神圣的思想典籍，深刻地影响了中国一代又一代的学者。■

应受法律约束

《十二表法》（公元前450年）

公元前450年前后，罗马共和国编制了第一部成文法典，它被铭刻在12块铜板上，并被陈列在主要的广场中。当时，少数的贵族统治阶级掌管着最高的行政机构；而充当治安官的祭司，则对世代相传的法律进行解释。平民与他们进行着长期的斗争。平民可能会因违反他们不知道的法律而受到惩罚。作为向平民做出的让步，10名由贵族担任的地方法官——被称为"十人委员会"，承担了记录古罗马习惯法的责任。多亏了十人委员会对《十二表法》的整理工作，罗马共和国的公民知道了一些与自身相关的更为重要的法律权利，并且可对地方法官的裁决提出上诉。

民事法典

《十二表法》涉及与民事相关的法律制度，即关于社会成员之间的关系的法律内容，概括了公民的权利和义务，并且记载了有关法律程序的重要条款，其中包括传唤法庭、审判、证人的作用和判决执行。

罗马仍然是一个农业城镇，许多新编纂的法律与农业纠纷有关：一项法律禁止贵族和平民通婚，但很快就被废除了；其他法律被后来更新的法律所取代。然而，回顾这段历史，《十二表法》的颁布，也象征着罗马法律体系基础的建立。■

在我看来，那本关于《十二表法》的小书的价值，无疑超过了所有哲学家的藏书。

古罗马政治家西塞罗
（公元前106—公元前43年）

参见: 早期法典 18~19页，古罗马的《阿奎利亚法》34页，法学家乌尔比安 36~37页，《大宪章》66~71页。

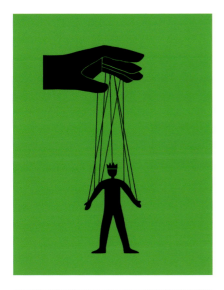

法律是统治者之主

柏拉图的法律观（公元前348年）

背景介绍

聚焦
法律至上

此前
公元前399年 古希腊哲学家苏格拉底在雅典被判处死刑，他的学生柏拉图因此而怨恨暴民统治下的民主。

公元前367—公元前361年 柏拉图担任新的叙拉古独裁者狄奥尼修斯二世的导师。然而，柏拉图将其打造成"哲学家国王"的尝试，以失败告终。

此后
约公元前330年 在《政治学》一书中，柏拉图的学生亚里士多德认为，一个国家应该将民主和寡头政治结合起来。

约公元前130年 古希腊历史学家波利比乌斯称赞罗马共和国是一个成功的混合政体。

1748年 孟德斯鸠在《论法的精神》中，提出了一种混合政体。

雅典哲学家柏拉图于公元前350年完成的《法律篇》是他最后一部著作，也是他篇幅最长的一部著作。柏拉图更为著名的作品《国家篇》，着眼于"哲学家国王"统治下的理想国家，这一国家不需要法律。相反，《法律篇》关注的是"次优"的国家，在那里，法律居于至高无上的地位。

《法律篇》以克里特岛为背景，讲述了一个不具名的雅典人、一个叫麦基鲁斯的斯巴达人和一个名叫克雷尼阿斯的克里特人之间的对话。克里特人正在建立一个新城市马格尼西亚。三人讨论了相关的宪法制度，雅典人提出了涵盖各个方面的法律法规。

柏拉图理想化的城邦结合了威权制度和民主元素。城邦的法律先由独裁者和明智的立法者起草，然后将权力交给民选官员。为了防止任何人有超越法律的权力，法律中还设计了一个制衡系统：城市官

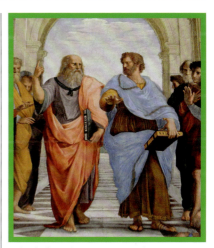

在梵蒂冈博物馆的一幅壁画里，图中左侧的是柏拉图，右侧的则是亚里士多德。亚里士多德对于法律和政府的观点，深受柏拉图的影响。

员要服从于审查员的权威，接受审查员的资格检视，并被要求承担相应的责任。柏拉图关于法律主权和混合政体的学说，形成了他影响久远的思想遗产，从亚里士多德到18世纪法国的孟德斯鸠，所有的哲学家都深受其思想的影响。■

参见：亚里士多德与自然法 32~33页，英国光荣革命与《权利法案》102~103页，美国最高法院与司法审查 124~129页。

真实的法律是正确的理由

亚里士多德与自然法（约公元前340年）

亚里士多德将法律区分为所谓的**自然法**和**习惯法**。

自然法是**永恒不变**的。

习惯法因**时间、地点和风俗习惯**的不同而异。

为公正起见，法律必须建立在**超越习惯的基础上**——必须**与自然法相协调**。

公元前4世纪，古希腊哲学家亚里士多德区分了不变的、普遍的自然法和因地而异的约定俗成的习惯法。亚里士多德认为，法律要公正就应该与自然法协调。

亚里士多德在《修辞学》一书中，将古希腊剧作家索福克勒斯在公元前5世纪创作的悲剧《安提戈涅》作为两种法律相互冲突的例子。在剧中，安提戈涅为她的兄弟波利尼西亚举行葬礼，这打破了国王的诏令。亚里士多德观察到，抗辩时，安提戈涅通过诉诸更高的自然法来试图证明打破国王诏令（人定法）具有正当性。自然法"不属于今日或明日，而是永久存在的，没有人知道这种法则是如何生成的"。然而，亚里士多德并没有解

参见: 柏拉图的法律观 31页,法学家乌尔比安 36~37页,教会法的起源 42~47页,《格拉提安教令集》60~63页,托马斯·阿奎那 72~73页。

> 正如每个人所感觉到的那样,确实存在某种本质上和所有人共有的东西。
> 古希腊哲学家亚里士多德
> 《修辞学》
> (公元前4世纪)

释如何区分自然法与文化信仰。于是,为自然法寻找理性基础的工作,只好留给了后来的思想家。

自然的和谐

公元前300年,斯多葛学派创始人、古希腊哲学家芝诺,将自然法与神圣理性相结合。他认为,自然法是一种带有目的的秩序体现,遍布整个宇宙。作为这个宇宙的一部分,人类当然具有神圣的理性,唯有遵循理性,而非情感,人类才能与自然法则和谐相处。

斯多葛学派坚信所有人拥有神圣的理性和自然法则,人类社会是一个所有人都平等的社会。在他们看来,理想社会是一个世界性国家,每个人都遵循神圣理性的规则,并和谐地生活在一起。几个世纪后,一些古罗马法学家,包括公元3世纪早期著名的乌尔比安,接受了斯多葛学派的观点,认为人类在自然法则上是平等的,奴隶制是违背自然法则的。然而,他们从来没有争论过应该如何在民法中实践这一原则。

神圣理性

古罗马政治家西塞罗深受斯多葛学派的影响,他在作品《论共和国》中强调:"真正的法律是与自然一致的正确理性……永恒不变的法律……对所有国家和所有时代都有效,并且只有一位真正的主宰者和统治者,那就是我们所有人的'上帝',因为他是所有法律的制定者、传播者和裁决者。"虽然西塞罗把斯多葛学派的"上帝"看作一种神圣的理性,但西塞罗的话引起了后世基督教思想家的共鸣,其中也包括意大利修士格拉提安和托马斯·阿奎那——他们看到了西塞罗所描绘的上帝形象:一位普世的立法者、一位人间的法官。■

> 就民法的角度来看,奴隶不被视为人;但根据自然法,情况并非如此,因为自然法认为所有人都是平等的。
> 法学家乌尔比安
> 《论撒宾》
> (约公元212年)

亚里士多德

亚里士多德是一位哲学家、科学家和博物家,他的著作影响了古代和中世纪哲学的发展。公元前384年,亚里士多德出生于色雷斯的斯塔吉拉,17岁前去雅典学习,在柏拉图的学院中任教20年。公元前347年,柏拉图去世,之后亚里士多德前往小亚细亚。公元前344年,他在爱琴海的莱斯沃斯岛对海洋生物进行了详细研究。

他在公元前335年建立了属于自己的吕克昂学园。学园建有图书馆、博物馆及地图收藏馆。在那里,他写了大约200本书,涵盖科学和哲学的众多分支。公元前323年,亚里士多德搬到哈尔基斯,并于次年去世。

罗马帝国覆灭后,亚里士多德的作品仍在伊斯兰世界广为流传。他的思想后来通过托马斯·阿奎那得以在西方实现复兴。

主要作品

约公元前330年　《尼各马可伦理学》

公元前4世纪　《修辞学》

公元前4世纪　《政治学》

一个人须对其不法损害负责

古罗马的《阿奎利亚法》（公元前286年）

背景介绍

聚焦
民法与私有财产

此前
公元前494年 古罗马的平民因无法担任公职而建立了自己的议会。

约公元前450年 《十二表法》成为古罗马最早的成文法典。

公元前287年 《霍腾西亚法》赋予了平民议会在未经参议院批准的情况下制定法律的权力。

此后
公元426年 西罗马帝国皇帝瓦伦提尼安三世颁布了《学说引证法》，将五大法学家乌尔比安、盖尤斯、帕皮尼安、保卢斯和莫德斯丁的法学观点纳入官方体系，以指引法官审判。

公元529—公元533年 查士丁尼一世先后主持修订、编撰、出版了《查士丁尼法典》《学说汇纂》《法学总论》，这3部著作组成了罗马法的权威体系。

《阿奎利亚法》是一部罗马法，旨在为由不法行为导致的财产损失提供经济赔偿。这部法律以平民出身的护民官阿奎利亚的名字命名。这部法律是平民议会被赋予立法权力后制定的首批法律中的一部，可以看作平民立法的先河。

该法描述了不同情况下的赔偿。《阿奎利亚法》规定，凡违法杀害奴隶或牲畜者，加害人须按奴隶或牲畜被害前一年内的最高价值进行赔偿。

后续的界定

《阿奎利亚法》取代了以前处理不法损害的所有法律。这部法律的历史遗产，形成了现代法律概念中的"侵权行为"——因故意或过失违反注意义务而产生的民事过错。

虽然罗马法创造的法律概念需要通过法律解释来进一步明确，但法学家乌尔比安后来解释说："不法损害是以应受谴责的方式造成的，因此应包括由于疏忽导致的损害，但不包括因意外造成的损害。"乌尔比安的法律观点，被编入公元533年查士丁尼一世主持发行的《学说汇纂》一书，使得《阿奎利亚法》的立法精神及其内容能够持续影响后世。■

一块石头从推车上掉下来……砸碎了某物，如果车夫在装货过程中存在失当之处，那么他就要承担《阿奎利亚法》中的赔偿责任。

法学家乌尔比安
《学说汇纂》（公元533年）

参见：《十二表法》30页，法学家乌尔比安 36~37页，《格拉提安教令集》60~63页，多诺霍诉史蒂文森案 194~195页。

关于种姓的神圣法律

古印度的《政事论》与《摩奴法典》

（公元前2世纪）

《**政**事论》一书，以国家经济的繁荣昌盛为核心，是国王治理的实用指南，就如何维持权力和建立一个强大的国家提供建议。《摩奴法典》据称源自摩奴（古印度神话中人类始祖的统称，也是带领人类度过劫难的先知——译者注），书中以回想形式谈论古老风俗背景下的规则或法典。相较于《政事论》，《摩奴法典》更加关注道德、社会行为和责任。

这两本书将古印度社会划分为4个等级的种姓。在这4个种姓中，最纯洁的是婆罗门，即祭司阶层；其次是刹帝利，由统治者和战士组成；然后是吠舍，以商人和农民为代表；最后是首陀罗，由奴仆构成。人们相信，出生在一个特定的种姓是对前世行为的一种奖励或

右图为1960年发行的以比姆拉奥·拉姆吉·安贝德卡尔博士的头像为图案的邮票。他是印度第一位法律部长，也是反对种姓制度的著名社会活动家。

惩罚。《政事论》和《摩奴法典》都禁止不同种姓之间的通婚，尽管这两本书并不具备一般法典的功能，但它们都描述了生活中每个部分的严格规则和惩罚。

《摩奴法典》在18世纪后期被英国统治者赋予了新的意义，当时英国统治者将其解释为印度教的权威法典，相当于穆斯林的伊斯兰教法。《摩奴法典》被翻译成英文，以印度教法律制度为标题，用于为英国的印度教臣民制定法律。■

参见： 早期法典 18~19页，中国的儒家、道家和法家 26~29页，《密释纳》和《塔木德》38~41页，《古兰经》54~57页。

我们培养正义的美德

法学家乌尔比安

（约公元前170—公元228年）

多米提乌斯·乌尔比安是古罗马最有影响力的法学家。他著作颇丰，在10年多的时间里，创作了200多部法律著作。在中世纪，乌尔比安这个名字成为罗马法的同义词，他所获得的赞誉再次被人们提及。

杰出的职业生涯

乌尔比安于公元2世纪后期出生在腓尼基城市提尔，即现在的黎巴嫩。乌尔比安很可能在附近的贝里图斯——罗马帝国最著名的法学院所在地学习或任教。

乌尔比安升任为罗马帝国的高级官员。公元3世纪初，他在罗马帝国皇帝卡拉卡拉手下担任代表皇帝受理请愿事宜的长官。

公元212年后，罗马帝国皇帝卡拉卡拉将公民权扩展到帝国所有的自由居民，乌尔比安开始撰写自己的法律著作。公元222年，皇帝西弗勒斯·亚历山大命乌尔比安指挥禁卫军。然而，公元228年，士兵叛变，杀死了乌尔比安。

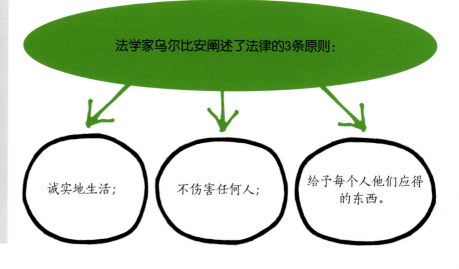

法学家乌尔比安阐述了法律的3条原则：

诚实地生活；

不伤害任何人；

给予每个人他们应得的东西。

参见:《十二表法》30页, 亚里士多德与自然法 32~33页, 古罗马的《阿奎利亚法》34页, 教会法的起源 42~47页,《格拉提安教令集》60~63页, 托马斯•阿奎那 72~73页。

祭司之法

乌尔比安对罗马法抱有崇高的看法, 他认为罗马法是普遍的、理性的, 并以亚里士多德的自然法为基础。乌尔比安将法律视为"善良和公平的艺术", 认为"法学家应当被称为'牧师', 法学家培养正义的美德, 秉持善与公平的态度"。

以上的几行文字, 构成了乌尔比安的法律定义的一部分。乌尔比安的法律定义被编进《学说汇纂》的开篇章节。《学说汇纂》是公元6世纪查士丁尼一世组织受人尊敬的法学家对罗马法进行编纂解释形成的法律文献。

为使罗马法更加条理化, 查士丁尼一世指示他的法律专家, 就现有的、相互矛盾的立法体系进行评估, 并制定最终版本。公元529

乌尔比安遇刺: 在皇宫里, 普瑞托尼亚卫队在西弗勒斯•亚历山大皇帝和他的母亲兼亲密顾问朱莉娅•马梅亚面前刺杀了乌尔比安。

乌尔比安是古罗马五大法学家之一。1584年出版的法学作品中, 描绘了乌尔比安的形象。

年出版的《查士丁尼法典》是一部综合性的帝国法典; 公元533年,《学说汇纂》和《法学总论》发行, 后者是一本针对法律专业学生的教科书。

乌尔比安的许多作品以摘录的形式被保存下来, 收录在《学说汇纂》中。在《学说汇纂》的编写过程中, 编纂者经常将乌尔比安的作品作为他们的权威首选, 这不仅因为他是最伟大的法学家之一, 研究了古罗马早期的法律理论, 还因为他的文字清晰优雅。

查士丁尼一世主持出版的这些法学著作中关于法律原则的编纂体系, 是罗马法的一个典型特征。在这一方面, 罗马法构成了今天广泛使用的民法的基础。

> 法律是……关于什么是对和什么是错的科学。
>
> 法学家乌尔比安

文艺复兴时期罗马法的复兴

尽管乌尔比安的作品在《学说汇纂》中所占的篇幅相当突出, 但在1070年前后《学说汇纂》的旧手稿在意大利被发现前的那段日子里, 乌尔比安在很大程度上被历史遗忘了。《查士丁尼法典》《学说汇纂》《法学总论》和《查士丁尼新律》后来被合订为《民法大全》, 成为整个西欧法律教育的基础。■

正义、真理与和平

《密释纳》和《塔木德》
（约公元200—公元500年）

背景介绍

聚焦
神圣法

此前
公元前516年　波斯国王居鲁士允许被流放到巴比伦的犹太人返回耶路撒冷，重建他们的圣殿。

公元70年　犹太人起义后，古罗马人洗劫了耶路撒冷并摧毁了圣殿。

此后
约1070—1105年　一名居住在法国，名为什洛莫·伊扎基的拉比，撰写了《塔木德》的评注。

1240年　《塔木德》在巴黎被指控涉嫌亵渎基督教。这引发了一系列事件，导致法国《塔木德》的希伯来文手抄本全部被烧毁。

1519—1523年　在意大利威尼斯，名为丹尼尔·鲍姆伯格的印刷商，首次通过印刷机大量印刷了巴比伦版本的《塔木德》。

《**塔**木德》是一本以书面文字为载体的犹太口述律法纲要，管理着犹太人生活的方方面面。《塔木德》由《密释纳》和《革马拉》两部犹太教法典籍组成。《塔木德》是拉比犹太教的中心文本。

　　古罗马人从公元前1世纪开始统治耶路撒冷及其周边的犹太行省。公元前1世纪，犹太教分裂，分裂后的每种形式都对犹太法律采取不同的态度。圣殿中的宗教崇拜仪式，由贵族阶层的牧师撒都该人（Sadducees）监督。撒都该人只相信摩西律法中所概述的

参见: 十诫与摩西律法 20~23页, 古印度的《政事论》与《摩奴法典》35页, 教会法的起源 42~47页,《古兰经》54~57页。

《密释纳》中作为章节内容的6项命令

《种子》
祈祷、祝福和《妥拉》的农业律法, 共有11篇内容。

《节期》
安息日、逾越节和其他节日, 共有12篇内容。

《妇女》
关于结婚、离婚和誓言的规则, 共有7篇内容。

《侵权》
法庭、民法和刑法, 以及神父的名言, 共有10篇内容。

《神圣义务》
圣殿崇拜、祭祀和饮食法, 共有11篇内容。

《洁净》
仪式净化, 共有12篇内容。

成文法律。而另一方面, 法利赛人（Pharisees）相信自己应该比撒都该人更严格地遵守犹太律法。法利赛人强调, 纯洁的律法不仅适用于祭司, 也适用于所有犹太人的日常生活。

法利赛人的信仰源自长期的口头传统, 用犹太历史学家约瑟夫斯的话说: "法利赛人从他们的祖宗那里继承了许多没有写入摩西律法的礼节, 因此撒都该人拒绝了这些礼节。"法利赛人在教义上的创新之一是相信在世界末日到来之时, 上帝会复活死者、惩罚恶人、奖赏正义的人。撒都该人拒绝了这种宗教上的来世观。

公元70年, 犹太人叛乱后, 古罗马人占领了耶路撒冷, 将犹太圣殿夷为平地。至此, 撒都该人从历史上消失了。失去圣殿对犹太人来说是一场灾难——在古代世界, 很难想象一个宗教没有圣殿, 而耶路撒冷的圣殿是世界上唯一一个犹太人可以祭祀赎罪的地方。

犹太教的保存

犹太教能够在没有圣殿的情况下继续存在, 要归功于犹太学者约哈南·本·撒该的努力。他说服古罗马人让他重建犹太公会——一个位于亚夫内、由犹太长老组成的最高会议。撒该引用《妥拉》中《何西阿书》第6章第6节的内容——"我喜爱怜悯之心, 而非祭物"——来说服犹太公会, 将从圣殿崇拜中保留下来的动物献祭仪式用祈祷、研究律法和仁爱代替。这个观点在《塔木德》中得到了支持, 在书中, 上帝对大卫王说: "你坐下读《妥拉》一日, 比你儿子所罗门在祭坛上向我献上的一千燔祭品更为可取。"

在公元132—公元136年犹太人第二次叛乱之后, 罗马帝国皇帝哈德良将所有犹太人驱逐出耶路撒冷, 并将耶路撒冷重建为古罗马城市。为了保护犹太教, 拉比们编制了一部用希伯来语写成的法典——《密释纳》, 其名称带有"复诵"和"教导"之义。

《密释纳》于约公元200年由拉比犹大·哈-纳西完成, 是《塔木德》中最古老的部分。基于法利赛人的口头传统,《密释纳》分为

6个章节，分别象征着犹太教法中的6项命令；这些命令细分为7～12个小册，内容涵盖了犹太人生活的方方面面。

建立一个虚拟的圣殿

《密释纳》第5章的主题是耶路撒冷圣殿。《密释纳》的作者描述了这座建筑的每一个细节，以及祭祀的过程。为了让圣殿崇拜继续成为犹太人宗教生活的中心，《塔木德》记载："研究祭祀法则的人，应该被视为自己亲自献上了祭品。"公元70年以来，犹太人每天都祈求上帝恢复圣殿并在那里恢复崇拜，因此，研究圣殿也是为未来做准备的一种方式。

除了《密释纳》，《塔木德》的组成内容还包括《革马拉》。这本书的名字有"补全"和"完成"之意，象征着这本书补全了《密释纳》的遗漏。这本书的内容是后世的犹太教拉比们用亚拉姆语撰写的更长的注释。亚拉姆语是当

时的日常用语。

不同的注释使得《革马拉》出现了两个版本，分别是在公元350—公元400年成书的巴勒斯坦版本和公元350—公元550年出现的巴比伦版本。巴比伦版本作为较晚出现的版本，其注释要长得多，而且内容更具权威性。

《革马拉》内容来源广泛，探索了《密释纳》所概括的法律内涵及其在日常生活中的应用。《革马拉》不同于其他宗教律法，拉比们经常提出相互矛盾但可从中加以评判的教义观点，而这些观点，并非最终意义上对教义的判断或者决定。《革马拉》的内容，并未将犹太律法的内容固定下来，而是使有关的教义能够被研究和争论，这使得《革马拉》作为宗教典籍，开创了互动文本之先河。

由《密释纳》和巴比伦版本的《革马拉》最终构成的《塔木德》，在伊斯兰世界广泛传播，在那里，犹太人受到保护。在8世纪

《塔木德》的这一页中间为《密释纳》和由更大文字组成的《革马拉》，左侧是被称为"托萨佛特"的中世纪时期撰写的注释，而拉希拉比及后来学者的注释内容则被排在右边。

穆斯林征服西班牙之后，科尔多瓦城成为犹太人学习的中心，哈拉卡（犹太教口传律法的统称，源自《塔木德》）进一步影响了伊斯兰教法的发展。犹太教和伊斯兰教的法律是通过学术研究得来的，这两种宗教的教法体系规范着日常生活的方方面面，并将基于典籍（《妥拉》或《古兰经》）形成的律法与后来的口头传统结合起来。

《塔木德》的审判

《塔木德》从西班牙传播到信奉基督教的欧洲，那里的主要城市都建立了学校。欧洲的统治者对《塔木德》一无所知。这说明犹太人只学习摩西律法。

1238年，皈依基督教的犹太人

摩西在西奈山接受了律法，并把它传给了约书亚……长老传给先知，先知传给大会的人。

《密释纳》

哦，吓人而可怕的一天……日月昏暗，天空破碎，众星散离……整个宇宙在哀悼。

对《塔木德》审判的希伯来文记述

尼古拉斯·多宁成为方济各会修士，他公开谴责了《塔木德》。多宁告诉教皇格里高利九世，《塔木德》是冒犯和亵渎基督教的，如果没有它，犹太人早就皈依基督教了。

1240年3月3日，法国国王路易九世将全国所有的《塔木德》抄本没收并带到巴黎，在那里，《塔木德》因亵渎神明而受到审判。多宁指控《塔木德》，4位首要的拉比为《塔木德》辩护。多宁从《塔木德》中找到一些关于耶稣的段落。然而，拉比回答说那不是耶稣基督，"不是每个出生在法国的路易都是国王"。

《塔木德》最终被判有罪，并被判处焚烧。手稿被装在24辆大车里，穿过巴黎街道，被送到一堆篝火旁。由于这一事件，以及随后欧洲其他地方的公开焚毁，《塔木德》的完整手稿很少有幸存下来的。

《塔木德》的研究

研究《塔木德》的传统方式是男性彼此组对。学生们阅读其中一页，并就其含义进行争论。如今，女性也在叶史瓦（致力于研究《塔木德》《妥拉》和其他宗教典籍的犹太学校）中研究《塔木德》。现在人们也可以在网上利用直播和视频会议来阅读《塔木德》。

1923年，波兰拉比梅尔·夏皮罗建议世界各地的犹太人以每天一页的速度集体学习《塔木德》。成千上万的犹太人一起阅读，他们花了7年半的时间才读完《塔木德》。第13个学习周期结束于2020年。今天，约有35万名犹太人参加集体诵读。■

在耶路撒冷的也门犹太人一起阅读和辩论犹太法典。

拉希

拉比什洛莫·伊扎基，也被称为拉希，于1040年出生于法国的特鲁瓦，是历史上最有影响力的《塔木德》评论家。

年轻时，他在德国沃尔姆斯的大学学习。25岁时，他回到特鲁瓦，成为一名拉比，同时还担任酿酒师的工作。5年后他创立了自己的叶史瓦。

拉希对《妥拉》和巴比伦版本的《塔木德》都撰写了大量的评论。他的文章简明扼要，逐句分析。虽然他用希伯来语写作，但他却用法语解释了晦涩词语的含义。16世纪20年代首次印刷以来，巴比伦版本的《塔木德》的每一份副本上每一页的内页边上都印着拉希的评论。

主要作品

约1070—1105年　《妥拉》评注
约1070—1105年　《塔木德》评注

我行在正义的道上

教会法的起源（约公元313—公元380年）

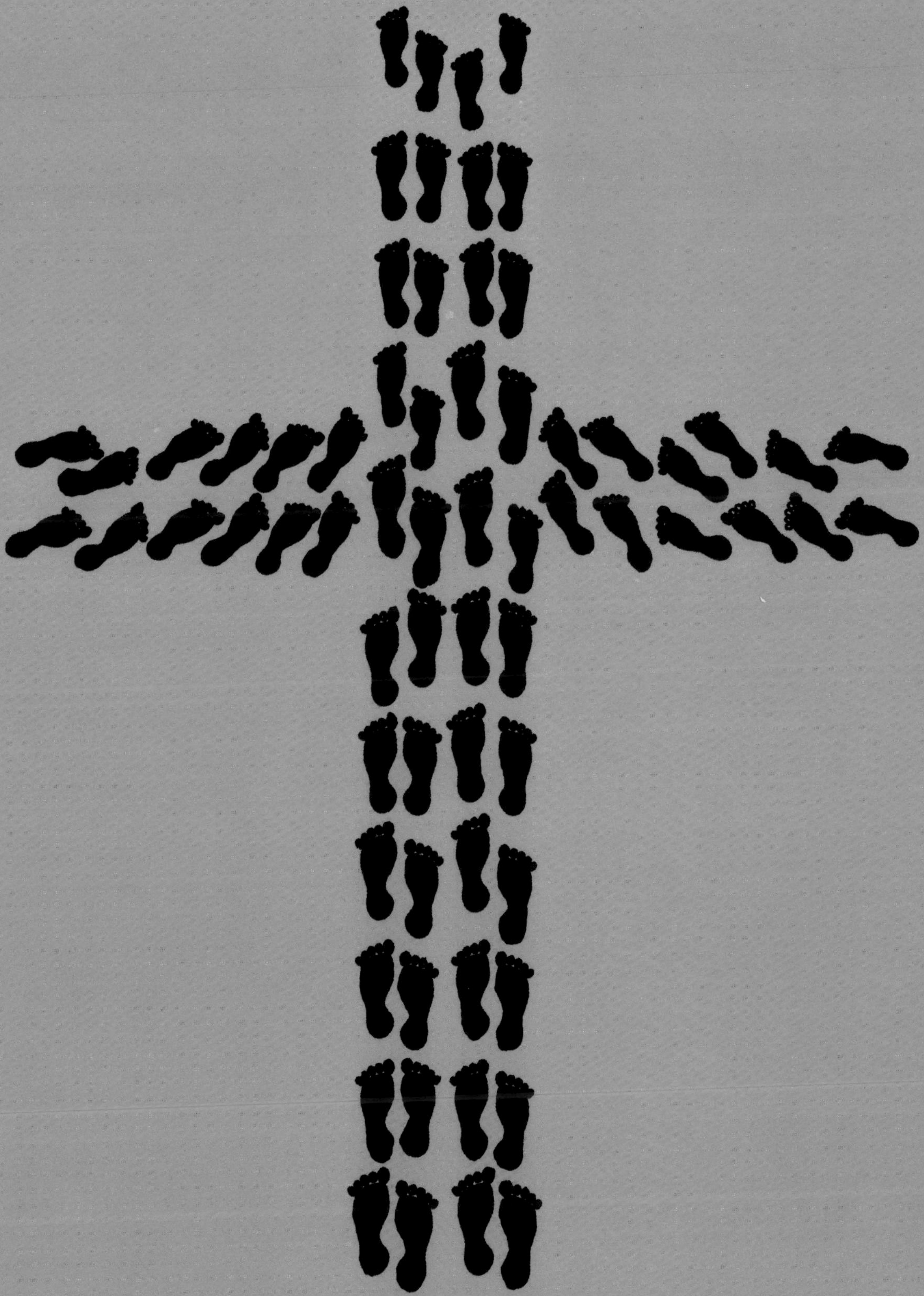

罗马天主教的教会法是世界上较为古老且持续运作的法律体系。教会法起源于基督教发展的最初几年，但在过去的2000年里，如宗教本身一般，也进行了调整，以反映来自政治、经济、社会及文化方面的变化。教会法的英文Canon law中的Canon（教规）一词源自希腊语，意为直杆或直尺。早期的教会法主要与神学有关，并由人们应该信仰什么的辩论发展而来。

耶稣基督的早期追随者是遵循摩西律法的犹太人，他们相信，耶稣基督的十二使徒（信使）已经接受了圣灵——三位一体中的第三位格。大数城的扫罗，后来被称作"保罗"（约公元5—公元67年）也声称自己是根据基督的异象而成为使徒的。公元48年，耶路撒冷会议（又称"使徒会议"）的召开解决了新教会最早的神学争端之一。保罗在使徒彼得的支持下主张，信仰耶稣基督的外邦人，即非犹太人，可以成为基督徒，而无须先成为犹太人，或者遵循摩西律法。耶路撒冷会议还为此颁布了一项教规。

教会的领导权与宗教信仰

保罗及其同伴建立的基督教团体，由长老（监督者）或主教领导，神父（仆人）或执事则起辅助作用。他们主持基督教仪式，如圣餐礼及洗礼。在教会的早期阶段，基督徒可以自己选择其所在地的主教和执事。

随着基督教的传播，主教的权威不断增强，基督教会任命长老或神父来代表主教举行仪式。公元1世纪末，罗马主教克莱孟一世声称自己的领导权代代相传而不间断，并且可追溯至圣彼得。他强调，由使徒建立的教会的主教，诚如他本身所拥有的领导权，而基督徒所遵循的教规，象征着十二使徒所具有的权威。约公元100年，由另外一位使徒建立的教会的主教安条克的依格那修写道："我们必须看待主教像看待主本身一样。"

主教发布教规来管理当地教会

保罗的戏剧性转变——在前往大马士革的路上，他从基督教迫害者转变为最有影响力的传教士。

的组织、仪式，以及信徒的有关行为，但主要的内容在于规定人们应该信仰什么。在早期的宗教中，教义从未如此重要，基督教教义为忠实信徒提供救赎，对抱持错误信仰的人施加诅咒。最严重的罪行，如异端（与教会领导者的意见相左）和亵渎（侮辱圣物），都将得到"诅咒"——一种开除教籍、驱逐出教的惩罚。犯较轻罪行的人，则会被禁止参加圣餐礼。

控制信仰的另一种方法是通过文字。公元2世纪，基督教会的主教们整理了一套固定内容的圣书，并将其与摩西旧约相提并论，这套圣书被称作"圣经新约"。

当诺斯底教派与其他教派挑战这种来自使徒的权威时，基督教会谴责他们的著作是异端邪说。

对基督徒的迫害

基督徒拒绝为罗马神祇或皇帝献祭，因此在早期的罗马帝国，多数古罗马人对基督教持怀疑与敌

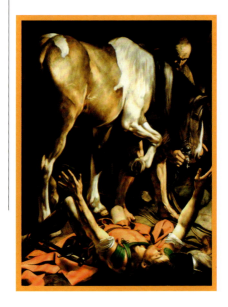

参见: 十诫与摩西律法 20~23页, 亚里士多德与自然法 32~33页,《古兰经》54~57页,《格拉提安教令集》60~63页, 托马斯·阿奎那 72~73页。

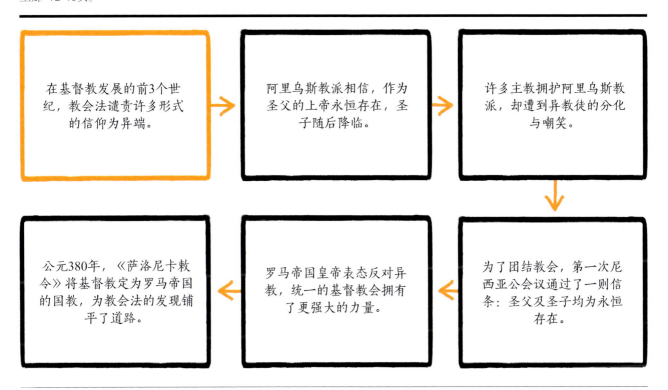

在基督教发展的前3个世纪，教会法谴责许多形式的信仰为异端。

阿里乌斯教派相信，作为圣父的上帝永恒存在，圣子随后降临。

许多主教拥护阿里乌斯教派，却遭到异教徒的分化与嘲笑。

公元380年，《萨洛尼卡敕令》将基督教定为罗马帝国的国教，为教会法的发现铺平了道路。

罗马帝国皇帝表态反对异教，统一的基督教会拥有了更强大的力量。

为了团结教会，第一次尼西亚公会议通过了一则信条：圣父及圣子均为永恒存在。

对态度。自公元64年起，在罗马帝国皇帝尼禄的统治下，基督徒遭受了一系列零星的迫害。到了公元3世纪，基督徒成为罗马帝国中明显的少数派，他们所受的迫害急剧增多。

公元250年，罗马帝国皇帝德西乌斯下令，除犹太人外的所有基督徒将被献祭给罗马神祇，否则就要面临死刑。一些基督徒屈服了，因而被称作"失落的叛教者"。迫害结束后，基督教会必须决定是否重新接纳这些叛教者。公元251年，迦太基主教西普瑞安举行了主教会议，会议决定，对叛教者的惩处应根据其实际罪行来判断。同年的晚些时候，第二次主教会议再次确认了此决定。对基督徒最大的迫

害事件，发生在罗马帝国皇帝戴克里先统治时期，并在其继任者伽列里乌斯统治的东罗马帝国持续了数年之久。

公元3世纪早期，19位西班牙主教在爱尔维拉，即现今的西班牙格拉纳达，举行了一场主教会议，会议发布了有关规范信徒行为的教规，其中一条教规禁止受洗妇女嫁给犹太人、异教徒。凡在异教寺庙里参与祭祀与通奸的女子，即便在弥留之际亦不能领受圣餐。主教、神父和执事被禁止结婚，否则就会被免职。爱尔维拉教规仅对参加会议的教会有约束力，神职人员永久独身的规定，在西罗马帝国的其他教堂蔓延开来，但在东罗马帝国，神父可以结婚，对教规的解释

也较为宽松。

《米兰敕令》

公元312年，刚改信基督教的君士坦丁一世成为西罗马帝国的统治者。第二年，他与东罗马帝国皇帝李锡尼共同颁布了《米兰敕令》，首次赋予了基督徒信仰自由，同时还下令返还戴克里先时期从基督徒手中没收的财产。

公元324年，君士坦丁成为罗马帝国的唯一统治者。此时的基督教还尚未成为罗马帝国的国教。在君士坦丁的统治下，主教还承担了民间机构的职级、着装和职务评定工作。主教常常伴随皇帝左右，于是，君士坦丁赐予了罗马主教一座宫殿，后来被称作"拉特兰

官"，即梵蒂冈的前身。他还发布了一些敕令，赋予基督教会执行其教规的权力。

君士坦丁下令，基督徒之间的民事诉讼案件，可以从世俗的法庭移交给主教仲裁。根据历史学家优西比乌斯的说法，君士坦丁还在主教会议发布的教规上盖了印。如此一来，各行省的官员试图废除主教批准的教规，就变得不合法了，因为主教的地位高于任何地方官员。另一项帝国法令禁止异教徒聚集礼拜，并将其财产移交给基督教会。

随后，君士坦丁击败了东罗马帝国的李锡尼，此时的基督教会，对耶稣基督本质的认识也发生了变化。这种变化源自古埃及的亚历山大港。一位名叫阿里乌斯的神父认为，作为圣父的上帝永恒存在，圣子在随后降临，两者之间存在先后顺序，所以圣子应该从属于圣父。

亚历山大港的主教亚历山大谴责阿里乌斯为异教徒。然而，基

> 让我们从错误中解脱，在上帝仁慈的帮助下，走向正确的道路。
>
> 《致努比亚主教》
> （公元330年）

督教会中许多主教和信徒支持阿里乌斯的观点。随后，这场关于教义的争论，便在罗马帝国传播开来。异教徒们对这场争论喜闻乐见，甚至利用这一点嘲笑基督教的信仰。

尼西亚公会议

君士坦丁对神学并不感兴趣，但他因基督教会被异教徒分化与嘲笑而感到十分震惊。为了团结教会，他召集了基督教会的主教们，于公元325年，在现今土耳其的尼西亚举行会议。这场会议被描述为基督教各教派的全体会议，因为主教们来自帝国的各个地方。250多名主教参加了第一次尼西亚公会议，且君士坦丁本人全程参与。

尼西亚公会议拒绝了阿里乌斯教派，即阿里乌斯神父的教义观，通过了《尼西亚信条》，并发表了关于基督信仰的教义声明，宣称：圣父与圣子出自"同一对象"，无论"在任何时代"，圣子均为圣父所出。两名提出反对意见的主教和阿里乌斯一起被流放，阿里乌斯的著作被焚毁。会议还就复活节的日期和教会的等级制度等事项发布了许多教规。

位于行省省会的主教被赋予了凌驾于其他省级主教之上的权力。然而，罗马、安提阿和亚历山大港三座城市的主教处于更高的地位，拥有首屈一指的权力。第一次尼西亚公会议所通过的教规，对每一个基督教会均有约束力，但并不适用

君士坦丁大帝

君士坦丁一世作为第一个信仰基督教的罗马帝国皇帝，出生于公元272年。君士坦丁在与前任皇帝马克森提乌斯（公元278—公元312年）的内战中获胜后，于公元312年成为西罗马帝国的统治者。在决定性的米尔维安大桥战役前，君士坦丁梦见自己用基督教的符号chi-rho（希腊语中耶稣基督的前两个字母）装饰士兵的盾牌。取得胜利后，君士坦丁认为，基督教的上帝是他个人的保护神，并尽其所能传播自己的宗教信仰。公元324年，君士坦丁击败掌管东罗马帝国的李锡尼后，成为罗马帝国唯一的统治者。公元330年，他将帝国首都从罗马迁到拜占庭，建立了一个新的基督教城市君士坦丁堡（现伊斯坦布尔）。君士坦丁曾信仰罗马帝国的官方神祇太阳神及军队的庇护者索尔（Sol Invictus，意为不可征服的太阳）。在改信后的几年里，君士坦丁继续在发行的硬币上展示太阳神索尔。公元337年，君士坦丁在弥留前，才受洗成为基督徒。

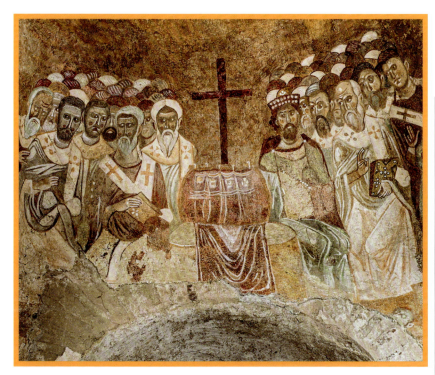

第一次尼西亚公会议，由来自罗马帝国各地的主教参加。

辞。尽管东正教收集了许多早期教规，如《桨舵》，但并未拥有如天主教那般完整的教规。

随着教规数量的不断增长，教会为此做出了努力，并且试图将其整理和排序。这项工作最终于12世纪由一位名叫格拉提安的修士完成。在他所编写的《教会法规谬误订正》（后被称为《格拉提安教令集》）中，格拉提安分析并整理了约3800篇关于教会的文章。通过这项工作，教会法成为一项法律科学而有别于神学本身，从而凸显了自身的研究价值。■

于罗马帝国的臣民，毕竟基督徒在罗马帝国仍然属于少数。

后来，罗马帝国皇帝发起了反对异教的运动，基督教会变得越来越强大。公元380年，基督教成为国教，罗马帝国皇帝狄奥多西一世发布了《萨洛尼卡敕令》，要求帝国中的每一个人都应该成为基督徒，拒绝信仰基督教的人将被判定为"痴呆与癫狂"。至此，基督教会掌握了至高无上的权力，几乎所有的异端著作都面临被焚毁的命运。《萨洛尼卡敕令》的重要性无与伦比，以至于查士丁尼一世在公元529年编写《查士丁尼法典》时，将其放在了第一部分。

教会法的强制实施

公元381年，罗马帝国皇帝狄奥多西一世在君士坦丁堡举行了第二次全体主教会议，会议重申

《尼西亚信条》是基督教信仰的唯一合法声明。此外，该会议还增加了一条新的条款：圣灵由圣父"所生"。除犹太人外，罗马帝国中的每一个人都必须遵守教会法：前去教堂礼拜、恪守斋戒，并且信奉《尼西亚信条》。在接下来的日子里，教会法作为一个独立的法律体系与民法一同发展，并在最终意义上，拥有了自己的法院、法官，以及对应的强制处罚内容。

在随后将近700年的时间里，基督教一直是单一教派。直到11世纪，教皇本笃八世在《尼西亚信条》中添加了"父与子"一词后，情况才发生了变化。教皇本笃八世认为圣灵既出自圣父，又出自圣子。1054年，这样的教义观点导致了西罗马天主教和东希腊东正教之间的大分裂。当时，东正教拒绝采用《尼西亚信条》中添加的新措

教会法是一种独特的现象……这源于教会本身的独特性：从制度上来看，它是一个神圣的团体；但从它权威的持有者来看，它是由人类操控的。

德国历史学家斯蒂芬·库特纳
（1907—1996年）

LAW IN THE MIDDLE AGES

500–1470

中世纪的法律

500—1470年

《古兰经》记载了先知穆罕默德的神圣启示，是伊斯兰教法的基础。

伊玛目·布哈里的《圣训》及其他著作，为伊斯兰教的法官和学者提供了指导。

《末日审判书》是对英格兰土地所有权的全面调查，有助于将权力集中在君主制之下。

《格拉提安教令集》成为罗马天主教教规的权威参考。

632年　　约**840**年　　**1086**年　　约**1140—1150**年

529—533年　　**8**世纪　　**1066**年　　约**1088**年

东罗马帝国（拜占庭）皇帝查士丁尼一世出版了一系列罗马法著作，其中最有代表性的是《查士丁尼法典》。

伊玛目·阿布·哈尼法建立了第一个伊斯兰教法学校。

"征服者"威廉将决斗裁判引入英国，以解决财产和土地纠纷。

欧洲第一所大学在意大利博洛尼亚成立。起初，此大学只讲授基督教教规和民法。

即使在西罗马帝国灭亡之后，罗马天主教会在整个中世纪仍然是欧洲主要的文化和政治力量。在印刷术出现之前，罗马天主教会垄断了书面文本及其所包含的知识的传播，因此对政府和法律产生了重大影响。然而，这一时期也见证了教会与君主、君主与公民之间为控制法律所进行的斗争。

与此同时，在7世纪的阿拉伯，先知穆罕默德建立了伊斯兰教。他讲述了上帝言语的神圣启示，于610年开始在麦加布道，并一直持续到632年去世。他的追随者收集了《古兰经》中的启示文本。穆罕默德也是一位有经验的军事和政治领袖，他将交战的部落统一在一部宪法之下，并组建了一支军队。

编纂宗教法

伊斯兰世界以先知穆罕默德为榜样，在研究《古兰经》的基础上发展出了一套复杂的宗教法体系。穆罕默德的门徒也记录了许多圣训，被汇集在《圣训》中，这是围绕先知及其家人和同伴的言行编辑而成的一本重要的宗教典籍。《圣训》内容上经过伊斯兰法官和学者们的验证，为《古兰经》提供了评论和解释。《圣训》与《古兰经》一起成为伊斯兰教法的基础。

罗马天主教会也制定了自己的法律，这些法律被统一称为"教规"。教规最初是用来规范神职人员的信仰和行为的，但后来规范的对象扩大到了天主教的全体信众。意大利法学家格拉提安是第一个将教规汇编成一部综合典籍的人，这部典籍被命名为《格拉提安教令集》。《格拉提安教令集》后来被收入14世纪成书的《教会法大全》之中。《教会法大全》为6卷本合集，《格拉提安教令集》是其中的第1卷，成为教会法的权威参考。

伊斯兰教和基督教的学者也将古希腊哲学家的思想，如自然法的概念，融入他们的文化。格拉提安在其教令集中写道："自然法是所有国家共有的法律渊源。"意大利神学家托马斯·阿奎那深受亚里士多德的影响，他考察了法律概

英国普通法，作为一种基于先例的习惯法，是由亨利二世的首席大臣拉努尔夫·德·格兰维尔定义的。

英国国王亨利三世废除了严酷的神判法。

托马斯·阿奎那在他所著的《神学大全》中提到，如果人类的法律与自然法相冲突，那么这样的法律可能是不公正的。

↑　↑　↑

1187—1189 年　**1219** 年　**1265—1274** 年

1166 年　**1215** 年　**1225** 年　**13—15** 世纪

↓　↓　↓　↓

《克拉灵顿诏令》通过巡回法庭的形式，扩大了英国王室的权力，并在审判程序中实施陪审员参与审判的审判制度。

英国国王约翰签署了《大宪章》，这是一项权利宪章，以法律的形式确认君主不得凌驾于法律之上。

英国国王亨利三世再次颁布了《大宪章》，该宪章约束国王遵守法律，并保护所有人免受皇室滥用权力的侵害。

商人之间的习惯法，演变为国际贸易过程中的一种自律形式。

念本身，特别是教会法与民法的区别，其中的区别点在于民法所涵盖的事项与教会的事务无关。托马斯·阿奎那区分了不同类型的法律，从上帝赋予的神圣和永恒的法律，到普遍存在的自然法，再到人类制定的法律。他认为，所有法律都应符合总体自然法，这一观点影响了接下来几个世纪的法律思想。

法律与国家

　　英格兰的法律制度是中世纪发生的重要转折的一个典型例子。在1066年诺曼人入侵英格兰之前，英格兰的撒克逊统治者，一直执行所谓的混合法律体系——一种维京和基督教法律混合的法律制度，即审即决，惩罚严厉。新的诺曼国王"征服者"威廉试图控制土地所有权，建立一种新的封建制度。为了达到以上目的，威廉在《末日审判书》中详细列出了属于他的领地，这一记录为以后的财产法案件提供了先例。

　　12世纪英格兰的一项重大创新是引入了巡回法庭。巡回法庭不时在城镇召开，由巡回法官主持。巡回法庭从教会手中夺取了对法律的控制权，并给予了普通法进一步的支持。巡回法官还要求当地陪审员提供证据，在严酷的神判法遭废弃后，根据证据和普通法的有关规定进行有罪判决这一形式，成为陪审团制度的前身。英国法律的另一个里程碑，发生在1215年。当时，贵族们与约翰国王达成的协议被记

录在后来被称为《大宪章》的宪法性文件中。约翰国王同意他受法律管辖，即意味着没有人能凌驾于法律之上。《大宪章》还承诺，每一个"自由人"都应该通过巡回审判主张法律权益，除非通过既定的法律程序，否则不会被逮捕或惩罚。

　　虽然中世纪的欧洲主要是在民法和教会法的双重体系下运作的，但从13世纪开始，商人对欧洲社会产生了更大的影响，催生了新的商法甚至国际协议。事实证明，这些法律对国家间贸易的进一步发展是至关重要的，直到现在，它们之间，即商业运作和商业法律之间，仍保持着高度关联性。■

上帝即为公正的法官？

神判法与决斗裁判（6—12世纪）

神判法的做法，源自罗马帝国灭亡后的6世纪，自日耳曼民族的法典中发展而来。当被告和原告无法采用其他的证明模式，如提供足够数量的证人来证明他们的说法时，便会采取这样的做法。例如，如果被告不能提供证人，或提供的证人被认为不值得信任，那么酋长或指定的法官就可以诉诸酷刑，即所谓的神判法。

水火法

神判法有几种形式，在英格兰和欧洲大陆十分普遍。用热水实施的神判法，最早出现在法兰克人的《萨利克法》（约507—511年）中。被告被迫把手伸进沸水里去捞起一块石头，而水的深度取决于犯罪的严重程度。

被告的手会被捆绑，三天后才会被解开，如果被告的手痊愈，则被告被视为无罪。其他类型的神判法，包括在烧红的铁上或燃烧中的煤上行走，然后检查伤口会溃烂还是会愈合。而在所谓的十字架审讯中，被告和原告被要求伸开双臂

站立，第一个放下手臂的人，将会是输家。

如此严酷的审讯，使得犯了罪的人通常以罚款或者逃亡的方式来逃避审讯。而无辜的人基于宗教信仰，相信自己不会受到伤害，因此选择了屈服。执行审讯的神职人员明白这一点，也不希望无辜的人受苦，所以这种审讯不经常被真正执行，比如，煮沸的水往往用温水取代。

决斗裁判

神判法往往针对下层阶级的民众，而经济上富有的当事人，

如果当事方不宣誓，他们就得面临开水的考验。
《伍德斯托克法令》
（997年）

参见: 早期法典 18~19页,"征服者"威廉的《末日审判书》58~59页,《克拉灵顿诏令》64~65页,《大宪章》66~71页,英国国王查理一世的审判 96~97页,塞勒姆审巫案 104~105页。

更多采用决斗的形式。在某些情况下,他们被允许雇用其他人为他们而战。这种做法在9世纪的欧洲十分普遍,1066年,诺曼征服英格兰后又传入英格兰。

不同的国家遵守不同的交战规则。在英格兰,双方需在法官的监督下商定规则,由法官决定案件是否可以通过决斗的方式来审判。双方以交换手套来表示接受决斗挑战,决斗将持续到其中一方被杀、身负重伤或认输。如果被告输了,他将受到原先的处罚,并可能遭受额外的财产损失。如果原告输了,那么原告必须放弃诉讼并支付罚款。

停用与废止

1215年,教皇英诺森三世禁止神职人员实施水火法。4年后,英国的亨利三世禁止在英格兰实施神判法。

决斗裁判的司法形式后来也逐渐被废弃。人们对决斗裁判的忧虑,为后来陪审团参与审判铺平了道路。1819年,决斗裁判被废止。这种曾经出现过的司法形式,已经成为"古董",用于满足人们对过去法律历史的好奇心。■

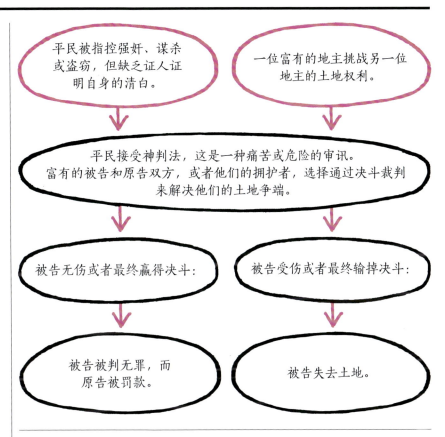

平民被指控强奸、谋杀或盗窃,但缺乏证人证明自身的清白。

一位富有的地主挑战另一位地主的土地权利。

平民接受神判法,这是一种痛苦或危险的审讯。
富有的被告和原告双方,或者他们的拥护者,选择通过决斗裁判来解决他们的土地争端。

被告无伤或者最终赢得决斗:

被告受伤或者最终输掉决斗:

被告被判无罪,而原告被罚款。

被告失去土地。

在中世纪的法国,两位主教戴着主教帽,通过决斗裁判来审判两位骑士之间的纷争。最后一次决斗裁判发生在1386年。

神圣法及其追寻之道

《古兰经》（632年）

背景介绍

聚焦
神圣法

此前

610—632年　先知穆罕默德获得了有关《古兰经》的神启。

此后

约660年　首批卡迪斯（法官）或伊斯兰教法官被任命。

8世纪　伊玛目·阿布·哈尼法创立了最早的伊斯兰教法学派。

约840年　伊玛目·布哈里编纂了一套极具权威性的《圣训》。

约900年　"伊智提哈德之门"被伊斯兰法学家宣布关闭，结束了法官独立推理的审判实践工作。

伊斯兰教法源自一场宗教革命。先知穆罕默德在7世纪早期得到神启，其核心内容在于上帝的唯一性。伊斯兰教的出现，为阿拉伯半岛带来了统一。阿拉伯半岛长期处于分裂状态，在宗教上存在着犹太教和基督教社区，以及异教崇拜者；而在政治方面，大量的游牧沙漠部落和以定居为主的沿海国家也出现了分裂。

伊斯兰教未出现的时期（后来被称作"查希里叶时代"），并非完全没有法律。在沿海和绿洲城镇进行贸易的商人（包括来自麦加的穆罕默德家族）订立的合同受到习惯法的约束。在沙漠的腹地，各方通过协商赔偿来缓和当事人间的血海深仇。

622年，穆罕默德所宣扬的新

参见: 十诫与摩西律法 20~23页, 古印度的《政事论》与《摩奴法典》35页,《密释纳》和《塔木德》38~41页, 教会法的起源 42~47页,《格拉提安教令集》60~63页, 托马斯·阿奎那 72~73页。

《古兰经》是所有伊斯兰教法的来源。

《圣训》, 即先知穆罕默德以及他的家人和同伴的言行记录, 是《古兰经》的补充部分。

如果《古兰经》和《圣训》没有为特定的法律问题提供答案, 法官可以使用"格亚斯"(Qiyas, 类比推理)的推理形式, 试图再从《古兰经》或《圣训》中, 找到解决类似问题的答案。

伊智提哈德(Ijtihad, 独立推理)允许法律推理存在其他的考虑因素(如公共利益)作为裁判的指引。

法官也可以使用伊智玛尔(Ijma, 公会), 即伊斯兰教法学家间就伊斯兰教法所达成的一致意见, 来做出裁决。

宗教——伊斯兰教的追随者, 为了逃避麦加的迫害, 在耶斯里卜(现在的麦地那)找到了一个避难所。他们从一小群同伴迅速成长为一个由几千人组成的社群, 并逐渐意识到需要一部法律来管理自己。这部法律被包含在《古兰经》中, 而《古兰经》是先知穆罕默德受神启而获得的神圣之书, 编纂于632年。

《古兰经》被认为是上帝的真言, 它是神圣的, 不容更改, 经文中所包含的指导和诫命, 如每天祈祷5次的义务和对穷人行善等内容, 形成了所谓的"沙里亚", 这些内容正是伊斯兰教法原则的基石。

伊斯兰教法的渊源

《古兰经》并非正式的法律文本。虽然《古兰经》中有一些原则可以直接适用于经文中没有直接提到的情况, 但是, 它缺乏解释的方法。在先知穆罕默德于632年去世后的一个世纪里, 伊斯兰教从阿拉伯半岛传播到世界各地, 包括南亚和中亚、北非和西班牙。

信徒数量的激增, 使得建立一个一致的伊斯兰教法律框架变得更为重要。因此, 从660年起, 倭马亚王朝任命了伊斯兰教法官或卡迪斯, 伊斯兰教法体系得以成长。

布哈里编纂了最权威的圣训集之一。他被安葬在乌兹别克斯坦的陵墓中。他的陵寝是伊斯兰教重要的朝圣地。

卡迪斯们在审议过程中得到了穆夫提(Muftis, 指伊斯兰教法典说明官)的帮助。穆夫提有权发表关于宗教法的意见。

关于伊斯兰教法, 首先要确

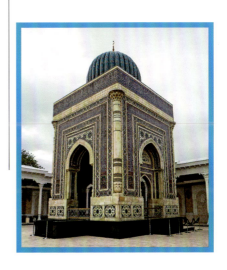

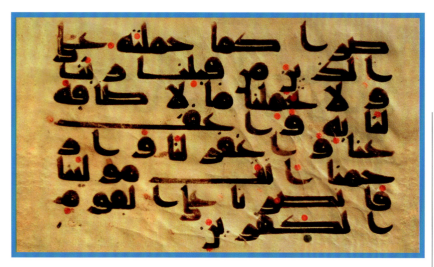

左图为一份9世纪采用库法体书写的《古兰经》手稿。库法体是伊斯兰书法中最为古老的一种字体，也是《古兰经》早期抄本使用的主要文字。

学中的哈乃斐派、马立克派、沙斐仪派和罕百里派。对穆斯林来说，这些学校至今仍然十分重要。

伊斯兰社区在7世纪和8世纪因先知穆罕默德的继承权问题而分裂。占多数的逊尼派支持5名哈里发（Caliph），即伊斯兰社区的领导者，他们追随先知，然后追随先知在阿拔斯王朝和倭马亚王朝的继任者。少数派——什叶派则认为，领导权应该由穆罕默德的女婿阿里来继承。

除了仪式上的微小差异，什叶派也有自己的法学流派，如宰德派和贾法里派，他们更重视宗教等级制度（如伊朗的阿亚图拉）的独立推理，而非对过去决定的"模仿"——在逊尼派中占主导地位。

定的是圣行在教法体系中的确切地位，这是指导穆斯林生活方式的社会和法律实践的主体。伊斯兰教法通常基于先知的圣训，或先知及其家人和同伴的言行记录，但这些内容并不具有如《古兰经》作为神圣话语一般的崇高地位。

法官的审判指南

伊斯兰教的法学家以回溯的方式，针对圣训的传播进行了考证研究，并抛弃了那些没有充分根据的内容。9世纪中期，法学家布哈里编纂了一套广为流传的圣训集，除去了重复的部分，列出了他认为真实可靠的圣训。

埃及法学家沙斐仪详细阐述了一个关于教法理论的方法论，以帮助卡迪斯解决各式疑难问题。沙斐仪说，卡迪斯应该首先研究《古兰经》，如果还没有找到法律问题的答案，就应该考虑从《圣训》中寻找答案。

如果这些都没有涵盖问题本身，或解释的依据本身存在矛盾，卡迪斯就被允许运用格亚斯，即类比推理的方法，从《古兰经》或《圣训》中获取类似情况的解决方法。若以上途径都不能提供问题的解决方法，那么接下来就要考虑使用伊智玛尔或学术共识来获取答案，但是这样的做法，需要对法学家的意见再行审查。

这种寻求问题解决方案的方法论被称作"伊智提哈德"，这种方法允许从其他的来源寻找解决方案，需要考虑许多其他因素，其中一个因素是连续性（Istishab），即若一件事一直被允许或一直被禁止，则继续维持这种观点；另外一个因素则是所谓的公共利益（Maslahah），即将整个公共福祉纳入司法裁决的考虑中。

10世纪，伊斯兰教的法学家提出一种主张，即所有主要的法律问题都已经确定，最多只需要通过类比推理，基于旧的决定来决定新的事情。

正式的法律学校，尤其是阿布·哈尼法、马立克·阿本·阿纳斯、沙斐仪和伊本·罕百里创立的教法学校，分别产生了伊斯兰教法

凡踏上求知之路的人，真主会为他铺平通往天堂的道路。

9世纪伊朗的《圣训》的编纂者伊本·马哲
（824—约887年）

苏莱曼是奥斯曼帝国最强盛时期（1520—1566年）的苏丹（Sultan）。他是16世纪伊斯兰世界最有权势的领袖。

律法与犯罪

伊斯兰律法对许多概念，如义务、嘉许、默许、可憎、禁止等进行了区分。律法对上面列举的最后两个概念做出了相应的处罚规定。某些类型的严重犯罪，包括谋杀和性侵犯，在律法上被称作"哈杜德"（Hudud），在《古兰经》和《圣训》中都有严厉的惩罚规定，如砍掉小偷的手或用石头砸死通奸者。然而，这些严重犯罪对证据要求很高。大多数案件需要两名男性证人（或一男两女），但是，通奸罪需要4名成年男性证人。

或许是因为这些严重犯罪很难找到足够的证人，因此，在9世纪阿拔斯王朝统治时期，伊斯兰教的许多刑事案件被移交给了州法院[大约在这一时期，塔格里德（Taqlid）逐渐取代了伊智提哈德，成为法律推理的核心方法]。虽然家庭法和财产法仍属于伊斯兰教法官的管辖领域，但这在伊斯兰社区世俗法和宗教法之间形成了长期的紧张关系。

今日的伊斯兰教法

理想中的伊斯兰国家是一个由基于《古兰经》和《圣训》，以及哈里发、神职者和卡迪斯三者之间合作关系的伊斯兰教法统治的国家。在穆斯林占少数的国家，这种平衡显然无法维持。在穆斯林占多数的国家（如巴基斯坦），伊斯兰教法发挥作用时所承受的压力也越来越大。在一些极端情况下，伊斯兰教法被认为是法律合法性的唯一来源。然而，在一些国家，伊斯兰教法被视为对某些社会阶层（如妇女）的压迫，因此存在改革的压力。即便如此，关于定义和解

> 坚定地为正义挺身
> 而出，为真主作证。
> 《古兰经》第4章第135节

释管理着世界上近20亿穆斯林的教法的争论，仍在持续。∎

艾布·哈米德·安萨里

艾布·哈米德·安萨里于1058年出生在伊朗的一个名叫塔巴兰的小镇，1091年被任命为巴格达沙斐仪派伊斯兰学校的负责人，他在此任教了5年。他一共写了70多部作品，被视为穆加迪德（Mujaddid）或教法革新者，他对伊斯兰教法的解释受到了特别的尊重。

安萨里谴责那些对声称自己握有伊斯兰教法秘密的领导人忠诚的人，谴责他们的行径是异端邪说。他的讲学活动一直延续到1110年。他于次年去世。

主要作品

11世纪末	《宗教科学的复兴》
约1105年	《尼各马可伦理学》

没有任何一块土地被遗漏

"征服者"威廉的《末日审判书》（1086年）

背景介绍

聚焦
土地制度

此前

1066年　诺曼的威廉征服了英格兰。

1069—1070年　在"北方大浩劫"中，"征服者"威廉镇压了叛乱，大规模的土地没收接踵而至。

此后

1166年　亨利二世指示他的领主编写《男爵宪章》，这是一份关于大佃户及其子佃户持有土地的新清单。

1334年　威尔士边境的领主声称其土地不受英国税收的约束，这是因为《末日审判书》中使用的是"在威尔士内"的说法，边境土地理应不包括在内。

1977年　根据《末日审判书》确定皇家土地的古代地方法院被废除，但作为仪式机构的法庭除外。

在1066年入侵英格兰之后，"征服者"威廉，即英国国王威廉一世，经常返回他的家乡诺曼底公国，并留下书面指示的令状，以便在他不在的时候进行统治。然而，在他征服英格兰后，土地所有权的变化并未得到很好的记录，这样的情况可能会导致法律施行和行政管理上的混乱。威廉希望更全面地了解他在英格兰的新皇家领地，同时他急需资金，希望借此来确定土地出租的收益。

《末日审判书》的编写

1085年12月，威廉派出土地专员去确定每一处地产的所有者及生产价值，甚至包括每一处土地上鸭子的数量。在每个地区，由土地所有者和村民组成的宣誓陪审团，向土地专员报告。然后，土地专员将调查结果汇总成摘要。汇总的摘要在1086年被装订成册，形成了我们现在所知的《末日审判书》的初稿。"征服者"威廉死于1087年，他生前从未使用过这本书，但这本书所提供的人口普查资料拥有巨大

的价值。《末日审判书》使得英格兰所有地区被纳入行政区划的体制内，王权与土地权益无法分离，这反映了一种新的政治结构。

国王的土地

在诺曼征服之前，英国财产法假定土地不存在单一的所有者，所以个人完全可以拥有一部分土地。此外，个人可以通过占有未记

威廉一世作为最有权势的国王，派出他的大臣作为法官。这些法官走遍英格兰的每一个郡，通过宣誓审讯的方式调查每个村庄有多少兽皮、有哪些牲畜，这些均被记录在案。

英国史学家亨廷顿的亨利
（约1088—约1157年）

参见: 古罗马的《阿奎利亚法》34页,《格拉提安教令集》60~63页,《大宪章》66~71页,《威尼斯专利法》82~85页,《托德西利亚斯条约》86~87页, 英国《安妮女王法令》106~107页。

诺曼的威廉征服了英格兰, 并没收了盎格鲁-撒克逊贵族(威廉征服英格兰前的本土贵族)的土地。

他把六分之一的土地留给自己, 其余的分封给领主们, 这些领主们作为贵族地主而拥有了承租自威廉的土地。

《末日审判书》的土地专员被派去调查贵族的财产, 并记录其相应的价值。

《末日审判书》为全国土地的持有情况提供了法律依据。

诺曼征服

1035年, 年仅8岁的威廉成为诺曼底公爵。1066年, 威廉率军队跨过英吉利海峡, 夺取了王位。他在黑斯廷斯战役中击败了爱德华的继任者哈罗德国王, 获得了"征服者"威廉的称号。

在这场战役中, 威廉带来了由大约7000名骑士和士兵组成的军队, 在击败哈罗德后, 威廉需要控制超过200万的英国人口, 平息一系列叛乱, 消除丹麦人的入侵威胁。他用英格兰的土地奖励诺曼的追随者, 其中大部分土地来自盎格鲁-撒克逊贵族。到了11世纪80年代, 拥有土地的本土贵族已被大量消灭。《末日审判书》记录了这场土地占有革命。

录的土地来获得私人财产。威廉所创设的新的土地所有形式, 将这些传统权利彻底剥夺了。

这样一来, 领主就要提供武装力量的支持或者上缴土地租金; 而威廉便会以土地分封(出租)的形式, 划分封地给领主, 并将土地上的农民, 以及农民收入的一部分赐予领主。新的领主首次在法律上获得了合法的土地收益, 之后又将部分封地转授给其他子佃户。"征服者"威廉到来前的自由人, 从此变成了佃户, 其中还包括一些从此成为农奴的人们。他们被束缚在土地上, 处于更为劣势的地位。

末日的审判和法律

《末日审判书》对土地所有者的详细记录无与伦比, 并且用在涉及所有权的法律案件中, 成为普通法中所有权的先例, 为英国财产法奠定了基础。直到1193年,《末日审判书》上"有关土地的记载信息"才被投入使用。随着时间的推移,《末日审判书》记载信息的价值逐渐下降, 但它作为英国法律和政治体系的基础文本, 仍存在了900余年。■

据说, 哈罗德国王在黑斯廷斯战役中被一箭射中眼睛而死。这一幕被编织在巴约挂毯的图案中。

不可重复指控

《格拉提安教令集》（12世纪中叶）

背景介绍

聚焦
教会法

此前

325年 君士坦丁大帝在尼西亚（今土耳其伊兹尼克）举行了第一次基督教会的主要会议，史称"尼西亚公会议"。

380年 罗马帝国皇帝狄奥多西一世颁布了《萨洛尼卡敕令》，使基督教成为罗马帝国的国教。

529年 查士丁尼一世出版《查士丁尼法典》，成为教会法的重要来源。

1100年 佛兰德神父列日的阿尔杰，出版了一本名为《论慈悲与正义》的著作，格拉提安借用了其中的一些文字。

此后

1234年 在教皇格里高利九世的授权下，《教皇教令集》得以出版。

1917年 新颁布的教会法典，最终取代了《格拉提安教令集》。

随着基督教会在最初几个世纪的不断发展壮大，尤其是313年在君士坦丁大帝统治下得以摆脱被迫害的阴影之后，基督教会需要一部法律来管理自己。基督教会试图从《圣经》中寻找依据，但从《新约》中衍生出的规则相对较少，必须用更详细的框架加以补充。这既需要管理教会等级制度本身，还要管理教会认为自身比民法有更高要求的领域，如婚姻和家庭

参见：十诫与摩西律法 20~23页，亚里士多德与自然法 32~33页，古罗马的《阿奎利亚法》34页，法学家乌尔比安 36~37页，教会法的起源 42~47页，托马斯·阿奎那 72~73页。

德国沃尔姆斯大教堂的彩色玻璃，描绘了沃尔姆斯的伯查德。他编写的《教令之书》是格拉提安之前最重要的教会法典藏之一。

后续的帝国立法与大量的法律著作并存，导致产生了一个既不完整又相互矛盾的法律框架。

教会法的编纂

早期曾有人试图改变这种教会法上的混乱局面。6世纪早期，为教皇约翰·保罗一世工作的学者狄奥尼修斯·伊希格斯就曾编写《使徒教规》，试图对已有的教会法体系进行整理。这部教规汇集了教会许多会议上的讨论，如对复活节应该庆祝的日期等有关问题的决议。

9世纪和10世纪，人们迫切地想要将大量的教会法进行整合。在有关教会史的文献中，这个时期被称作"旧法时期"。

906年，德国普吕姆修道院院长雷吉诺编写了一本名为《有关教会会议起因和教会纪律的两卷本合集》的教会法文献。随后，大约在1020年，沃尔姆斯主教编写了《教令之书》，汇集了之前教会关于忏悔的决定，比如一个人是否应该为在战场上杀人而忏悔，以及如果他在没有合法统治者的命令下杀人，那么他的忏悔是否应该更严厉。

尽管教会法汇编工作的成果已经问世，但直至12世纪初，仍然没有像查士丁尼一世的《民法大全》对罗马民法所做的那样（见62

页左侧），对广义的教会法做出连贯解释的系统性论述。意大利法学家格拉提安出版了《教会法规谬误订正》一书，以填补这一空白。

这本书由3部分组成：教会管理问题的处理方法、教会的组织及圣礼的有关问题，书中引用了各种权威资料，如教会公会议决议、教皇法令、罗马帝国敕令等。

关于这本书的作者格拉提安，我们知之甚少，这本书后来被称作《格拉提安教令集》。他可能属于本笃会修士，也有可能担任主教，关于他的唯一可靠信息，与1143年在威尼斯发生的一起法律案件有关。在案件的文书记载中，教皇使节称他为法律权威。格拉提安似乎与博洛尼亚著名的法学院存在联系。尽管有关他生平的信息很少，但《格拉提安教令集》本身的影响足以使格拉提安获得"教会法之父"的称号。

《格拉提安教令集》的撰写分两个阶段：1139年以及之后的1150

生活领域。

在君士坦丁大帝之后的几个世纪里发展起来的教会法（与基督教会有关的法律）具有零碎的性质。一系列基督教公会议的决定，如325年举行的第一次尼西亚公会议的决定，涉及教会纪律，比如，禁止牧师和与他们没有亲属关系的女性生活在一起，这些决定由临时教令加以补充。

缺乏一致性

只有非常特殊的修道院规则，如6世纪早期由圣本笃撰写的戒律，才有一套统一的规则来管理宗教生活的方方面面，而且几乎没有法律依据来证明这些明确颁布的规则是合理的。

教会法内容前后不一致的情况，也映射出罗马民法本身的不一致。教会法与罗马民法一起发展，

正义是坚定而持续的愿望，并将这应得的回报赋予每个人。

查士丁尼一世

罗马民法

4世纪的罗马民法由多个特设的帝国法令和大量法律著作组成。为了给罗马帝国如泥沼般的法律制度带来秩序，人们做了一些尝试，其中最著名的是438年的《狄奥多西法典》。

查士丁尼一世实现了更成功的改革，他成立了一个法律委员会，其任务是寻找所有有效的法律并清除那些已经失效的、有缺陷的或矛盾的法律。529年，他出版了以他的名字命名的《查士丁尼法典》。该书的效力遍及整个东罗马帝国。4年后，他授权出版了《学说汇纂》，这是对过去几个世纪法学家著作的汇编。同年，即533年，《法学总论》出版，它作为法学院学生学习法律的基本手册，完善了《民法大全》。《民法大全》后来被证明是格拉提安编写教令集的重要参考来源。

查士丁尼一世是527—565年东罗马帝国的皇帝。他试图重新征服西罗马帝国，并取得了一些军事成果。

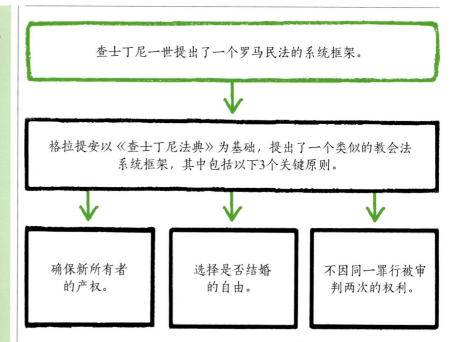

查士丁尼一世提出了一个罗马民法的系统框架。

格拉提安以《查士丁尼法典》为基础，提出了一个类似的教会法系统框架，其中包括以下3个关键原则。

确保新所有者的产权。

选择是否结婚的自由。

不因同一罪行被审判两次的权利。

年前后。也有一些学者认为《格拉提安教令集》存在两个版本。教令集的第一部分由101个小节构成，第二部分涉及36个具体问题，第三部分讲的是与圣礼有关的事情。

格拉提安在编写的过程中，采用了一种系统的方法，以早期的权威机构的文献作为论述典范，并使用理性的分析方法来解决问题。他将《民法大全》作为罗马法的重要法律渊源，从1150年起，他特别引用了《学说汇纂》，并用它来说明一些具体问题，如收养对家庭内禁止结婚和离婚的影响。其他领域的规则，如关于神职人员行为和什一税的规则，在罗马法中没有先例，格拉提安必须从《圣经》、教会公会议决议和教皇法令中找出规则。

非法占有、双重追诉和婚姻

在几个特别领域，格拉提安

制定的教会法确立了对教会具有深远影响的裁决。比如，在《格拉提安教令集》的第二部分，格拉提安专门用了一章讨论土地所有权，这对教会来说是一个非常重要的问题。因为教会作为一个主要的土地所有者，其土地经常被"异化"——存在租借或允许新主人使用的情况。新主人或者土地被转让给的第三方可能通过非法手段占有了土地，或者他们的所有权可能存在一定的缺陷。

格拉提安谈到了这个问题。他试图从罗马民法的一个先例开展论述：如果存在善意取得，即使从法律上来说并不合法，那么在新所有者拥有财产权利40年后，先前所有者（本例中指教会）挑战财产权利的行为，将得不到法律的支持。这意味着公民作为原来的土地所有者，向新所有者主张旧有权利的期限，被延长了10年。

> 不服从命令并非坏事，
> 当主人的命令违背上帝时，
> 就无须服从主人的命令。
>
> 《格拉提安教令集》第11卷第3章

《格拉提安教令集》还借此确立了禁止双重追诉原则，即一个人不能因同一罪行受到两次审判。格拉提安以《旧约·那鸿书》中的一段话——"祂要彻底毁灭你们，无须击打两次"——为出发点。尽管如此，教会法庭仍然允许对剥夺神职的民事案件以及针对同一问题的独立刑事案件进行重复审理。

格拉提安关于婚姻的章节，帮助巩固了人们的婚姻观念，即婚姻应建立在自由、自愿的基础上，任何人都不应该被强迫结婚。

即便如此，对于许诺从事神职的人后来是否被允许改变主意而结婚的问题，格拉提安发现难以给出答案。他引用了不少于40个权威来源，并最终得出结论：一个简单的贞操誓言不可被随意打破。

教会法的主体

《格拉提安教令集》开创了一个被称为"新法"的教会法时代。在那个时代，教会法进一步规范化，并成为学术研究的主题。早至

12世纪40年代，注释法学家就开始对教令进行补充，直到16世纪，这个工作仍然持续。

《格拉提安教令集》是6卷本《教会法大全》的一部分。《教会法大全》的主要组成内容还包括1234年的《教皇教令集》、1298年的《六部教令集》，以及1317年的《克雷芒法令集》。

《教会法大全》一直是教会法的主要渊源，直到16世纪罗马天主教会的天特会议在面对来自新教教徒的批评时，澄清了有关天主教的教义，这种情况才出现了转变。

即便如此，《教会法大全》仍维持着重大的影响力。直到1917年教皇本笃十五世颁布了修订后的教会法典，《教会法大全》一书的地位才变成历史。1959年，教皇约翰二十三世成立了一个教皇委员会，针对教会法开展新的修订工作，并于1983年起生效。新修订的教会法包括1752条教规，一共分为7卷本。

《格拉提安教令集》尽管从未

> 任何规定，无论民事的，还是教会的，如无诚信，终归无效。
>
> 《第二次拉特兰公会议教令》
> （1139年）

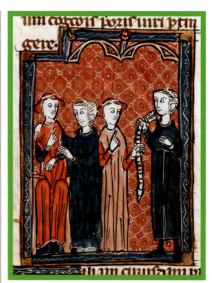

教会法在家庭生活、婚姻和性道德方面占主导地位。在《格拉提安教令集》的这幅插图中，一个女人被判必须佩戴贞操带。

得到教会的正式承认，但在750多年的时间里，一直是大学中关于此领域教学与研究的重要法律文本。■

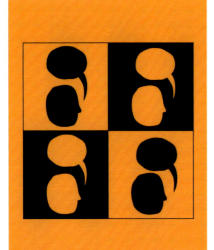

说出真相

《克拉灵顿诏令》（1166年）

英格兰的巡回法官在全国巡回审理案件。

当地由自由人组成的陪审团，即在法律上不存在土地上的佃租关系，身份上也不属于某个领主的平民，将涉嫌谋杀、强奸和盗窃的犯罪嫌疑人告知法官，以便其进行后续审理。

对此，法官决定犯罪嫌疑人是否应当接受水刑来证明他是否有罪。

经证明有罪的被告，会被没收财产，并被截掉一只脚。但若他名声不好，即使被证明无罪，他也有可能被流放。

亨利二世继承的英国王国，在过去十余年间陷入了无政府状态——亨利的母亲玛蒂尔达和前任国王斯蒂芬之间的一场内战，使得法律和社会秩序崩溃。同时，亨利还不得不面对来自教会法的挑战。1163年，亨利二世收到一份报告，称1154年以来，教会法庭作为独立法庭，已经审理了100多名牧师的谋杀案件。

教皇变得日益强硬，威胁到了亨利自己和他的法庭的权威。亨利需要重新控制法律。他所采取的第一个措施，就是限制教会法庭惩

参见: 早期法典 18~19页,神判法与决斗裁判 52~53页,《格拉提安教令集》60~63页,《大宪章》66~71页,英国国王查理一世的审判 96~97页,英国光荣革命与《权利法案》102~103页。

9世纪的《兰巴森法典》中显示的冷水审判过程:被告被扔进池塘、湖泊或河流中,如果他下沉,则证明他无罪。

陪审团审判这种审讯方法被视为判定有罪的有效手段。后来陪审团的功能进一步扩大,陪审团被要求判断被告是否有罪。1353年,爱德华三世颁布法令,禁止一个人参与两种形式的陪审团。

除了由《克拉灵顿诏令》设立的大巡回法庭,小巡回法庭也演变成处理特殊案件,如土地纠纷案件的法庭。这种法庭由包含12人的陪审团组成。其他的法律程序接踵而至,例如,1215年的《大宪章》第39条规定:禁止在未经陪审团参与审判的情况下,没收自由人的土地。始于《克拉灵顿诏令》的陪审团制度,逐渐发展,直到陪审团参与审判成为英国法律传统的标志。亨利二世的改革也为适用于所有人的法律,即普通法,奠定了基础。■

罚神职人员的权力。1166年,亨利在克拉伦登宫召开会议,会议产生的法律被称作《克拉灵顿诏令》,诏令命令巡回法官将王室的正义从伦敦带到英国的其他地方。事实上,巡回法官制度早在亨利一世时期就已经开始,但后来,因受到连年战乱的影响而被废弃了。《克拉灵顿诏令》在文中添加了一个新的法律审判规定:以"百户区"为单位,选出12名自由人;或者每个"村"选出4名自由人参与审判。

陪审员的角色

在陪审团参与审理的过程中,陪审员必须宣誓,并向法官报告当地最严重的犯罪的嫌疑人,即谋杀、强奸和盗窃的嫌疑人。陪审员不必决定嫌疑人是否有罪,但如果嫌疑人在犯罪时被逮个正着,那么陪审员可认定其有罪。

诏令也试图改变以往的审理形式。过去所谓的免罚宣誓程序,

让被告通过提供足够数量的证人宣誓来证明自己无罪。《克拉灵顿诏令》采取了一种新做法,使冷水审判法(将被告捆绑后扔进河里,如他上浮,则证明他有罪)成为刑事审判的主要证明程序。这种审判法早先只用于下层阶级,被判有罪的人,将面临被罚款、没收财产和截肢的处罚。即便最终被认定是无辜的,若名声不佳,他们仍然可能遭遇流放。这种神判法,使大量被告宁愿逃跑,也不愿面对审判,但他们的财产仍然可能被没收。1176年,《北安普敦敕令》扩大了巡回法官的职权范围,其受理的案件新增了涉及纵火和伪造罪的案件。这样的做法使得惩罚变得更加严厉,犯罪者的一只手和一只脚都要被砍掉。

陪审团的演变

1215年,当第四次拉特兰公会议禁止神职人员参与神判法时,

国王陛下希望那些……被法律赦免的人,如果名声很不好……他们应当宣誓放弃国王的土地。

《克拉灵顿诏令》

对于任何人，我们不得出卖、拒绝或延迟法律公道与正义

《大宪章》（1215年）

从亨利一世开始,英国国王建立了中央集权的王室法庭,削减了地方领主的权力。

对法国战争的财政需求,导致王室滥用权力。

第一次男爵战争迫使约翰国王签署了一项名为《大宪章》的权利宪章。

王室承认其权力并非绝对,而需要以法律为前提。

个人不受国王随意惩罚的权利得到确立。

中世纪英格兰的君主们遇到了一个难题:威廉一世从1066年起推行的封建制度正在逐步瓦解。

在这种制度下,作为地方领主的男爵(贵族)属于高级的"封臣",他们宣誓效忠国王,提供士兵,向国王上缴税款,以换取国王的保护和土地。身为地方领主及贵族的男爵们同样有着属于自己的臣子,这些臣子通常是受领主信任的骑士,他们向领主宣誓,效忠领主,有时还监管领主的土地。

骑士以下的人属于农民阶层,或者说是佃农,他们也许拥有自由人的身份,但多半属于农奴,在法律上受缚于领主。英国封建制度的最底层由农奴构成,农奴为领主所拥有。农奴与农民没有任何法律权利。

自12世纪90年代开始,国王从封建税收与自己的财产中获得的收入,不足以为英格兰在法国所进行的战争提供资助。因此,国王向他的地方领主们索要的资金越来越多,这使得领主们越来越怨恨国王。

约翰国王统治下的法律滥用

英格兰的司法系统亟须改革。12世纪,曾适用于早期国王的法律程序面临着严峻的考验。亨利二世

的改革提供了中央法院体系的核心,开启了普通法的编纂工作(参见70页内容)。然而,司法改革限制了地方领主的权力,改革所提供的特许权,可能被国王滥用或被随意收回,尤其是1199年获得王权的约翰国王。约翰发动了一系列针对法国的灾难性军事远征,但以1204年诺曼底一役的失败而告终,这让他极度缺乏资金。

为了资助一支新的军队,约翰国王开始大规模征税,他试图增加兵役免除税——一种代替兵役的现金税,甚至在无须征兵的情况下,仍提高了征税比例。中央的皇家法庭变得更加强大,以不真实的理由收取罚款。地方领主继承爵位和土地时被征收的税费大大增加。1211年,这两项政策为王室带

参见："征服者"威廉的《末日审判书》58~59页，《克拉灵顿诏令》64~65页，英国国王查理一世的审判 96~97页，英国光荣革命与《权利法案》102~103页，《美利坚合众国宪法》与《权利法案》110~117页。

> 英国教会是自由的，其权利不受减损，自由不受损害。这种自由我们也要遵守……
>
> 《大宪章》第1章

来了高达145000英镑的收入，大约是10年前的10倍。

1214—1215年在法国爆发的另一场战争挥霍了这些钱，也侵蚀了贵族们残余的善意。中世纪英国的王权存在契约因素，国王的权威被认为是国王与人民所订立的契约的体现。若国王不遵守契约，他的人民就有权放弃效忠。

同时，约翰国王与教皇英诺森三世的争执，使局势更加恶化。当约翰国王拒绝了教皇提名的坎特伯雷大主教候选人斯蒂芬·兰顿时，教皇颁布了一项禁令，禁止在英格兰做礼拜。1209年，教皇将约翰逐出教会。对宗教仪式的禁令让人深感不安，也进一步考验了贵族们的忠诚。

贵族的叛乱

约翰国王最终向教皇投降，但在1215年，他面临着一场严重的贵族起义。起义军在北方集结，向伦敦进发。在兰顿大主教要求避免流血的压力下，约翰同意谈判。同年的6月15日，他在萨里郡兰尼米德的泰晤士河边与男爵们会面。男爵们提出了《男爵法案》，旨在防止几乎所有发生在约翰统治时期的王室滥用权力的行为。约翰同意了他们的要求，并在文件上盖了章。

《大宪章》

这份新文件于1218年被命名为《大宪章》。在今天，它被尊为现代民主和法治的基础文件，但在发布的时候，它是一份保守的政治契约，主要目的是保护贵族的合法权利不受王室侵犯。

在兰顿大主教的坚持下，63章的《大宪章》首先确认了英国教会不受王室干涉和不受削弱的权利。宪章的其余部分主要处理贵族的不满。第2章规定，伯爵或男爵的继承人应向王室支付不超过100英镑的费用，以获取继承权。第18章规定，不得强迫寡妇违背自己的意愿再婚。在这之前，富有的寡妇通常会被强迫嫁给国王的宠臣。

第12章规定，禁止提高兵役免除税，除非得到"全国公意的许可"。这一内容是在向国王发起挑战，不过，约翰也留了一手：皇家议会由国王挑选，这一规定几乎不受任何的制约。

第16章总结了贵族们对国王的主要不满，指出"任何人不得被强迫为了获得骑士领而服额外之役"。

约翰国王在兰尼米德——自古以来用于集会的地方——签署《大宪章》。

其他的章节有着更为深刻的政治影响。第18章规定，某些巡回审判应由每个县的两名法官和地方的4名骑士共同组成巡回委员会，每年至少举行4次，以便所有人都能更快地诉诸司法。在此之前，唯一能保证合法开庭的是1178年在威斯敏斯特设立的法院。

《大宪章》的第39章更为重要，它包含了1679年《人身保护法》所载的权利：任何自由人不得被逮捕、监禁、剥夺财产、流放或受任何伤害，除非"同等人合法判决"或国家法律允许。第40章强调，对于任何人，我们不得出卖、拒绝或延迟法律公道与正义。通过第39章和第40章，国王第一次宣誓接受法律的约束。

《大宪章》早年的挣扎

《大宪章》第61章规定：若国王违反协议，由25位领主组成的委员会将追究他的责任。约翰无法接受威胁，于同年8月获得了教皇诏书，被允许撤销宪章。贵族们在法

国军队的支持下，奋起反抗国王。1216年10月，约翰去世，继承人亨利三世只有9岁。多数交战的贵族领主悄悄叛逃回政府阵营，到1217年，叛乱已然平息。

1216年，亨利三世即位，重新颁布了宪章。1218年，宪章被正式命名为《大宪章》。1225年的再次颁布，将宪章的保护范围从所有自由人扩大到了所有人。尽管宪章并未明确向女性提供同样的保护，但一些人认为，就这个时候的英语用法来说，"男人"（men）一词也可能指所有的人。

这一次的《大宪章》被认为是权威的，最终被纳入法律体系之中。《大宪章》标志着它所记载的权利从建立在判例基础上的普通法向成文法过渡。爱德华一世在1297年再次颁布《大宪章》时证实了这一点。

13世纪也见证了普通法的法律整合。格兰维尔的著作为普通法铺平道路之后，他的另一篇论文《论英格兰的法律和习俗》于1235

《大宪章》最初是使用拉丁文发布的——拉丁文是当时的法律语言。《大宪章》大约有17份副本留存下来，其中包括索尔兹伯里和林肯大教堂的副本，以及牛津博德利图书馆的副本。

年对该主题做了进一步的论述。这篇论文引入了犯罪意图的概念，并在《大宪章》的启发下，进一步阐述了王权理论，指出国王只有以合法的方式获得政治权力，才能成为合法君主。在爱德华三世的统治下，被称为"六大法令"的法律，扩大了《大宪章》的保护范围，包括明确声明不扣押货物或动产的权利（1331年），以及被指控时接受正当法律程序的权利（1368年）。

议会的支持

13世纪标志着议会民主制的诞生。随着时间的推移，国王任命大臣和顾问的权力被削弱了。1258年，针对亨利三世的另一场贵族起义，催生了《牛津条例》。该条例将政府交给由15名男爵组成的委员会和一个主要由贵族组成的、每年

拉内弗·德·格兰维尔与英国的普通法

拉内弗·德·格兰维尔的论文《论英格兰的法律和习俗》，作为普通法最早的权威文献之一，写于1187—1189年。格兰维尔出生于1112年前后，1180—1189年担任亨利二世的首席大臣，并担任英格兰的法官。

此时，一个独立的司法机构已经开始出现。1178年，一项法令规定，5名法官必须在威斯敏斯特审理诉讼——这个就是国王法庭的起源。

他们的决定所开创的先河，以及对早期习惯法的引用，标志着英国普通法的出现。这篇论文是国王希望帮助他在动荡时期建立和平而委托格兰维尔撰写的，清楚地定义了当时的法律程序。

1189年，格兰维尔被理查一世解雇并被监禁，后来死于1190年巴勒斯坦的十字军东征中。

> 出于我们的自愿和善意，我们已经给予我们的王国……以下这些书面记载的自由事项。
>
> 亨利三世
> 《大宪章》
> (1225年)

召开3次会议的委员会。这个体系很快就崩溃了，但在1264年，由蒙德福特领导的第二次男爵战争，直接导致了1265年第一次议会的召开。这次议会不仅包括富有精英，还包括全体人民代表——由来自每个大城镇的两名市民代表和来自每个郡的两名骑士组成。

到了14世纪，议会根据《大宪章》第12章的内容行使权力，并将宪章的规定进一步解释为：国王不得在未经议会同意的情况下，征收任何税款。随着都铎王朝势力的加强，《大宪章》的影响力在15世纪逐渐减弱。然而，到了17世纪，英国内战导致了查理一世被处决、查理二世被流亡和克伦威尔的统

治，《大宪章》成为议会对抗斯图亚特王朝国王权力的一个非常有效的盾牌。

广泛而持久的影响

18世纪后期，《大宪章》对英国暴政的抵御，与美国殖民者争取独立的斗争产生了共鸣。1789年的美国宪法和后来的《权利法案》的措辞，受到了500多年前《大宪章》对统治者专断权力限制的影响。

到了19世纪，《大宪章》的大部分内容已经过时。从1828年起，法规汇编中删除了《大宪章》的大部分条款，截至今日，只剩下4章的内容继续有效，分别是：第1章英国教会的自由，第13章中有关伦敦城的特权，以及第39和第40章中关于依法审判和禁止王室任意

> 对民主的渴望不仅仅存在于历史上的近期。这段历史被《大宪章》所记载。
>
> 美国前总统富兰克林·D. 罗斯福
> (1933—1945年在任)

扣押的规定。第39章和第40章至今仍被视为英国法律权利的基石，是立宪政府与人权发展的转折点。■

1957年，美国律师协会在兰尼米德租用的土地上修建了一座纪念碑，标志着约翰国王对《大宪章》的认可。美国律师协会主席威廉·哈伯德表示，《大宪章》是"世界范围内自由和法治的永恒象征"。

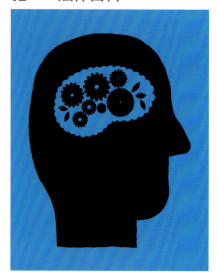

每一项法律都是为了实现共同的善

托马斯·阿奎那（1225—1274年）

背景介绍

聚焦
自然法

此前
公元前54—公元前51年 西塞罗的《论共和国》探讨了自然法和自然权利的思想。

公元388—公元395年 圣奥古斯丁在《论自由意志》一书中试图调和基督教教义和自然法。

约1140—1150年 《格拉提安教令集》将自然法描述为"所有国家共同的法律"。

此后
1323年 托马斯·阿奎那被教皇约翰二十二世封为圣徒。

1689年 英国哲学家约翰·洛克的《政府论》认为，自然法存在于我们的原始自然状态中，在政府出现之前便已存在。

1948年 《世界人权宣言》规定了所有国家共有的基本权利。

人们有理性的能力，并寻求以一种道德的方式来生活。

人们从自然中和神的命令中发现了自然法则。

自然法优先于人定法，因为人定法容易被修改，而且存在不公正的可能。

自然法是亘古不变、普遍存在的，它使人们能够以良好和道德的方式生活。

随着古代法律理论的发展，一系列哲学问题困扰着学者。其中最核心的是3个难题：法律从何而来，法律能否普遍适用，以及是否存在可以违反法律的道德基础。为了努力解决这些问题，自然法理论认为，有一种至高无上的法律，以一种原则化的形式嵌入自然本身中——根据哲学家和神学家托马斯·阿奎那的观点，这种无上的法律，是由上帝的命令所决定的。这种结合自然法与神法的观点表明，为了公正，人类的法律，如一

个国家的法律，必须符合自然法的原则。

理性与美德

自然法理论起源于公元前4世纪的古希腊哲学家，如亚里士多德，他在《政治学》一书中，将法律描述为理性。他认为，法律是人类理性组织社会的一部分。公元前1世纪的古罗马政治家和法学家西塞罗则认为，获得幸福的最佳途径是过着一种有道德的生活，而按照自然法则构建的自然法使这种生活

参见: 十诫与摩西律法 20~23页, 亚里士多德与自然法 32~33页, 教会法的起源 42~47页,《格拉提安教令集》60~63页。

> 人类的理性就如同世界上的上帝一般。

托马斯·阿奎那
《神学大全》
(1264—1274年)

成为可能。到了中世纪早期,圣奥古斯丁等基督教神学家进一步发展了这种观点,认为违反自然法的法律是不公正的,可能无须遵守。

13世纪,阿奎那将这些神学思想收集在一起并加以提炼,他的《神学大全》一书中有关于自然法的关键章节。阿奎那区分了4种类型的法律:永恒法超越一切,触及上帝对宇宙的神圣计划和秩序;神圣法涉及创造和救赎之路;自然法是人类与上帝之间的纽带,使得人类推理和感知善的能力成为可能;位于最底端的是人定法,是根据特定的环境创造出来的。与自然法不同,人定法很容易被修改。即便如此,根据阿奎那的观点,人定法也应该符合自然法——如果人定法不符合自然法,那么这种人定法就存在不公正的可能。

自然法与正义

阿奎那相信自然法和人定法都是为了共同的善,但有时会产生令人惊讶的——在现代看来是毫无根据的——结果。比如,阿奎那认为奴隶制是符合自然法的,支持神授的社会等级制度。然而,他也认为,如果能阻止更大的恶,那么遵从自然法的精神,而非人定法的文字记录,才是合理的。

阿奎那的自然法思想,在他死后仍具有影响力,为推翻暴君的权力和"正义战争"理论提供了辩护依据。20世纪,随着《世界人权宣言》所载的普遍人权法则的出现,自然法思想重新开花结果。进入21世纪后,人们继续呼吁"自然正义",以反对不公正的政府法律。■

阿奎那在《神学大全》中引用了关于基督教、伊斯兰教、犹太教和异教的宗教文献。右图所显示的部分是13世纪的一份装饰手稿中的一页。

托马斯·阿奎那

天主教最具影响力的中世纪神学家阿奎那,于1225年出生在那不勒斯和罗马之间的福萨诺瓦的一个小贵族家庭。20岁时,阿奎那违背家庭的意愿,成为一名多明我会修士。阿奎那在巴黎师从神学家艾尔伯图斯·麦格努斯,之后声名鹊起,并于1265年被任命为那里的摄政神学大师。

1265年,阿奎那被召为教皇神学家,在罗马的圣莎比娜建立了一所多明我会神学学校。在那里,他开始撰写《神学大全》,以作为学生的学习手册。1268年,他被召回巴黎。但在1272年,阿奎那返回意大利,在那不勒斯建立了自己的神学学校。在那里,他看到了一个令人狂喜的宗教景象,这使他停止了写作。直到他在1274年去世,《神学大全》仍未完成。

主要作品

1265—1274年 《神学大全》

商人的伙伴

《商人法》（13—15世纪）

背景介绍

聚焦
国际商法

此前
约700年 《罗得岛海洋法》结合了现有的各种法律和习俗，形成了一套海事法律体系。

约1010年 《阿马尔菲航海法典》是第一个在地中海大部分地区得到承认的海事法律体系。

此后
1622年 英国商人和自由贸易倡导者杰拉德·马利尼斯的《古代商人法》一书，对有关的商法进行了清晰的阐述。

1940年 国际统一私法协会（UNIDROIT）成立，为私人商事案件提供了仲裁场所，开创了《商人法》的新纪元。

哪部法律应该规范从事国际贸易的商人，这个问题与商业本身一样古老。古希腊、腓尼基和古罗马的商人都发展了一套本质上属于私法的体系——一套不受国家监管的体系——以试图解决纠纷，并增强对基于信任的贸易网络的信心。

古罗马人特别发展了一种方法来管理帝国公民和非帝国公民之间的交易。《万民法》起源于公元前3世纪，但在5世纪，罗马帝国分解成一系列蛮族国家，每个蛮族都有自己的属地法，《万民法》也因此沦为多余。

然而，从9世纪开始，北欧部

参见:《罗得岛法》25页, 布莱克斯通的《英国法释义》109页, 联合国与国际法院 212~219页, 世界贸易组织 278~283页。

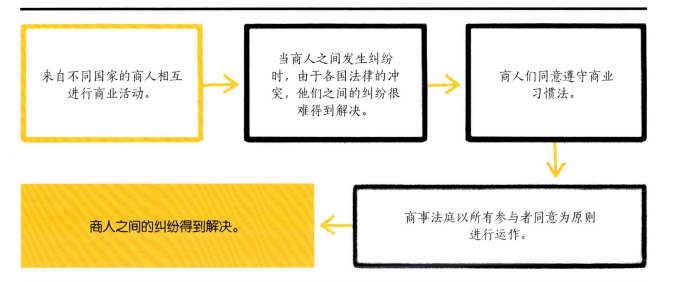

来自不同国家的商人相互进行商业活动。

→

当商人之间发生纠纷时, 由于各国法律的冲突, 他们之间的纠纷很难得到解决。

→

商人们同意遵守商业习惯法。

↓

商事法庭以所有参与者同意为原则进行运作。

←

商人之间的纠纷得到解决。

分地区的经济开始增长, 商业也因此复苏。像荷兰的多雷斯塔德这样的贸易中心开始繁荣起来。在南部, 阿拉伯海盗横行, 使地中海贸易变得危险。但是, 11世纪后, 海盗的基地被占领, 海上共和国, 如意大利的阿尔马菲、比萨、热那亚和威尼斯, 帮助促进了商业发展。

随着贸易的增加, 争端也在增加。那些从外国商人那里购入货物但对质量提出异议的商人, 或者是那些试图追回因承运人的粗心而损失的货物的价值的商人, 几乎没有求助于正规的法律体系的途径。

国家之间的国际条约, 可能涵盖了一般情况下商人的待遇, 但特定情况下, 这些条约对于商人来说几乎没有帮助。他们所在地的法院则往往存在效率低、官僚主义且僵化的问题。解决方案是商人们早期的自我监管形式——一种在商人中发展了几个世纪的习惯法, 在13世纪被称为《商人法》。

被自愿遵守的《商人法》

商人们在没有国家强制力的情况下自愿遵守《商人法》, 即便个别国家也通过了影响商业的法律。广阔的海上网络承载了欧洲大部分的高价值贸易, 因此海商法作为商法的先驱出现, 也就不足为奇了。

早在8世纪或9世纪, 东罗马帝国在地中海地区引入的《罗得岛海洋法》, 就汇集了海事惯例。意

大利贸易城市的发展加速了这一进程。一些法律被广泛接受, 如11世纪的《阿马尔菲航海法典》, 它的66条条款在整个地中海西部都得到了遵守。

热那亚和威尼斯等意大利城邦, 分别于1186年和1258年颁布了自己的海上贸易法。在欧洲的西北部, 《奥列隆惯例集》作为第一部海商法典, 于1160年在法国拉罗谢尔附近颁行, 后来被更广泛地接受。

到13世纪早期, 汉堡等北欧港口已经制定了有关打击海盗的法规。汉萨同盟是一个贸易组织, 于1356年正式成立, 是波罗的海周边许多城镇和更远地区的商人的"保护伞"。

此处印章中所显示的是汉萨同盟, 这个商业同盟管理北欧大部分地区的海上贸易。汉萨同盟成立于1356年, 一直维持到17世纪。

这些法典很快就有了专门处理非海上贸易的章节，如关于债务的偿还、外国商人的自由，以及统治者有权在外国商人死后没收他们的财产等的章节。

11—13世纪，大型交易会的兴起，如德国莱比锡和法兰克福交易会，以及法国特鲁瓦和拉尼的交易会的兴起，增加了对确定不同国家商人之间的关系的法规的需求。这一点十分重要，因为这些交易会通常由当地领主直接管辖，并不受王室法律的保护。商人们需要更多的信心，相信他们的权利和货物会得到保护。

在英格兰和其他地方，《商人法》被认为是解决争端和鼓励对外贸易的一种权宜之计。1303年，国王爱德华一世颁布了《商人宪章》，授予外国商人贸易自由，免除某些规定，并责令官员"根据《商人法》迅速伸张正义"。涉及外国商人的案件在国王法庭审理，而非由官方任命的普通司法机构审理，且有专家陪审员或陪审团参与审理。这些参与审理的人员均由当事人自己选择，且审理所使用的依据是《商人法》，而非英格兰的法律。

商事法庭

在整个欧洲，专门实施《商人法》的商事法庭出现了，包括热那亚的民事轮值法庭、比萨的海事法庭和巴塞罗那的海洋领事馆。从1206年设立热那亚海上领事馆开

> 就这些商人法来说……在商业方面应该受到尊重……如同《十二表法》的地位一般。
> 杰拉德·马利尼斯
> 《古代商人法》
> （1622年）

始，这些法庭就由了解交易习惯、拥有规范专业知识的官员管理着。此制度保证了商人们的纠纷能够得到满意而迅速的解决。反过来，这种制度性的保证促进了金融工具的使用，如用于支付的本票的使用。商人现在可以信赖这些金融工具，它们会得到法律的尊重，如果真的有必要强制兑现，则由法院强制执行。

商事法庭与现代仲裁而非正式的司法法庭有更多的共同之处。然而，商事法庭程序上的灵活性，以及裁决缺乏一致性，引发了令人不安的问题。这些商事法庭的运作很少遵循一般法律原则，甚至是那些看似普遍的原则，比如定金——为签订合同而支付的部分款项，在商事法庭的见解中，也可能会有所不同。

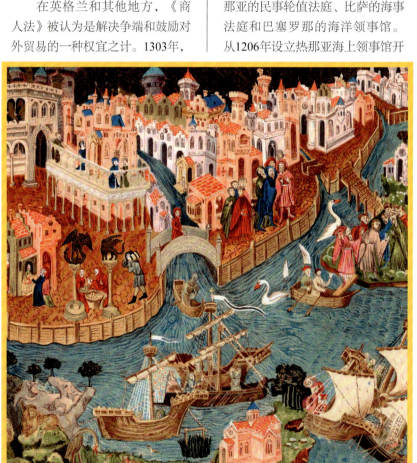

14世纪的威尼斯是一座熙熙攘攘的城市，港口里有船只，码头上有商人。它是第一个拥有自己的海事贸易法的港口。

商人们可以申请在他们选择的任何法律制度下审理案件，这一点也可能导致双方之间产生进一步的纠纷。在某些案例中，安特卫普商人与伦敦商人进行交易时拒绝承认伦敦法律；而比利时的伊普尔当局坚称，任何在此交易的商人都必须遵守伊普尔法律。

各国政府还担心外国商人会通过《商人法》进行上诉而获取不当利益。因此，英国议会试图将《商人法》纳入普通法的体系中。早在1353年，英国国王爱德华三世就在英格兰、威尔士和爱尔兰建立了主要港口，以进行特定商品的交易。这些港口都有自己的法庭，由王室管理，负责裁决商业纠纷。

即便如此，1473年由罗伯特·斯蒂林顿主教主持的法庭仍表示，外国商人应该根据《商人法》受审。这一立场在17世纪逐渐开始转变，当时，普通法的拥护者，如

新《商人法》

20世纪的非殖民化运动推动了贸易的增长，以及独立司法管辖权的扩张。人们越来越意识到，需要确保国际贸易不被法律障碍所扼杀。

1940年，国际统一私法协会成立，旨在协调私人领域的商法，并为国际合同确立普遍认可的原则。与最初的《商人法》情况类似，协会的指导方针并不是强制性的，而只适用于当事人选择遵守的情况。联合国等其他国际组织的兴起，使解

决法律冲突的机制也随之发展，其中包括联合国国际贸易法委员会（UNCITRAL）。它1988年牵头制定的《维也纳公约》，旨在通过制定相互接受的规则来消除世界贸易的法律障碍。

法学家爱德华·科克，试图为普通法至高无上的地位而战。

18世纪60年代，曼斯菲尔德伯爵、首席大法官威廉·默里宣布，不存在如《商人法》这样独立的法律体系。1809年，法学家威廉·布莱克斯通出版了《英国法释义》一书，强化了这样一种观点：商业行为受所在地的法律保护，而《商人法》不再具有效力。

国家立法取代《商人法》

在整个欧洲，随着国家司法机构和立法机构的日益强大，这些国家不再允许在其管辖范围内存在相互竞争的法律。各国分别制定商事法律来取代《商人法》，其中包括1807年的《法国商法典》和1861年的《德意志联邦商法典》。虽然《商人法》似乎奄奄一息了，但它

并没有完全走向灭亡。

20世纪，当国际贸易量激增时，一股新的私人商法浪潮出现了。这些商法用于私人之间，而不涉及国家的交易（参见上方新《商人法》一栏）。诞生于1000年前的《商人法》，随着欧洲的重建，在国际贸易领域仍然具有重要意义。■

西班牙的《海洋领事馆之书》是一部海洋运输习惯的汇编，对中世纪《商人法》的发展做出了贡献。图中的这个插画版本，于1523年印刷发行。

EMPIRE AND ENLIGHTENMENT

1470–1800

帝国与启蒙运动
1470—1800年

《威尼斯专利法》是世界上第一部有关专利制度的成文法。

英国和威尔士通过了《济贫法》，以教区和地方税收为"定居"穷人提供支持。

天文学家伽利略指出地球不是宇宙的中心，他因此被天主教会以异端罪进行审判。

在英国内战期间，英国议会设立了高等法院，以对国王查理一世的叛国罪行进行审判。

1474 年 **1601** 年 **1633** 年 **1649** 年

1494 年 **1625** 年 **1648** 年 **17** 世纪

哥伦布从新大陆归来后，西班牙和葡萄牙签署了《托德西利亚斯条约》，瓜分了世界。

在《战争与和平法》中，雨果·格劳秀斯倡导国际法中的外交活动。

《威斯特伐利亚和约》确立了国家主权原则，并强化了通过外交手段确保和平的原则。

加勒比和北美的奴隶法，将奴隶归为其主人的财产。

---

15 世纪末，欧洲发生了巨大的文化和政治变革，迎来了文艺复兴。民族国家开始主张独立，并通过贸易和帝国建设实现繁荣。因为这些变化将重点从宗教转向了人类所固有的自然法，所以天主教会的权威受到了挑战。

这个时期出现的主要商业大国之一是威尼斯共和国，它引入了商事法律，如专利法，以保护商人的利益。西班牙和葡萄牙这两个雄心勃勃的国家，正在寻求跨越大西洋进入亚洲市场的路线，以替代陆上丝绸之路。在克里斯托弗·哥伦布偶然发现新大陆之后，伊比利亚半岛上的两个国家达成了一项协议——《托德西利亚斯条约》。根据该条约，世界被分成了两个部分，西边的土地归西班牙，东边的土地归葡萄牙。这些主张表明了一种普遍的态度，即世界就在那里，等待着新的欧洲贸易国家去发现、征服与剥削。16世纪的新教改革对教会权威提出了进一步挑战。

国际秩序

贸易和领土争端导致了国家之间爆发争夺统治地位的战争。17世纪，人们开始建立国际法规则。1625年，荷兰学者雨果·格劳秀斯撰写了一本名为《战争与和平法》的国际法著作，倡导人类在国际事务中保持理性与相互合作。这在1648年的《威斯特伐利亚和约》中得到了体现。该和约结束了"三十年战争"，开创了通过外交谈判保护国家主权的先河。1个世纪后，瑞士外交官艾默瑞奇·德·瓦特尔的《万国法》一书，奠定了真正的国际法基础。

美洲，以及非洲和亚洲的部分地区，很快成为欧洲帝国的殖民地，为欧洲帝国提供了似乎无穷无尽的资源，但交易的不仅仅是商品。为了给美洲殖民地提供劳动力，成千上万的奴隶被从非洲运来，西印度群岛和美国的奴隶法典赋予了这种做法合法性，因为这些法典把奴隶视为"动产"——一种属于奴隶主的私人财产。

在光荣革命中，奥兰治的威廉和他的妻子玛丽，接受了英国的王位并签署了《权利宣言》（后来的《权利法案》的文本）。

英国《安妮女王法令》规定了作者的版权原则。

威廉·布莱克斯通的《英国法释义》，以一种全面易懂的形式，阐述了英国普通法。

在法国，《人权和公民权利宣言》规定了法律面前人人平等的原则。

1688—1689年　　1710年　　1765—1769年　　1789年

1692年　　1758年　　1787年　　1791年

在马萨诸塞州塞勒姆的女巫审判中，有200多人被指控使用巫术，19人因伪造证据被判处死刑。

瓦特尔的《万国法》一书，为各国根据国际法进行合作奠定了基础。

代表们在美国费城开会，制定了《美利坚合众国宪法》（简称美国宪法），该法于1790年获得所有州的批准。

美国宪法增加了十项修正案，被统称为《权利法案》。

理性高于信仰

　　欧洲的新繁荣促进了知识和科学探索，引发了17世纪末和18世纪的启蒙运动。天主教会仍然掌握着相当大的权力，它运用这些权力试图镇压"异教徒"。然而，天主教会的权威遭到了严重的破坏，王权以及君主对人民的权威也受到了严重的破坏。启蒙理论家提倡理性思考，而非宗教信仰，提倡进步、自由和宽容，而非忍受旧的政治秩序对教会和君主制的顺从，主张建立立宪政府来保护公民的权利。

　　这一运动的第一个迹象，出现在1642—1651年的英国内战期间，国王查理一世在1649年被审判和处决，随后联邦建立了起来。

1689年，作为英国议会接受威廉国王和玛丽王后统治的条件，《权利法案》被引入，确立了法律的权力凌驾于王权之上。

　　英国哲学家约翰·洛克受到政治秩序变化的启发，主张建立一个保护公民自由和权利的政府。这一主张在其他地方很容易被接受，例如，在美洲殖民地，人们对英国统治者越来越不满，并寻求在一个以更民主和更公平为前提的政府统治下获得独立。

　　当于1776年宣布独立时，美国宣称所有人都有生存、自由和追求幸福的权利。权利概念的确立是法典的核心，这在1787年的《美利坚合众国宪法》中得到了体现。同样，

法国在1789年推翻了暴虐的统治者，建立了一个民治民享的政府，并在《人权和公民权利宣言》中体现了自由、平等、博爱的理想。■

保护任何灵巧的装置

《威尼斯专利法》（1474年）

背景介绍

聚焦
专利法

此前
公元前500年　古希腊锡巴里斯的厨师，对他们发明的新菜肴，拥有一年的垄断权。

1421年　已知的第一项发明专利，被授予佛罗伦萨的菲利普·布鲁内莱斯基。

1449年　英国国王亨利六世授予约翰·尤提南彩色玻璃制造的垄断权。

此后
1624年　《垄断法》在英国成为法律，允许向重大发明授予专利。

1790年　美国《专利法》授予了发明者14年的独家专利。

1474年的《威尼斯专利法》，标志着现代专利法（保护新发明的法律）的真正开始。《威尼斯专利法》由威尼斯共和国制定，虽然不是第一个针对专利进行保护的法律，但它是第一个适用于所有发明的综合法律体系。15世纪初，文艺复兴时期的意大利各城邦蓬勃发展，争相在艺术、科学和技术领域提出新思想，毕竟创造发明可以获利和赢取社会地位。但是，如果创造发明的点子在出现的那一刻就可以被轻易复制，那么伴随创造发明而来的好处便会荡然无存——发明者得不到激励，就没有动力花时间和金钱创造，更不用说与他人分享其创意了。

参见:《商人法》74~77页,英国《安妮女王法令》106~107页,美国联邦贸易委员会 184~185页,《世界知识产权组织版权条约》286~289页。

佛罗伦萨大教堂的穹顶没有中央支撑。它的创新设计包括内外立面结构,通过互锁的拱门的支撑来防止穹顶膨胀从而发生结构改变。

发明专利

随着欧洲贸易网络的扩展,以及意大利各城邦间商业和政治竞争的加剧,发明者需要通过承认他们对创意的所有权来得到法律保护。创意必须变成财产为个人所拥有,发明者必须被授予专门的权利,这样其他人就不能随意复制其发明成果了。关于授予专利的思路应运而生。

已知的第一项专利,于1421年在佛罗伦萨被授予建筑师菲利普·布鲁内莱斯基,他以设计佛罗伦萨大教堂的穹顶而闻名。不过,他的专利不是建筑设计或工程领域的创新,而是一种交通工具——一种特殊的驳船,可以通过亚诺河将建筑材料运送到大教堂。不幸的是,1427年,布鲁内莱斯基的船在第一次航行时就沉没了。在佛罗伦萨,通过授予专利来保护发明的想法一度被摒弃,但工匠和艺术家的行会在当时拥有相当大的权力,其成员对自己的想法和创新的"所有权",受到这些行会的规则的保护。

《威尼斯专利法》

正是在威尼斯,合法专利的概念正式出现了。威尼斯首先授予一次性的个人专利,类似于佛罗伦萨授予布鲁内莱斯基专利的形式。然后,在1474年3月19日,威尼斯的执政参议院首次颁布了通用专利法。这一具有里程碑意义的法律,建立了一个通过自由注册专利来保护发明者的系统。

威尼斯的专利制度具有现代专利法的大部分特征:一项发明必须在某种程度上是有用的;专利的期限被限定为一定年限;专利使用权在专利权存续期间及届满之后都可以被转让;如果一项专利在一段时间内没有被使用,或者专利所涉及的发明最终被证明不是同类型的首次发明,那么此发明的专利权就会被取消。这些关于专利认定的规范标准,都是现代专利法的基础。

巧妙的发明

从通俗的角度来说,《威尼斯专利法》为任何新的、精巧的装置提供了法律保护。这部法律自信地宣称:威尼斯拥有最聪明的头脑,能够设计各种各样具有独创性的发明。这部法律还称,只有使这些聪明头脑的想法得到保护,拥有这些聪明头脑的人才会努力做出对城市有益的东西。因此,《威尼斯专利法》规定,任何将其发明转化为实用设备的创造者,都拥有该

在威尼斯,他们奖励和珍惜每一个带来新艺术或神秘事物的人,让人们可以借此而努力工作。
托马斯·史麦斯爵士
《英格兰本土公共福利对话集》
(1581年)

商业垄断对市场的影响太大，损害了贸易，因此发明者需要以某种方式来保护他们的知识产权。

垄断应该被禁止，而有用的发明应该在有限的时间内被授予专利。

这将激励聪明的头脑，带来更多的创新和具有独创性的发明。

发明长达10年的专利权；任何盗版产品都将被强制销毁，并且制造者还要支付100达克特的罚款，按照现在的币值换算，大约为1.5万美元。因此，《威尼斯专利法》中的罚则显然是需要认真对待的。

《威尼斯专利法》的颁布使威尼斯成为第一个建立起一套持续一致的专利保护制度的国家。就此立法成果来看，一个知识产权所特有的法律框架建立起来了。换言之，知识可以被拥有，这给了人们发展发明技能和技术的动力，使他们确信，如果自己掌握了一项成功的发明，自己就会拥有法律授予的权利，继而从中获利。

这一观点假定，如果没有潜在的经济利益回报，人们就不会费心去创造或发明。这一策略在威尼斯显然奏效了：到15世纪末，威尼斯的商业地位在欧洲已无人能及。1495年，法国作家兼外交官科米纳访问威尼斯，他表示，威尼斯是"我所见过的最成功的城市"。

威尼斯对专利的需求

如果以授予的专利数量为依据，那么《威尼斯专利法》在立法层面上无疑是一个巨大的成功。1474—1600年，威尼斯基于该法一共授予了621项专利，年平均授予5项专利。在接下来的一个世纪里，又有605项发明被授予了专利。

随着威尼斯商人和工匠从威尼斯搬到欧洲其他地方定居，他们有关专利的想法也传至欧洲各地。例如，1551年，一位名叫西赛欧·穆蒂奥的威尼斯玻璃制造商，以"威尼斯的方式"制作玻璃，从而获得了法国授予的第一项专利。在安特卫普和德国的威尼斯玻璃制

巴罗维尔杯是在1470年前后，玻璃大师安吉洛·巴罗维尔作为结婚礼物制作的。他首先发现了制造透明玻璃的方法，从而使慕拉诺岛因玻璃制造业而闻名于世。

造商也获得了早期专利。1565年，意大利工程师雅各布·阿孔西奥因一种由水轮驱动的机器，获得了英国授予的第一项发明专利。

专有权

在英国，发明专利的概念被扩展到包括销售特定产品或技术的专有权——换句话说，就是人们试图通过取得专利来实施所谓的垄断。早在14世纪，英国就向外国工匠和发明家颁发了被称为"保护书"的许可证，以鼓励他们来英国从事发明生产工作。1331年，来自比利时西部的纺织工人约翰·肯普是这项政策的受益者。英国国王亨利六世将彩绘玻璃制造的垄断权授予他，有效期为20年。约翰受邀从家乡来到英国，并为伊顿公学制作彩绘玻璃窗。

90年后，英国国王亨利八世的秘书托马斯·克伦威尔授予威尼斯丝绸商人安东尼奥·吉多蒂20年的丝绸生产垄断权，以说服威尼斯的丝绸制造来到英国。授予垄断权的做法在英国十分盛行，因为英国可以用授予特权的形式来收取高额费用。因此，越来越多的行业进

入专有权领域，甚至包括盐和淀粉等民生基础产品。

到16世纪末，垄断带来的商业束缚已经走入了极端的境地，以至于激起了公众强烈的不满。1601年，英国议会迫使女王伊丽莎白一世交出监管垄断企业的权力，并取消了一些限制性最强的垄断企业。一个由资深法官兼政治家爱德华·科克爵士领导的申诉委员会成立了，委员会旨在控制垄断。然而，伊丽莎白的继任者詹姆斯一世继续颁发专利，延续建立垄断的做法。

伴随着公众愤怒情绪的上升，詹姆斯一世承诺要废除3家最恶劣的垄断企业，但议会已经无法再忍耐下去了。1621年，科克大法官推出了《垄断法》，该法于3年后生效，是一项反对英国国王绝对权力、捍卫商业利益的开创性举措。

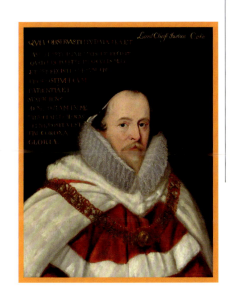

英国的第一项专利

英国的第一项专利被授予了威尼斯工程师雅格布·阿孔西欧。阿孔西欧最初来自意大利北部，后来搬到了斯特拉斯堡。在那里，他被女王伊丽莎白一世的国务卿威廉·塞西尔爵士招募到了英国。1559年，在伊丽莎白一世政权尚未稳定的时候，阿孔西欧带着威尼斯的工程技术来到英国，以改进英国的防御工事。他还重新设计了位于英格兰和苏格兰边境的贝里克城堡的一些防御工事。

阿孔西欧到达英国后仅仅几个月，就为各种使用水轮的机器，以及染色和酿酒用的炉子申请了专利。他在专利申请中写道："那些通过探寻发现了对公众有用的东西的人，应该从他们的权利和劳动中获得一些成果。"1565年，英国授予了阿孔西欧想要的专利。

《垄断法》

科克大法官的《垄断法》使英国过去、现在和未来的所有专利及垄断权失效。《垄断法》还规定：王室不得试图通过专利授予，将司法和刑法的管理工作外包给个人和公司——只有议会能这么做。

所有专利均归于无效，但有一个关键的例外，即立法保留了有关原始发明的专利。这种关于原始发明的专利，被限定在14年的期限内，因此，如果发明人是"真正的第一发明人"，那么他可以获得一项专利，并拥有14年的专有权。任何全新的制造方法都可以被授予专利。

尽管直到一个多世纪后，英国法院才发展出一套连贯的实施专利法的方式，但《垄断法》是英国从封建经济到资本主义经济发展过程中的一个里程碑。《垄断法》的内容，无疑受到了《威尼斯专利法》的影响，自此形成了英国的专利法体系。■

英国律师、法官和政治家爱德华·科克爵士的《垄断法》，于1624年生效，仅允许为真正的新发明授予专利。

国王自己不应该听命于任何人，而应该听命于上帝和法律。

爱德华·科克爵士
《英国法总论》
（1628—1644年）

世界的分界线

《托德西利亚斯条约》（1494年）

葡萄牙和西班牙都声称自己发现了新大陆，并因此拥有了这片新领土。

为了避免这两个敌对的天主教帝国之间发生代价高昂的战争，教皇亚历山大六世被要求对他们进行仲裁。

《托德西利亚斯条约》将世界一分为二，分别属于西班牙和葡萄牙。

1492 年，当探险家哥伦布从新大陆返回葡萄牙时，他在地理上的新发现，使得西班牙和葡萄牙这两个世界上较早的殖民大国之间产生了长达几个世纪的外交争端。哥伦布的探险，受西班牙的联合统治者阿拉贡的斐迪南二世和卡斯蒂利亚的伊莎贝拉一世的共同派遣，但葡萄牙国王约翰二世是第一个听说这一历史性发现的人。

当时，没有哪个欧洲大国认为他们发现的新大陆早已为人所知，并有土著居住，对他们来说，发现意味着拥有。葡萄牙凭借其开拓性的航行——其航海家已经探索过西非和印度的海岸——主张自己拥有这片"新发现"的领土。哥伦布向葡萄牙国王约翰二世宣布，他已代表对手西班牙国王发现了

参见："征服者"威廉的《末日审判书》58~59页，《商人法》74~77页，《威斯特伐利亚和约》94~95页，瓦特尔的《万国法》108页，《凡尔赛和约》192~193页，《赫尔辛基条约》241~243页。

哥伦布在西印度群岛一个被他命名为圣萨尔瓦多的地方登陆。

一个新世界，这一消息令人震惊。

葡萄牙国王向西班牙的斐迪南国王和伊莎贝拉王后发送了一封威胁信，声称根据1479年的《阿尔卡索瓦条约》和1481年的教皇诏书，加那利群岛以南的所有土地，也就是哥伦布发现的所有土地，都应属于葡萄牙。约翰二世还宣布他将派遣舰队去兑现葡萄牙的要求。

教皇诏书

斐迪南国王和伊莎贝拉王后意识到葡萄牙的海军实力，于是向教皇亚历山大六世求助。他们知道亚历山大六世也是西班牙人，会给予他们同情。作为回应，教皇亚历山大六世颁布了一份诏书，将当时已知的圆形地球直接一分为二，从现在的角度来看，这是一份令人

惊叹的欧洲自信宣言。切割世界的这条线，从北极到南极，由北向南穿过大西洋，在亚速尔群岛和佛得角以西大约550千米，穿越现在巴西的最东侧。这条线以西尚未由基督教君主统治的所有土地将属于西班牙，而东边的所有土地将属于葡萄牙。

教皇的诏书加剧了紧张局势，使得两个国家都试图将边界线进一步向东或向西移动。1494年，西班牙和葡萄牙的外交官在西班牙小镇托德西利亚斯会面，并达成了《托德西利亚斯条约》。这一条约的签订，将世界一分为二，由于葡萄牙强大的海军，条约中所划分的界线向西挪动了约1485千米。

根据现代的计算，条约的新分界线大约在西经46°30'处，但在那个时候，没有人能精确计算经度，因此难免会出现争议。虽然这条南北的分界线沿大西洋将地球分

成两半，但条约并没有具体说明这条分界线是否继续绕地球划分太平洋。

南美洲的分裂

尽管此条约存在巨大的缺陷，但事实证明它非常有效。葡萄牙控制了从非洲到印度的航线，直到后来被英国人取代。6年后，佩德罗·阿尔瓦雷斯·卡布拉尔在通过大西洋向南驶往印度的途中，偶然登陆了巴西，葡萄牙也因此获得了对巴西的控制权。历史学家认为，在《托德西利亚斯条约》的时代，葡萄牙人就已经知道南美洲上存在一个向东隆起的土地，并对此保持沉默。不管真相如何，葡萄牙因此获得了巴西的巨大财富，而西班牙的影响力则遍及整个南美洲和中美洲的其他地区，从而统治着现在所谓的拉丁美洲。■

这条分界线……应绘制在……距离佛得角群岛以西三百七十里格之处。
《托德西利亚斯条约》
（1494年）

所有的执政者都应该保全每一个穷人

《济贫法》（1601年）

背景介绍

聚焦
社会福利

此前
1351年 英国议会制定的《劳工法》，要求每个有工作能力的人都必须工作。

1388年 《剑桥法令》对"强壮"的乞丐和"无力"的乞丐进行了区分。

1494年 《流浪汉和乞丐法》规定，"流浪汉、游手好闲的人和可疑的人"都应该受到惩罚。

此后
1662年 英国《住所法》允许将外来人口排除在教区之外。

1696—1698年 布里斯托尔的穷人公司开设了英格兰最早的两家济贫院。

1834年 《济贫法修正案》引入了专门建造的济贫院，由教区的"工会"来经营。

1948年 《国家救助法》废除了旧的《济贫法》，确保16岁以上和"没有资源"的人得到救济。

1601 年颁布的《济贫法》是世界上首批尝试通过建立全国性法律框架来解决贫困问题的法案之一。它以14世纪中期的各种法律为基础，开创了一个先例：利用法律来解决贫困人口的问题和其带来的更广泛的经济后果，穷人的命运不能靠运气和慈善机制来决定。《济贫法》没有针对个人在面临困难时需要获得救助的法律权利做出规定，但确实确认了执法人员

参见: 亚里士多德与自然法 32~33页, 教会法的起源 42~47页, 托马斯·阿奎那 72~73页, 德国工伤保险制度 164~167页,《世界人权宣言》222~229页。

乞丐和流浪者扰乱社会秩序, 提高了犯罪率。

→

当土地所有者和企业需要工人时, 慈善和施舍会鼓励人们无所事事。

→

为了社会的利益, 富裕的人应该为救济穷人做出贡献。

↓

济贫应由教区组织, 由地方税收支付费用, 并强迫闲散人员工作。

←

一个济贫的法律制度对于整个社会来说, 是十分必要的。

有义务提供支持, 并用税收来支付济贫费用。对穷人负有核心责任的理念, 成为19世纪末德国、英国和其他国家发展国家福利制度的法律根源。

劳动力的短缺

制定《济贫法》的社会压力, 可以追溯到1348—1350年黑死病的大流行。这场瘟疫的到来, 导致英格兰30%~40%的人死亡, 造成了严重的劳动力短缺。1351年, 英国议会通过了《劳工法》, 旨在让所有身体健康的人都能工作, 并维持疫情前的工资水平。然而, 劳动者将社会对劳动力的需求, 看作能够使他们随意迁移和实现更高工资的途径。1388年, 英国议会通过了《剑桥法令》, 试图改变劳动力短缺的状况。该法令限制了劳动者的

流动, 受到限制的人群也包括被认定为"强壮"的乞丐, 这样做的目的是让他们向他们的领主提供廉价的劳动。作为平衡, 该法令强加给地方上以"百户区"为名的行政部门救济职责。百户区必须给予那些被认为没有工作能力的"无力"的乞丐一些基本的救济。这样一来, 一个双管齐下的济贫方法出现了: 一方面,《济贫法》旨在帮助穷

人; 另一方面, 它也强迫穷人从事低报酬的工作。

乞丐与流浪汉

那些被认为是"强壮"的乞丐, 即那些被认为可从事劳动的人, 不能逃避工作。根据1536年制定的《惩罚强壮的流浪汉和乞丐法案》, 任何远离自己教区而不从事劳动的人, 都会被视为流浪汉, 将

一份1349年的手稿显示了一场黑死病牺牲者的葬礼。瘟疫席卷而来, 在欧洲夺去了2000多万人的生命。

都铎王朝时期的经济压力

谷物价格在1490—1569年上涨了两倍多，又在1569—1609年上涨了73%，使得面包更加昂贵。

16世纪，农民和建筑工人的工资下降了约60%。

1536—1549年，修道院以及由宗教团体经营的职业行会和医院遭到解散，终结了传统的慈善和救济渠道。

会受到严厉的惩罚，如鞭打、割掉耳朵，甚至会被处以死刑。

16世纪的立法，加大了惩罚力度，强迫流浪者接受所谓的第一份工作，无论工作环境多么恶劣。有残疾的乞丐，则必须在其所属的教区工作，否则将会被送到"感化院"接受一系列惩罚。

仰赖教区的工作职能

在1485—1603年的都铎王朝时期，英国人口急剧增加，但由于上涨的物价和跌至谷底的工资，越来越多的人无法养活自己。此外，亨利八世解散了修道院，剥夺了修道院的财产，这意味着穷人再也不能向教会求助。当体系濒临崩溃时，1601年颁布的《济贫法》为救济穷人的法律规定提供了一个全面的框架。16世纪都铎王朝时期出现的经济压力，导致乞丐越来越多。

16世纪的经济压力导致街头的乞丐越来越多。对于不从事工作的屡犯者施加鞭笞和绞刑等惩罚，变得司空见惯。

对流浪者实施鞭打，以及对屡次出现的流浪者处以绞刑等惩罚，变得更加司空见惯。《济贫法》旨在帮助那些有居所的穷人，以及那些并非因自己过错而失业的人们，至于乞丐和流浪者，则必须接受惩罚。《济贫法》将过去相关的立法合并成单一法案。

尽管《济贫法》适用于整个都铎王国，但其规定只适用于地方

的15000个教区，而非全国。每个教区都必须向有固定资产的业主征收低比例的税费，以筹集资金供养穷人。教区每年会选两名不支薪的监督者，设定有关救济贫困的税率，向业主收取税费，对拒绝上缴的业主处以罚款，然后以转移支付的形式，将钱或食物分发给有需要的人或强迫他们劳动。《济贫法》还规定了父母和子女互相照顾的法律义务。例如，年迈的父母应该由他们的孩子照顾。

《济贫法》试图明确一种立法理念：若穷人遭遇苦难，整个社会也会跟着受苦；从征税的角度看，通过征收统一税来筹集资金，以支持穷人和弱势群体，已成为一种常态。富人不再仅出于慈善目的而支持穷人，相反，这变成了一项法律义务，每个有能力支付税款的人，都必须履行纳税的义务。

穷人的再分配

1601年的《济贫法》确立了

布莱德维尔监狱

上图为描绘于1920年的布莱德维尔监狱。当时，这里关押着有轻微犯罪的罪犯、贫穷学徒、流浪者和其他被认为是"闲人"的穷人。

感化院的初始形象，源自伦敦的布莱德维尔监狱，最初以亨利八世的住所之一布莱德维尔宫的面貌出现。1553年，亨利八世的儿子爱德华六世将这座破败的宫殿，赠予伦敦金融城公司，作为孤儿院，以及"矫正""无序"女性（娼妓）的场所。1556年，这座宫殿遗址的一部分，变成了布莱德维尔监狱。1601年颁布《济贫法》后，这个地方成为实现"短暂而尖锐地打击"贫困的样板场所。布莱德维尔监狱、医院和济贫院三者结合在一起，囚犯被迫在那里进行艰苦的劳动。定期惩罚包括每周两次的公开鞭打。

之后设立的感化院使用"拘留所"这个称呼。布莱德维尔监狱在1666年的伦敦大火中被烧毁，但很快又被重建，并一直被使用到19世纪60年代。

两种救济方式：院外救济和院内救济。院外救济是最常见的一种形式，指将穷人留在本地，减少流浪机会，他们会因此得到所谓的救济金或者实物帮助，如衣服或食物。院内救济指迫使无家可归的穷人进入贫民所（一种慈善机构）、孤儿院或感化院，穷人将在此接受强制劳动。

那些跛足、病弱无力、年老、失明而不能工作的穷人，将接受院内救济，进入贫民所等地。身强力壮却没有家的穷人，可能会被送到工房——后来的济贫院的原型，穷人会在那里获得产品的原材料，并被迫劳动。这些场所被故意维持十分恶劣的条件，有人认为这样做是为了防止人们陷入长期的贫困并依赖公众的支持。

流浪者和游手好闲的穷人，将会被送到感化院。在那里，人们被迫从事艰苦的劳动，比如制作麻绳。

此外，《济贫法》的效力因教区而异。一些教区很慷慨，而另一些则很刻薄。许多教区试图通过将穷人转移到其他教区来推卸责任。然而，1601年的法案确实开创了为极贫困人口提供基本支持的先例，两个多世纪以来，为社会底层人士提供了一张安全网。

贫困的惩罚

尽管《济贫法》的有关内容体现了所谓的慈善原则，但《济贫法》本身是一把双刃剑。《济贫法》在支持贫困的同时，也惩罚贫困，而惩罚足够严厉，是为了杜绝出现对贫困救济的依赖。

随着18世纪末英国工业革命的开始和城市人口的增长，贫穷导致犯罪的问题逐渐凸显。实业家的工厂需要工人，而工人需要在土地上劳作，以养活日益增长的人口。哲学家、法学家和社会改革家边沁尤其坚持这样的观点：有关救济制度的法律框架应该包含约束和惩罚偷懒者的部分。同时，政治经济学家李嘉图认为，任何形式的贫困救济都会破坏"工资铁律"，即按需支付工资这一经济原则。

这些想法为1834年《济贫法（修正案）》提供了前提，该修正案结束了院外救济制度，改以设立济贫院的救济制度，试图通过严苛的条件威慑穷人。

正如狄更斯在他的小说《雾都孤儿》中所描绘的那样，济贫院是如噩梦一般的存在。经过100多年的努力，济贫院终于在1948年被废除，取而代之的是现代福利制度。■

1834年的《济贫法（修正案）》向全世界宣布，在英国，贫困是一种犯罪。
英国前首相本杰明·迪斯雷利
（1868年，1874—1880年在任）

优越与光荣的和平

雨果·格劳秀斯的《战争与和平法》

(1625年)

背景介绍

聚焦
国际法

此前
公元前54—公元前51年 西塞罗的《论共和国》介绍了自然法和自然权利的思想。

此后
1648年 《威斯特伐利亚和约》承认各国主权平等，欧洲宗教战争得以结束。

1758年 瑞士外交官艾默瑞奇·德·瓦特尔出版了《万国法》一书。这本书以雨果·格劳秀斯的观点为基础，进一步定义了国际法，使人们更容易理解国际法。

1863年 《利伯法典》第一次明确规定了士兵在冲突中应该如何表现。

1864年 《改善战地武装部队伤者病者境遇的日内瓦公约》生效。

荷兰哲学家和法学家雨果·格劳秀斯（1583—1645年），于1625年发行了一本有影响力的著作《战争与和平法》，他也因此被誉为"国际法之父"。格劳秀斯是自然法理论的支持者，他认为自然法是不可改变的和普遍的，它来源于自然权利和人类理性，因此不能被上帝或有组织的宗教所改变。

格劳秀斯将这些观点运用到国际关系中，并认为法律原则自然存在，应该成为国家间所有交往的基础，国家应该拥有平等的主权地位，国家应同个人一般遵守同样的法律。在他看来，国与国之间的恩怨，应该通过外交手段解决，只有在没有其他解决办法的情况下，才能发动战争。格劳秀斯还制定了一套管理战争与和平时期的国际关系的原则体系。在此之前，战争被视为一种合法的政治策略，这是由佛罗伦萨政治家尼科洛·马基亚维利推广开来的。格劳秀斯认为，战争

格劳秀斯的观点，受到他一生中发生的流血冲突事件，尤其是八十年战争和三十年战争的影响。

只有在公正的情况下才能被接受，比如，一个国家面临迫在眉睫的威胁，并且使用与威胁相称的武力。他坚持认为应通过外交手段努力避免战争，这为我们现代的国际法概念奠定了基础。■

参见：《威斯特伐利亚和约》94~95页，瓦特尔的《万国法》108页，4部《日内瓦公约》152~155页，两部《海牙公约》174~177页。

你的严重错误与罪过

对伽利略的审判（1633年）

波兰天文学家哥白尼在1543年出版了《天体运行论》。哥白尼提出了地球绕太阳运行的日心说，这与当时公认的太阳围绕地球旋转的地心说完全对立。

日心说挑战了亚里士多德的自然哲学和天主教会的传统观念。在当时，哥白尼的理论被普遍认为是牵强附会的，但在1616年，意大利天文学家伽利略使日心说"复活"。因此，教会禁止他教授或者捍卫日心说。伽利略受到来自教会的警告，除了教会公认的观点，即地球是宇宙的中心外，他不能支持其他学说。

日心说

伽利略继续他的研究，并于1632年出版了《关于托勒密和哥白尼两大世界体系的对话》一书。在书中，他再次讨论了日心说。1633年，教会把伽利略押解到罗马宗教裁判所。伽利略不承认自己存在任何不当行为，但接受了一项辩诉交易，即同意不宣扬日心说。但是，伽利略仍被判犯有异端罪，并遭到软禁，他的书也被查禁。直到1822年，人们才认识到日心说可能是正确的。1992年，伽利略终于洗掉了异端罪的冤屈。■

太阳的位置固定不动，居于世界的中心……这一理论是荒谬的，在哲学上是错误的，在形式上是异端的。

对伽利略的起诉书
（1633年）

参见：亚里士多德与自然法 32~33页，教会法的起源 42~47页，《格拉提安教令集》60~63页，塞勒姆审巫案 104~105页。

诸国的历史转折点

《威斯特伐利亚和约》（1648年）

背景介绍

聚焦
国际法

此前
1555年　《奥格斯堡和约》允许组成神圣罗马帝国的诸侯国的君主自行决定自己国家的宗教。

1568年　低地国家的17个行省，共同起义反抗西班牙的腓力二世，拉开了八十年战争的序幕。

1618年　组成神圣罗马帝国的新教公国和天主教公国之间，爆发了三十年战争。

此后
1919年　《凡尔赛和约》的签订，正式结束了第一次世界大战。在帝国原有的领土上建立起了许多新的民族国家。

1920年　国际联盟（联合国的前身）成立了。

17 世纪中叶哈布斯堡王朝所统治的神圣罗马帝国经历了数十年的冲突，导致整个地区出现了饥荒和不稳定的局面。

三十年战争（1618—1648年）始于神圣罗马帝国皇帝斐迪南二世试图压制新教和推广天主教以加强帝国领域内的宗教统一。许多新教公国造反，组成新教联盟，并推举

1632年，在萨克森的吕岑战役中，信奉新教的瑞典国王古斯塔夫斯二世在与斐迪南二世军队的战斗中阵亡。共有800万人在三十年战争中丧生。

了一个与之竞争的皇帝——弗雷德里克五世。

这场宗教战争后来演变成帝国扩展领土的军事冲突——统治神圣罗马帝国的哈布斯堡王朝、正在崛起的波旁王朝，加上军事实力不断增长的瑞典，三方对峙。与此同时，西班牙（同样由哈布斯堡王朝统治）与寻求独立的低地国家各行省之间的八十年战争（1568—1648年）仍在继续。这两场冲突对整个欧洲造成了巨大的破坏。到了17世纪中期，各方都准备寻求和平。

参见: 雨果·格劳秀斯的《战争与和平法》92页, 瓦特尔的《万国法》108页,《美利坚合众国宪法》与《权利法案》110~117页, 两部《海牙公约》174~177页, 联合国与国际法院 212~219页。

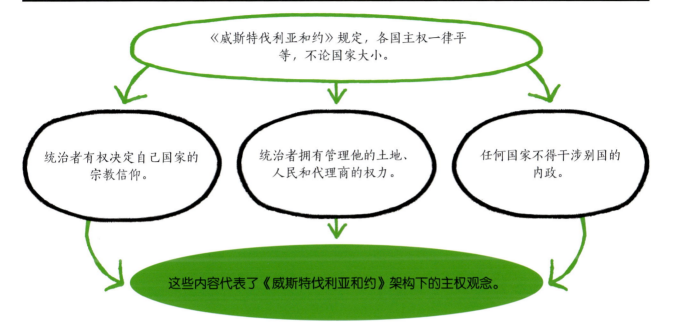

《威斯特伐利亚和约》规定, 各国主权一律平等, 不论国家大小。

统治者有权决定自己国家的宗教信仰。

统治者拥有管理他的土地、人民和代理商的权力。

任何国家不得干涉别国的内政。

这些内容代表了《威斯特伐利亚和约》架构下的主权观念。

和平谈判

1644—1648年, 共有194个公国参与了漫长的谈判, 它们在奥斯纳布吕克和明斯特分别签署了两项条约, 被统称为《威斯特伐利亚和约》。

这些组成神圣罗马帝国的公国都同意维持1555年《奥格斯堡和约》中设定的"教随国定"的原则。据此, 统治者可以决定自己的公国信仰何种宗教。

《威斯特伐利亚和约》扩展了这项权利, 使大多数不信仰罗马天主教的臣民有权信仰自己的宗教。

至关重要的是,《威斯特伐利亚和约》规定了每个公国对自己的土地、人民和代理商拥有专属主权。他们借此重新绘制了欧洲地图, 授予了大约300个德国公国主权, 并承认了瑞士从奥地利中独立出来, 以及由7个北部低地国家行省组成的荷兰共和国从西班牙中独立出来。

《威斯特伐利亚和约》的遗产

国际法起源于《威斯特伐利亚和约》中的主权原则, 该原则概述了每个国家对自己的土地拥有主权, 而其他国家不应干涉另一个国家的内政。尽管如此, 一些历史学家认为, 虽然这一原则源自《威斯特伐利亚和约》, 但和约本身并没有对其进行公开描述。但是, 所有国家, 无论大小, 在国际法下都是平等的, 这一概念也源于《威斯特伐利亚和约》。

《威斯特伐利亚和约》中的主权概念, 在18世纪和19世纪得到进一步发展, 成为现代国际关系的关键原则。1945年签署的《联合国宪章》所确立的现代国际关系体系, 要求任何国家不得干涉他国内政。近年来的全球化浪潮, 使主权地位一再下降, 也引发了一种干预国家事务以避免人道主义危机的声音。■

《威斯特伐利亚和约》的到来, 是国际秩序制度化的首次尝试。

美国外交家亨利·基辛格
论《威斯特伐利亚和约》

暴君、叛徒与凶手

英国国王查理一世的审判（1649年）

查理一世是基于君权神授，实现绝对统治的君主。

↓

议会要求在政府中取得更多的发言权。

↓

英国内战期间，议员打败了保皇党。

↓

议会宣布自己拥有最高权力，并以此审判查理一世。

↓

高等法院裁定查理一世犯有叛国罪，因为他对自己的国家和人民发动了战争。

对英国国王查理一世的审判，在英国乃至整个欧洲，都是史无前例的，因为他是第一个因叛国罪而面临审判的国王。查理一世信奉"君权神授"的传统教义，认为君主是上帝选中的，拥有神圣的统治地位，不受任何世俗权威（如议会）的支配。他还主张，国王的权力应该是绝对的，国王是超然于法律的。这种对国王权力的理解，直接导致了他与议会的紧张关系。当时，议会的召开或解散由国王决定，但多年来，议会一直在争取更大的影响力。1641年，查理一世不顾议会反对，组建军队以镇压爱尔兰的叛乱，此举被视为对议会权力的公然冒犯。1642年1月3日，事态的发展到了紧要关头，他试图逮捕

参见:《克拉灵顿诏令》64~65页,《大宪章》66~71页,英国光荣革命与《权利法案》102~103页,法国《人权和公民权利宣言》118~119页,《世界人权宣言》222~229页。

5名议员,但众议院议长却公然违抗了他的指令。

内战和叛国审判

1642—1651年,英国3次内战均以奥利弗·克伦威尔领导下的议会的胜利而告终,尽管为此牺牲了20万人的生命。查理一世于1646年被捕。1648年,议会清除了所有反对派议员,形成了所谓的残缺议会。在克伦威尔新模范军的支持下,残缺议会宣称自己拥有最高权力,有权在国王缺位或者取得上议院支持的情况下通过法律。

1649年的元旦,残缺议会通过了一项法令,组建了高等法院,以对议会和人民发动战争的罪名审判查理一世。由于英国法律中并不存在审判国王的先例,因此撰写起诉书的荷兰律师艾萨克·多里斯劳斯以罗马法为依据,其中规定军事机构或政府有权推翻暴君。

1649年1月20日,对查理一世的审判开始了,但并未得到司法

这幅查理一世的肖像是佛兰德画家安东尼·范·戴克所画的,他于1632年成为国王的御用画家。查理一世对艺术充满热情,委托画家绘制了许多皇室人员的肖像。

机构的全力支持,在被提名陪审的135名男子中,只有68人最终出席。查理一世拒绝承认法院审判的有效性,辩称一个被清除反对派的议会不能代表人民。同年1月27日,查理一世被判为暴君、叛徒、凶手,并被判处死刑。查理一世于1649年1月30日在伦敦白厅被公开处决。

恢复君主制

查理一世被处决后,奥利弗·克伦威尔掌权,自命护国公,于1653—1658年担任英国的国家元首和政府首脑。然而,新政权并未带来更稳定的局面,克伦威尔屡次与议会发生冲突,严重依赖军队,使得公众的不满与日俱增。1658年

> 我比这里任何一个冒充的法官,更为确实地支持属于我人民的自由。
>
> 查理一世

克伦威尔死后,他的儿子理查继任护国公,但理查不久后便辞去了这个职务。1660年,查理二世,即查理一世之子重新掌权。他开展了一系列政治清算,那些因在查理一世死刑令上签名而犯下弑君罪的人,最后同样被处死。■

《权利请愿书》

1628年,查理一世和议会之间的矛盾体现在议会颁布的《权利请愿书》上。事件发生的导火索是查理一世在议会拒绝了他的征税请求后,为资助与西班牙的战争而推动的"强制贷款"。"强制贷款"意味着查理一世的人民必须"赠予"王室金钱,否则将面临被监禁的处境。议会认为这样的做法违背了《大宪章》,于是起草了《权利请愿书》,重申法治,确认自由人和议会的权利。请愿

书的文字形式至关重要,因为它重申了现有的权利,而不是创造新的权利。

查理一世不情愿地同意了请愿书,承认他需要议会的支持才能进一步征税。他继续在原则上无视请愿书的内容——但事实上,王室已经接受了请愿书,这一事实使得《权利请愿书》具有了与《大宪章》相同的宪法重要性。

所有的奴隶都应该被看作一种不动产

奴隶法（1661年—19世纪）

背景介绍

聚焦
法律法规与奴隶制

此前
1619年 第一批非洲奴隶在北美殖民地弗吉尼亚登陆。

此后
1865年 美国奴隶制结束，取而代之的是《黑人法典》。

1954年 美国最高法院宣布，基于种族原因的学校隔离是违宪的。

2000年 亚拉巴马州是美国最后一个取消跨种族通婚禁令的州。

2013年 美国最高法院取消了对非裔美国人投票权的最后限制。

1620年，"五月花"号载着102名殖民者，从英国前往新英格兰。"五月花"号载有20名非洲奴隶，他们是第一批到达北美的人。到17世纪末，已有2万多名非洲奴隶被输入，到1776年美国独立时，奴隶的总数已接近50万。

一些欧洲人来到美国寻找自由，开始新的生活。另一些人则在美国种植烟草、大米和靛蓝等作物，试图获取利润。收割和加工这些作物需要大量的劳动力，而定居者和本地的印第安人无法满足他们对劳动力的需求。在南美和西印度群岛的西班牙、荷兰、葡萄牙和英国殖民地，非洲奴隶已经证明了他们的价值，因此，这些殖民者视非洲奴隶为北美新种植园的必要劳动力。

参见:《美利坚合众国宪法》与《权利法案》110~117页,法国《人权和公民权利宣言》118~119页,《废除奴隶贸易法案》132~139页,《世界人权宣言》222~229页,美国《民权法案》248~253页。

1790年美国奴隶的分布情况

1790年,美国进行了首次全国人口普查。这一次的人口普查涉及了全美13个州,以及尚未正式设州的肯塔基、缅因和佛蒙特。"奴隶"与"自由白人男性"和"自由白人女性"在人口统计报告中被分开列出。其中,马萨诸塞州和缅因州不存在奴隶,因为这两个州已经通过非正式的手段废除了奴隶制。到1840年,奴隶数量已翻了3倍。

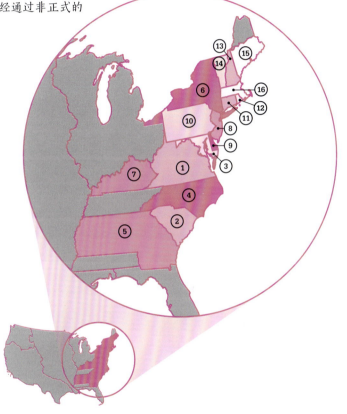

州/地区	奴隶人口数	奴隶人口数占比
1. 弗吉尼亚州	292627人	39%
2. 南卡罗来纳州	107094人	43%
3. 马里兰州	103036人	32%
4. 北卡罗来纳州	100572人	26%
5. 佐治亚州	29264人	35%
6. 纽约州	21324人	6%
7. 肯塔基州	12430人	17%
8. 新泽西州	11423人	6%
9. 特拉华州	8887人	15%
10. 宾夕法尼亚州	3737人	<1%
11. 康涅狄格州	2764人	1%
12. 罗得岛州	948人	1%
13. 新汉普郡	158人	<1%
14. 佛蒙特州	16人	<1%
15. 缅因州	0人	0%
16. 马萨诸塞州	0人	0%

全体美国人口总量	3893635人
全体美国奴隶人口总量	695280人
全体美国奴隶人口总量占比	18%

17—18世纪,奴隶从北美南部及东部沿海地区输入,大部分被运到南方,在那里的种植园里工作。1793年,轧棉机的发明改变了棉籽从纤维中分离出来的速度。此后,奴隶们就被禁锢在了遍及美国南方各州的棉花种植园里。

主与奴

尽管忍受着艰苦的工作和恶劣的条件,但奴隶们很少反抗。

然而,这种反抗的可能性仍然吓坏了奴隶主。随着奴隶数量的增加,美国殖民地建立了治安规则或法典,以控制奴隶。弗吉尼亚是全美最大的蓄奴殖民地,1639年,该地颁布了第一个蓄奴法令,宣布"除黑人外,所有人都应获得武器和弹药"。

1661年,英国在加勒比海的殖民地巴巴多斯岛明确了这种法律控制奴隶的做法。糖业的种植被证

明是非常有利可图的,农场主们雇用越来越多的奴隶为他们工作。这个殖民地通过了一项"旨在更好地命令和管理黑人"的法案,第一次把奴隶必须服从其主人意志的规定写入法律。其他位于加勒比海的殖民地,如牙买加和安提瓜岛,以及所有南美殖民地,纷纷效仿,建立了自己的奴隶法典。弗吉尼亚率先采用了巴巴多斯岛的立法模式,进而影响了马里兰、北卡罗来纳、南

卡罗来纳和佐治亚的奴隶法典。

不足以被视为人类

1661年颁布的《巴巴多斯奴隶法典》，除了对"对任何基督徒实施暴力"的奴隶加大惩罚力度，还体现了另外一个层面的立法目的："保护（奴隶），就像我们保护人们的其他物品和动产一样。"在照顾奴隶利益的幌子下，法典的目的是确保主人对奴隶的完全控制。奴隶作为"动产"，成为奴隶主个人财产的一部分，可以像动物一样被买卖，而不是被当作一个人看待。1705年，弗吉尼亚的奴隶法典试图在原有的概念上，将奴隶的财产性质用"不动产"一词代替。法律内容上的变化，使得奴隶不仅是现在主人的财产，也是主人后代的财产。

奴隶主可以通过很多方式来执行奴隶法典，鞭打、烙印和监禁是十分常见的控制手段。由于奴隶

> **奴隶会唱歌，也会工作。**
>
> 人权领袖和重获自由的奴隶
> 弗雷德里克·道格拉斯
> （1818—1895年）

只有在活着的时候才有价值，所以杀死奴隶反而是罕见的情况。杀死奴隶不会得到惩罚，不过没有奴隶主会这样干。根据1705年弗吉尼亚的另一部奴隶法典，任何奴隶主在试图"纠正"奴隶时杀死了奴隶，"将不受任何惩罚……就像从未发生过这样的事故一样"。后来的法律对奴隶主的行为增加了一些限制，但即使奴隶主被判有罪，奴

隶所能期望的最好结果往往是被卖给更仁慈的奴隶主。

基本自由的限制

随着南卡罗来纳州的查尔斯顿和弗吉尼亚州的林德赫斯特等南方城市的发展，劳动力需求增加，奴隶主开始出租奴隶来谋利。这些奴隶必须随身携带许可证，或佩戴铜制的名牌，以证明他们外出旅行时得到了主人的许可。在纽约和其他地方，如果奴隶夜间上街或聚集在一起，他们就会受到严厉的惩罚。

直到19世纪30年代，奴隶才可以接受教育、学习阅读或写字，但在1831年纳特·特纳率领的奴隶起义后，大多数蓄奴州便开始禁止奴隶接受基本的教育。弗吉尼亚于1831年和1832年通过的法令甚至禁止重获自由的奴隶接受教育。奴隶也没有结婚的权利，但经常被允许结婚。许多奴隶主认为，结了婚的奴隶更容易定居，反抗的可能性更小。由于奴隶们相互结婚，生育了更多的孩子，奴隶的数量增加了。然而，已婚奴隶必须为家庭破裂做好准备，妻子、丈夫或孩子随时可能被卖给另一个奴隶主。对奴隶及他们人际关系的控制，也有助于维持种族纯洁。男奴隶主经常对他们的女性奴隶进行性剥削，但法典明确规定，由此产生的混血后代，并不是像英国普通法中的那样由父亲负责，而是被强加给了母亲。1662

RUN away from the subscriber in *Albemarle*, a Mulatto slave called *Sandy*, about 35 years of age, his stature is rather low, inclining to corpulence, and his complexion light; he is a shoemaker by trade, in which he uses his left hand principally, can do coarse carpenters work, and is something of a horse jockey; he is greatly addicted to drink, and when drunk is insolent and disorderly, in his conversation he swears much, and in his behaviour is artful and knavish. He took with him a white horse, much scarred with traces, of which it is expected he will endeavour to dispose; he also carried his shoemakers tools, and will probably endeavour to get employment that way. Whoever conveys the said slave to me, in *Albemarle*, shall have 40 s. reward, if taken up within the county, 4 l. if elsewhere within the colony, and 10 l. if in any other colony, from THOMAS JEFFERSON.

在1769年的一份报纸上，后来的美国总统杰斐逊悬赏捉拿一名奴隶。大多数美国的开国元勋，与杰斐逊一样，都是奴隶主。

一幅19世纪的木刻画描述了非裔美国奴隶摘棉花的场景。纺织品制造商的巨大需求导致了奴隶人数的大幅增加。

年，弗吉尼亚的奴隶法典规定："在这个国家出生的所有孩子，是否应受约束或获得自由，只取决于孩子母亲的状况。"这使得奴隶母亲的任何孩子，包括混血儿，日后都要过奴隶的生活。

奴隶法典扼杀了种族间取得稳定关系的希望。1664年，马里兰通过了第一部反种族融合法，以防止种族之间的通婚，其他美国殖民地纷纷效仿。

美国国内的奴隶制度

1807年，杰斐逊总统签署法案，正式结束了美国的奴隶贸易。但是，法案的到来并不意味着奴隶制的终结或奴隶法典的终结。

随着对外奴隶贸易的枯竭，美国国内的奴隶市场愈演愈烈，棉花种植也逐渐繁荣起来。女性奴隶被鼓励生育，年仅13岁的女孩就被诱骗成为母亲，以生育更多的奴隶子女。

到1861年美国内战爆发时，美国仍有15个蓄奴州，所有州都有奴隶法典。即使到1865年内战结束了奴隶制时，美国南方各州仍制定了《黑人法典》，限制曾经身为奴隶的人的自由，并试图维持他们的较低工资。又过了1个世纪，直到1964年《民权法案》通过后，非裔美国奴隶的后代才开始享有与白人奴隶主后代相同的合法权利。■

纳特·特纳的叛乱

美国最为血腥的奴隶起义，发生在1831年。这场起义由纳特·特纳领导，他是1800年出生在弗吉尼亚州南安普敦的一名奴隶。他在20多岁时已经成为奴隶同伴的精神领袖，他宣称他看见了宗教异象，并说服了他的同伴。特纳认为上帝正在为一场伟大的战斗准备着。1831年年初的一次日食，预示着他应该策划一场叛乱。同年8月21日，他和另外6名奴隶发动袭击，杀死了至少55名白人，随同的奴隶发展到大约75人。他们的目标是到达耶路撒冷，但他们很快就被击溃了。

特纳继续逃亡，但最终被抓并被处以绞刑，他的同伙也同样遭到处决。白人暴徒很快就开始大肆杀戮奴隶，但没有人因此受到惩罚。后来，弗吉尼亚州和邻近的北卡罗来纳州颁布了更加严厉的奴隶法规。

1831年10月30日，奴隶领袖纳特·特纳被农民本杰明·菲普斯抓获。

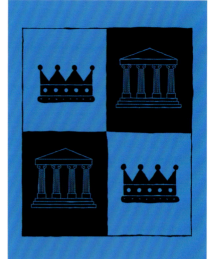

国民的权利与自由

英国光荣革命与《权利法案》

（1688—1689年）

背景介绍

聚焦
君主立宪制

此前

1215年　英国的《大宪章》限制了君主的权力。

1649年　英国议会设立高等法院以叛国罪审判查理一世。

1681—1685年　新教徒查理二世废止议会，以绝对君主的身份统治国家。

1685年　天主教徒詹姆士二世继位。

此后

1701年　英国《王位继承法》规定，只有新教徒才能继承王位。

1789年　法国国民议会批准了《人权和公民权利宣言》。

1791年　美国《权利法案》通过，该法案部分受到英国《权利法案》的启发，旨在通过立法保障个人和美国各州的权利。

1685年，詹姆斯二世举行加冕典礼，此时的英格兰早已被宗教和政治紧张局势撕裂。英国内战期间（1642—1651年），詹姆斯二世的父亲查理一世被处决，当时的议会宣布自己拥有最高的统治权力。1660年，在查理二世的带领下，英格兰恢复了君主制，但就君主和议会间的权力

平衡，以及国家的宗教方向仍然存在分歧。詹姆斯二世作为一个公开的天主教徒，对于英格兰这样一个以新教为主的国家，是一个问题。

这种紧张的关系到1687年开始显现，当时，詹姆斯二世发布了一份名为《信教自由令》的公告，赋予了天主教徒和不符合国教立场的新教徒宗教自由。詹姆斯二世在同年的7月解散了议会。1688年6月，国王逮捕并起诉了7名反抗的英国国教主教，而他的天主教妻子摩德纳的玛丽，诞下了一个儿子作为英格兰的王位继承人。这种情况的出现，加剧了人们对天主教君主将来继承王位，以及英格兰结束新教国家局面的忧虑。

光荣革命

由于内战一触即发，一群政治家写信给荷兰信奉新教的统治者奥兰治的威廉，当时威廉已经成为詹姆斯女儿玛丽的丈夫。7名英国

威廉三世和玛丽二世作为联合君主登上王位，此头衔是由议会授予的。

参见:《大宪章》66~71页,英国国王查理一世的审判 96~97页,《美利坚合众国宪法》与《权利法案》110~117页,《世界人权宣言》222~229页。

在绝对的君主制下,国王或王后完全控制国家。

在君主立宪制中,国王或王后的权力受到民选议会的限制。

《权利法案》有效地将英国从绝对君主制转变为君主立宪制。

贵族秘密致信威廉,请他前来捍卫英格兰的新教信仰。

1688年11月,当奥兰治的威廉登陆英格兰,开始向伦敦进军时,那些支持詹姆斯二世的力量都消失了。詹姆斯二世很快就意识到,自己的地位岌岌可危,于是不到一个月他就逃到了法国。事实上,他已经在一场不流血的革命中放弃了王位,将王位交给了威廉和玛丽,这场革命被称为"光荣革命"。1689年1月,议会将王位授予威廉和玛丽。新君主在议会上签署了《权利宣言》,作为后来的《权利法案》的文本。

《权利法案》

通过确保君主立宪制下选举产生的议会的权力,《权利法案》保护了英国公民的自由。《权利法案》谴责了詹姆斯二世的罪行,要求经常召开议会;君主的统治、增加税收或暂停法律施行,需要得到议会同意;保障议会辩论中的言论自由,并禁止天主教徒登上王位。

《权利法案》与1701年的《王位继承法》一起,赋予了英国议会对所有政府机构和王位继承的绝对主权,将议会的权力与国王的权力分离开来。以上法律为今日英国的君主立宪制和议会民主铺平了道路。■

为了解民怨,以及为了修订、强化、保护法律,议会当定期被召集。
英国《权利法案》

自然权利

起草《权利法案》的政治家们,深受启蒙运动初期的影响,尤其是英国哲学家和学者约翰·洛克(1632—1704年),以及自然权利概念的影响。

古希腊哲学家亚里士多德等思想家主张,自然法即人类行为和权利的普遍准则,任何法律体系均不得否定它。

洛克继承了以上自然法的传统,接过了指挥棒。他相信天赋人权,所有人生来是自由和平等的,都有生存、自由和保障其财产的权利。

洛克反对国王的神圣权力和绝对君主制的想法。洛克认为,议会应该在治理一个国家中发挥核心作用,并作为与该国人民的社会契约的一部分。这一观点也同时意味着,如果人民认为一个政府不能充分代表他们的利益,那么这个政府就应该被替换,即不久后就会发生革命。

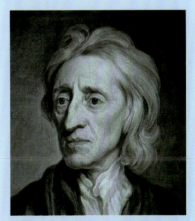

约翰·洛克启发了欧洲启蒙运动的思想家们,也启发了美国实际起草《独立宣言》的开国元勋们。

行邪术的女人不可容她存活

塞勒姆审巫案（1692年）

背景介绍

聚焦
正当程序原则

此前

1486年　德国一本名为《女巫之锤》的著作，建议对女巫使用酷刑逼供，并主张将被定罪者处以死刑。

1581—1593年　德国特里尔的女巫大审判是欧洲较大的女巫审判之一，约有368人遭处决。

1662年　在英格兰贝里圣埃德蒙兹的一场女巫审判中，幽灵证据被裁定为可接受的证据。

此后

1697年　马萨诸塞州州长威廉·斯托顿呼吁人们为塞勒姆的事件进行为期一天的祈祷和赎罪。

1711年　马萨诸塞州推翻了22名被定罪者的判决，其中未被处决的9人在1957年被判无罪，该州正式为审判道歉。

大规模群众性的歇斯底里，导致200多名疑似女巫的犯罪嫌疑人在塞勒姆遭监禁。

1692年5月，针对女巫的审判开始使用所谓的幽灵证据，导致19人被判有罪并被处以死刑。

在当地州长威廉·菲普斯的妻子因巫术问题受到审讯后，威廉·菲普斯鼓动法院否定幽灵证据。

最终，只有3人被判有罪，到1693年5月，所有剩余的囚犯都被释放。

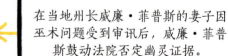

1697年1月，塞缪尔·西沃尔法官为审判公开道歉。

　　长期以来，魔鬼及其"招募"的女巫被视为整个欧洲的威胁。14世纪到17世纪末，成千上万的人（大部分是女性），在遭受酷刑之后被迫承认自己的罪行，并被当作女巫处死。尽管这些审判发生在女巫恐慌席卷欧洲多年后，但1692年发生在马萨诸塞州塞勒姆的审判，导致19人被绞死，200多人被指控为女巫。对这些女巫的审判基于与过去类似的原则：从弱势群体中找寻替罪羊。

　　当一名本地牧师的女儿们开始表现出奇怪的行为时，塞勒姆这种高度宗教化的社区似乎明白，这种情况一定是魔鬼的杰作。女孩们

参见: 教会法的起源 42~47页, 神判法与决斗裁判 52~53页, 对伽利略的审判 93页, 米兰达诉亚利桑那州案 254~255页。

塞勒姆审巫案的证据

塞勒姆审巫案中使用的关键证据大多是幽灵证据——受害者的证词(受害者陈述他们在发作时看到了被指控的女巫的幽灵)。经过一番辩论, 幽灵证据被采纳, 成为有效的证据, 被告以女巫灵魂的形式出现, 表明被告与魔鬼达成了契约。

塞勒姆的法官使用了1662年在英格兰贝里圣埃德蒙兹进行的女巫审判形成的先例。在那次审判中, 法官马修·黑尔爵士裁定幽灵证据是可接受的庭审证据。用来给女巫定罪的进阶证据包括: 在她们家中找到的神秘药膏或书籍; 当被告触碰受害者时, 受害者的痉挛就会停止; 所谓的"女巫的乳头"——身体上的一个标记。

指控3名当地妇女使用巫术, 她们分别是名叫提图芭的奴隶、贫穷的老妇人萨拉·奥斯本、无家可归的乞丐莎拉·古德。这3名妇女被逮捕, 提图芭或许是为了自救, 竟承认自己与魔鬼见过面。这在接下来的几个月里, 引发了一连串的指控, 并导致越来越多的人被捕。

审判进行中

由于监狱人满为患, 州长威廉·菲普斯成立了"听审并判决"特别法庭, 开始审理有关女巫的案件。可是, 该法庭的法官从未接受过正规的法律训练。1692年5月27日, 第一次审判开始了, 一个本地爱说长道短的妇女布里奇特·毕晓普, 被判犯有巫术罪, 后来被绞死。当时亲历审判的传教士科顿·马瑟说道: "几乎没有机会去证明这就是巫术, 对所有旁观者来说, 这场审判的错误是显而易

这幅异想天开的版画大约创作于1892年, 描绘了法庭上审判塞勒姆女巫的情景, 一个女人在施魔法, 一个男人昏倒在地上。

见和臭名昭著的。"

法庭因允许幽灵证据(见右侧)而受到批评, 但审判仍在持续。后来的几个月里, 又有12名妇女和6名男子被判有罪并被处死, 一名被告——81岁的贾尔斯·科里——拒绝认罪, 因此无法被审判。中世纪有一种名叫"严厉而有力的惩罚"的刑讯方式, 审讯中, 嫌疑人被隔着木板压在一块石头下, 直到无法呼吸, 这样做的目的是迫使他认罪或招供。科里遭受了同样的审讯, 两天后就死了。

承认不公正的审判

当菲普斯的妻子被质疑实施巫术的时候, 他取消了审理有关巫术案件的特别法庭, 并发起了一个

否定幽灵证据的高等法院。随后被指控的56人中, 只有3人被判有罪。1693年5月, 所有仍被关在狱中的人获得释放。

1697年1月, 普通法院发起了为期一天的禁食和反思活动, 以弥补过错, 一位重要的法官塞缪尔·西沃尔为此公开道歉。塞勒姆审巫案的发生, 标志着人们越来越认识到这些审判的不公正, 以及审讯过程中所采用的不成比例的惩罚。塞勒姆审巫案是美国历史上的一个黑暗事件, 提醒人们, 在司法程序中秉持正当程序原则对于保护无辜的人十分重要。■

作者拥有独家出版权

英国《安妮女王法令》（1710年）

中世纪，训练有素的抄写员煞费苦心地为修道院、大学和富有的精英抄写手稿。当时，所谓的抄写权并不是一个值得重视的问题。这一切在1440年前后发生了变化，当时德国金匠约翰内斯·古腾堡发明了印刷机。他发明的印刷机采用金属活字，易于排版印刷发行，可以为读者廉价、快速地制作多份文本。

到1500年，西欧已有约1000台印刷机，印制了大约800万本书。威廉·卡克斯顿在1476年把第一台印刷机带到了英国。此时，印刷商意识到一个问题，如果其他印刷商出售同一本书，那么他们将蒙受损失，因此印刷商们开始寻求建立版权，以保护他们的商业利益。

皇家之手

在英格兰，国王亨利八世于1538年颁布法令，规定星室法庭必须在出版前审查所有新书，以防止任何具有颠覆性或异端邪说的书籍出版。亨利的女儿玛丽女王在继承了她父亲做法的同时，还更进一步将印刷书籍的权利完全授予出版商工会，试图从工会的角度来规范出版物发行。每一本书的印刷发行，都必须在工会的登记名册上登记，以确定出版商的出版资质，而书的作者仅能得到少量的稿费。

推翻英国国王查理一世的议会

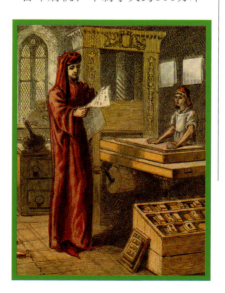

威廉·卡克斯顿在位于伦敦威斯敏斯特的印刷机上读一张印刷的成品书页。据了解，第一本由该印刷机印刷的书，是杰弗里·乔叟的《坎特伯雷故事集》。

参见:《商人法》74~77页,《威尼斯专利法》82~85页,《包法利夫人》的审判 150页, 美国联邦贸易委员会 184~185页,《世界知识产权组织版权条约》286~289页。

如果任何人都可以复制一本书,那么作者或书商为什么要努力编写或出版它?

但是,如果没有人为此复制翻印书籍,知识的传播就会受到阻碍。

因此,作者和书商必须享有版权的保护,但仅能在一定期限之内。

于1640年废除了星室法庭,但限制性的垄断持续存在,所有出版物的发行仍然必须通过出版商工会。这样的情况促使诗人约翰·弥尔顿在1644年发表了愤怒的论战之作《论出版自由》,这是有史以来最直接地捍卫言论自由的著作之一。

17世纪,随着牛顿等科学家有了新的发现,以及英国哲学家洛克等人开始挑战旧思想,出版商工会的束缚显得过时了。1694年,出版商工会独占许可失效,他们竭尽全力说服议会恢复独家授权,但最终未能成功,后来他们主张引用作者保护其作品不被复制的法律权利——一种从属于他们自己的"复制权"。1710年,议会通过了所谓的《安妮女王法令》。

出版的权利

《安妮女王法令》授予出版商工会出版书籍的专有权,但版权效力仅有21年,直至1731年。对于新的作品,作者拥有独家出版权,自出版之日起持续14年,到期时如果作者还在世,独家出版权仍可再延长14年。因此,出版商工会不得不从作者那里购买版权。书商或作者必须将这本书的印刷本发送到一些公认的被称为"法定送存图书馆"的图书馆。这种做法始于1610年,当时的外交官兼学者托马斯·博德利爵士在英国牛津创建了博德利图书馆,收藏这些获得版权的书籍,这种做法一直延续到今天。■

> 打住! 你们这些狡猾的人,不懂劳作的人,窃取别人大脑的人! 别想贸然将你那贼手,放在我的作品之上。
>
> 德国画家与雕刻家阿尔布雷特·丢勒
> (1471—1528年)

书商大战

尽管作为版权法的《安妮女王法令》已经生效,但出版商工会仍然坚持他们的专有权。工会尤其反对来自欧洲大陆的自然法观点:新书发行的版权,应该存在期限的限制。半个多世纪以来,在所谓的书商大战之中,出版商对销售商发起了一连串的法律战。这场战争在1774年上议院审理"唐纳森诉贝克特案"中达到高潮。

亚历山大·唐纳森作为书籍的印刷商兼销售商,在图书版权过期后仍出售廉价的再版图书。工会声称,根据普通法,他们拥有这些书籍的永久版权。上议院的最终裁定表明,版权问题归属于成文法,而非普通法,继续支持《安妮女王法令》中版权存续期限的规定。

构建国际社会
瓦特尔的《万国法》（1758年）

背景介绍

聚焦
国际法

此前

1625年　荷兰政治家雨果·格劳秀斯的《战争与和平法》出版。这本书被认为是第一部有关国际法的著作。

1648年　《威斯特伐利亚和约》签署，结束了欧洲新教公国和天主教公国之间的三十年战争，确立了国家主权为国际关系的基石。

1749年　克里斯蒂安·沃尔夫出版了《万国法》一书。

此后

1776年　部分内容受瓦特尔的《万国法》启发的美国《独立宣言》签署。

1920年　国际联盟成立于第一次世界大战之后，旨在维护全球和平。

瑞士外交官埃梅里希·德·瓦特尔撰写了第一部广为流传的国际法专著。瓦特尔受到了来自启蒙运动思想家的启发，比如，德国的莱布尼茨和沃尔夫在自然法和国际政治方面的工作对他影响颇深。沃尔夫于1749年出版的《万国法》一书，包含了许多有关国际法的关键思想。但是，这本书以拉丁语写作，使得许多读者无法轻易理解其内容。瓦特尔决定借鉴沃尔夫书中关于国家间应尽义务的观点来创作自己的作品，以使该作品作为政治家的实用指南。

国家的理论蓝图

瓦特尔的《万国法》一书，将哲学论点和实践政治融为一体，在1758年以法语形式出版后广受好评。瓦特尔认为，如个人一般，国家应该是自由且独立的，并且要在不受外国势力干涉的情况下享受这种自由。

然而，各国也必须接受一点：国家之间以对彼此的共同关切为基础，并负有义务来实现国际领域的共同努力，特别是通过国家间的自由贸易活动。

受瓦特尔的理论吸引，美国的殖民者反对英国强加的赋税。事实证明，以上内容对1776年的《独立宣言》，以及1787年的美国宪法，均产生了重大的影响。■

除非每个国家的自然权利得到适当的尊重，否则由国家组成的自然社会将无法存在。

埃梅里希·德·瓦特尔
《万国法》

参见: 雨果·格劳秀斯的《战争与和平法》92页，《美利坚合众国宪法》与《权利法案》110~117页，联合国与国际法院 212~219页。

普通法历史上最重要的一本书

布莱克斯通的《英国法释义》

（1765—1769年）

背景介绍

聚焦
普通法

此前
1166年　亨利二世颁布了《克拉灵顿诏令》，这是一系列奠定英国普通法基础的法律改革。

1215年　英国普通法的重要文件《大宪章》签署。

1689年　英国议会通过了《权利法案》。

此后
1771—1772年　布莱克斯通所著的《英国法释义》的美国版本在费城出版，这本书引发了读者的极大兴趣。

1787年　美国的根本性法律文件《美利坚合众国宪法》签署。

1871年　美国法学家克里斯托弗·哥伦布·兰德尔的《合同法案例选集》，取代了布莱克斯通的《英国法释义》，成为美国重要的法律教科书。

威廉·布莱克斯通的《英国法释义》是一部系统描述英国普通法的法学著作，在促进人们更广泛地理解法律方面发挥了关键作用。1753年，布莱克斯通在牛津大学讲授普通法，因为他能够对复杂的法律问题进行清晰的解释，所以他的课很受欢迎。1765—1769年，他将他的课堂内容集结成4卷本的法学著作《英国法释义》，分别讨论人权、物权、侵犯个人的不法行为、公共不法行为4个方面的主题。

布莱克斯通的书使英国普通法及其庞大的法规和判决更容易被理解。《英国法释义》在19世纪被英国、美国和整个英联邦法学院当作基础教材。

革命性的影响

《英国法释义》的便携版在美国特别有用，因为美国一线的律师经常缺乏资源来核实相关的法律

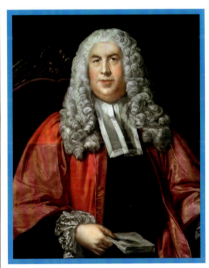

威廉·布莱克斯通爵士是英国律师、法官和政治家，为英国普通法提供了实用明晰且易理解的指导。

判例。现在，律师可以参照布莱克斯通简洁的法律释义。书中的内容——法律应该保护人民及其财产，以及自由的法律理念——在美国的革命时期和美国宪法的起草过程中，都引起了广泛的共鸣。■

参见：《大宪章》66~71页，英国光荣革命与《权利法案》102~103页，《美利坚合众国宪法》与《权利法案》110~117页。

本宪法作为
全国最高之法律

《美利坚合众国宪法》与《权利法案》

（1787年，1791年）

背景介绍

聚焦
立宪政府和公民权利

此前

1215年 《大宪章》赋予英国所有自由人权利和保护。

1689年 英国的《权利法案》限制了君主的权力，也针对个人权利做出了规定。

1776年 由13个美洲殖民地组成的第二届大陆会议通过了《独立宣言》，切断了与英国的所有政治联系。

此后

1789年 《人权和公民权利宣言》规定了法国公民的权利。

1791年 波兰制定了欧洲第一部现代国家宪法。

1803年 马伯里诉麦迪逊案，确立了司法审查原则，赋予了美国最高法院解释宪法的权力。

1948年 联合国的《世界人权宣言》确认了全世界范围内的个人权利。

《美利坚合众国宪法》于1787年的夏天被制定，是世界上较为古老的国家宪法。古希腊城邦拥有自己的宪法，但《美利坚合众国宪法》是第一个为管理现代国家而制定框架的宪法，并从此开启了世界各国制定宪法的先河。《美利坚合众国宪法》的制定过程，始于1786年。当时，纽约律师和政治家汉密尔顿写了一份报告，呼吁召开有关会议（后被称为"制宪会议"），以解决《邦联条例》的不足之处。《邦联条例》为1781年美国13个独立的州共同签署的政治性文件，被看作美国早期的宪法性文件。

从战争到独立

《邦联条例》于1776—1777年美国独立战争期间起草，这场战争是为了反抗英国的统治而发起的。当时，大陆会议是殖民地的自治管理机构。第一届大陆会议的代表们于1774年举行会议，目的是反击英国为惩罚那些抵制征税的人而实施的《强制法案》。美洲殖民地"无代表不纳税"的口号变成了战争的口号。1775年，当第二届大陆会议召开时，战争仍在持续。1776年7月4日，会议通过了由杰斐逊作为主要作者、亚当斯和富兰克林起草的《独立宣言》。这3位开国元勋领导了一场反抗英国的革命。《独立宣言》的条款包括联合起来的殖民地"应该是自由和独立的国家"。《邦联条例》反映了这一点，最初创建了一个由各自享有主权的13个州组建而成的邦联制

美国宪法第一页的开头是这样表述的："我们合众国人民，为建立一个更完善的联邦，树立正义……"

国家。然而，到了1786年，也就是《巴黎条约》确认美国独立的3年后，汉密尔顿和其他几位开国元勋认识到一个问题，各自享有主权的州正在削弱国家政府的权力。例如，国家无法向其人民征税或执行军队的命令。为了取代这些条款，弥补以上不足，他们想要制定一部可以将各州联合起来的宪法。

激烈的辩论

1787年5—9月，制宪会议在费城召开，55名代表代表了除罗得岛州外的所有州，罗得岛州反对建立更强大的中央政府。在独立战争中，领导大陆军的华盛顿当选为制宪会议主席。与罗得岛州一般，其他州的代表也担心联邦政府可能越权，也担心自己所在的州在国会中所享有的代表权。来自大州的代表希望代表人数能反映他们实际的人口数量；而那些来自较小州的代表则想要实现平等的代表权。

奴隶制问题也成为会议的焦

参见:《大宪章》66~71页,英国光荣革命与《权利法案》102~103页,法国《人权和公民权利宣言》118~119页,美国最高法院与司法审查 124~129页,《世界人权宣言》222~229页。

美洲殖民地反对英国国王和议会的过度征税要求,于1775—1783年发动了独立战争。

独立战争之后,13个享有主权的州组成了美国。但是,这样的权力安排,导致了州与州之间的冲突和国家政府的虚弱。

一个国家政府可以提供稳定,但许多州担心这样会带来过多的中央集权。

中央政府的立法、行政和司法部门彼此分离,形成了一个相互制衡的分权体系。

制宪会议的目的是防止形成一个越权的中央政府。

点。北方的一些州已经废除了奴隶制,他们强烈支持彻底废除奴隶制,但是南方的各州决定确保奴隶制的合法地位。关于这个问题的分歧如此之大,以至于其被排除在宪法之外,交由各个州自行立法决定。

伟大的妥协

关于国会代表权的问题,由伦道夫和麦迪逊组成的弗吉尼亚代表团制定了议程。伦道夫向代表们提交了所谓的弗吉尼亚计划,该计划由15项决议组成,勾勒出了一个全新的政府结构,其基础是两院制的立法机构、有限任期、职位轮换,以及其他机构的权力制衡。每个州在国会的席次,取决于该州的经济或人口数量。

大州同意这个计划,但小州不同意。新泽西州的威廉·帕特森提出一项计划:让每个州在国会上

拥有平等的发言权。经过激烈的辩论,代表们同意了来自康涅狄格州的罗杰·谢尔曼的一项提议:分别设立两个议院;在参议院中,每个州拥有平等的代表权;在众议院中,代表权的组成由各州的人口来计算。这个解决方案被称为伟大的妥协。根据谢尔曼的提议,每个州能够任命两名参议员,在参议院任职,任期为6年;而众议院的

自由一旦落地生根,便是一株迅速生长的植物。
美国前总统乔治·华盛顿
(1789—1797年在任)

每个席位将维持两年,每个州的席位基于自身人口,每10年重新评估一次。

在进一步的辩论中,会议代表詹姆斯·威尔逊建议,总统应该由人民直接选举产生。然而,大多数州的代表认为,普通民众对自己州以外的政客知之甚少,因此无法做出正确的选择。相反,制宪会议的代表们同意总统应该由各州选出的选举人组成选举团后,以间接选举形式投票选出。

各州的选举人与国会两院的议员人数相同。美国宪法将政府分为立法部门、行政部门和司法部门。立法部门制定法律,行政部门执行法律,司法部门解释法律。这样的权力划分,可以防止任何一个分支部门获得过多的权力。

随着所有问题的解决和最终内容的确定,由詹姆斯·麦迪逊领导的风格委员会最终拟定了《美利

美国政府的3个分支

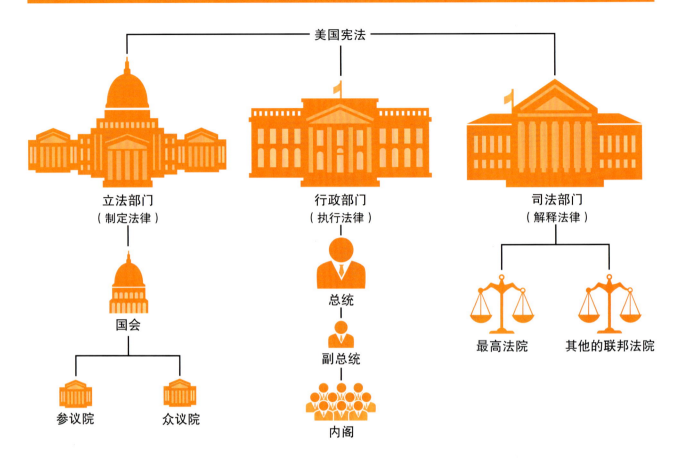

美国宪法把政府分为3个部门：立法部门、行政部门和司法部门。立法部门制定法律，行政部门执行这些法律，司法部门负责对法律进行解释并对违法者进行惩罚。这种划分可以防止一个部门获得过多权力。

坚合众国宪法》的初稿。

权力分立

　　宪法内容简明扼要，只有4000多个字。然而，这部宪法为一个复杂的政府机构提供了基础，这个机构现在雇用了数百万人。政府机构的复杂性很大程度上源于制宪早期代表试图将政府部门分开，通过设计一种避免滥用权力的制衡体系来限制各部门的权力。这些代表发起独立战争是为了挑战英国暴政，所

以他们自然对成立一个新的中央政府感到紧张。事实上，许多州只有在确信自己能得到的保护得以对抗新政府权力的情况下，才会同意签署宪法。为此，美国中央政府被水平划分为3个权力分立的部门：国会扮演制定法律的角色，担任政府的立法部门；总统办公室作为执行法律的角色，担任政府的行政部门；最高法院起着解释法律的作用，担任政府的司法部门。此外，联邦与州的互动，也呈现出一种中

央与地方政府的垂直分权。

《美利坚合众国宪法》的签署和批准

　　《美利坚合众国宪法》草案，由书记员雅各布·夏洛斯进行誊录，并于1787年9月正式提交给各州代表。华盛顿是第一个签署的代表，其他38个代表紧随其后。下一个环节的要求是13个州中至少有9个州批准该草案。经过一番争论，新罕布什尔州在次年的6月成为第9

1787年9月，39名代表在宾夕法尼亚州议会大厦，即现在美国独立纪念馆，签署宪法。11年前，《独立宣言》也是在这里签署的。

个批准该草案的州，并同意该宪法于1789年3月生效。

1789年4月底，乔治·华盛顿当选美国第1任总统。1790年2月，最高法院开庭，1个月后，美国第1届国会举行。至此，美国联邦政府终于实现了全面运作。到5月底，13个州中最后一个批准宪法的州——罗得岛州，也加入了行列。

捍卫权利

事实证明，批准宪法是十分艰难的。许多制宪会议的代表认为，宪法草案未能保护宗教和言论自由等，并要求在他们同意签署之前增加一份《权利法案》。1788年，麦迪逊致信杰斐逊时谈到，仅凭宪法就可以建立一个公正和适当的政府，就足以保障基本权利。

然而，渐渐地，麦迪逊对制定《权利法案》的想法产生了兴趣，一部分原因是出自实用主义的考虑，另一部分原因是麦迪逊看到了这样做的优点。

1789年，作为新成立的众议院的一员，麦迪逊提出了19项修正案。其中的12项获得通过，10项最终被加入宪法中，成为1791年通过的《权利法案》。

自那个时候起，对宪法的修订就很少了，虽然数以千计的修正案被提出，但最终只有17个被接受，部分原因是宪法所强调的相互制衡的制度。对宪法的修改，不仅要经过国会两院的批准，还得有至少四分之三的州投票批准。

来自英国的立法根源

美国新的宪法是一份具有开创性和历史性的文件。然而，最初的制宪者并没有试图创造出完全革命性的东西。在他们决心建立一个可以遏制政府权力的制度时，许多人看到了英国立法中的权力平衡，被用来保护议会的权力免受王室暴政的威胁。美国以任期固定的总统制取代了君主制，但在其他方面，美国宪法与十年前美国试图反对的英国体制，其实存在很多共同点。

让我们的政府如同太阳系一样。政府就好比太阳和行星，相互排斥却又彼此吸引……

制宪会议特拉华州代表约翰·狄金森
（1732—1808年）

一开始，甚至有人提议称总统为殿下。宪法规定的政府的核心是议会，这一概念在英国已经发展了几个世纪。随着15世纪纺织业的发展和新商人阶层的出现，日益繁荣的经济，意味着更多的人会做出与国王和领主类似的行为，尤其是他们会通过税收筹集资金。

在17世纪40年代的英国内战中，人民要求在政府中拥有发言权

《权利法案》

受英国1215年《大宪章》和1689年《权利法案》的影响，美国的《权利法案》是个人权利的集合，通过对联邦和州政府的限制来实现有关权利。《权利法案》包括宪法的前10个修正案，其中包含言论和宗教自由、保持沉默的权利，以及持有和携带武器的权利。此外，《权利法案》还涉及对被指控犯罪的人的程序性保护，例如，不经正当法律程序不被监禁的权利，以及不因同一罪行被两次审判的权利。作为政府的规范组成，修正案当然具有宪法效力。国会不能通过与宪法冲突的法律。至于各州，最初容许这样做，但现在也不能通过立法来反对他们最初做出的保证。

1865年奴隶制被废除时，更多的公民受到《权利法案》的保护。1868年，根据美国宪法第十四修正案，所有在美国出生或归化接受其管辖的人，都是合众国的公民。

的呼声达到了顶峰，查理一世被指控对人民发动战争，后来被议会处决。克伦威尔领导下的英联邦共和国很快崩溃。1660年，英国再度恢复了君主制。但是，动荡时期播下的民主的种子，使得权力从国王转移到了议会。

1689年，在光荣革命之后，天主教国王詹姆斯二世被迫退位，荷兰的威廉和玛丽受邀担任国王，前提是两人要接受《权利宣言》。后来这份文件得以通过，并以《权利法案》的名义正式规定了英国公民的权利和自由。英国早年的立法，为后来美国《权利法案》的制定树立了典范。

开明思想

美国宪法的主要制定者均接受过高等教育。他们深刻地领悟到启蒙运动时期欧洲哲学和政治思想的新潮流，特别是英国的洛克及法国的卢梭和孟德斯鸠的思想。洛克和卢梭都极力主张人的自然权利，而孟德斯鸠则主张立法、司法和行政三权分立，以防止出现他所憎恶的法国君主专制。洛克坚持认为，

> 当任何形式的政府具有了破坏性时，人民便有权利改变或废除它，以建立一个新的政府。
>
> 《美国独立宣言》

必须存在一个"社会契约"，在这个契约下，生来自由平等的人们同意接受统治；为了与他人和谐相处，他们的一些选择会受到限制。然而，政府作为统治者，必须保护人民的权利，促进公共利益。

洛克的思想在美国《独立宣言》的开篇词中得到了呼应："我们认为下面这些真理是不言而喻的，人人生而平等，造物者赋予他们若干不可剥夺的权利，其中包括生命权、自由权和追求幸福的权利。为了保障这些权利，人类才在他们

之间建立了政府，而政府之正当权力，是经被统治者的同意而产生的。"洛克也相信多数决定原则。这一点和"被统治者的同意"，成为民主的核心支柱，而洛克和孟德斯鸠关于三权分立的思想，都是塑造美国国会的关键。

共和与民主的论辩

美国宪法有时被视为现代民主的起点。这部宪法以"我们合众国人民"开头，但这并不是对林肯总统于1865年谈到的"民有、民治、民享政府"的民主理想的有力支持。开国元勋们将宪法定为美国的最高法律，并确立了一个捍卫自由和权利的共和国基础。

许多人认为，选举只是达到目的一种手段，是一种控制政府的方式，而不是某种民主理想的一部分。对此，麦迪逊有不同的观点：这些开国元勋正在创建的是一个共和国，而不是一个民主国家。在这里，麦迪逊谈论的是一种类似于古代雅典的民主制度，成年公民都必须在政府中发挥积极作用，但对于美国来说，这显然是不切实际的。民主与共和两者的区别，关键在于共和制是少数人选举所产生的，实际上并未做到完全意义上的民主。1820年，苏格兰哲学家詹姆斯·密尔宣称，这种政治上的代表制度是现代的伟大发现。他的儿子

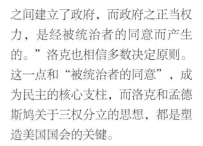

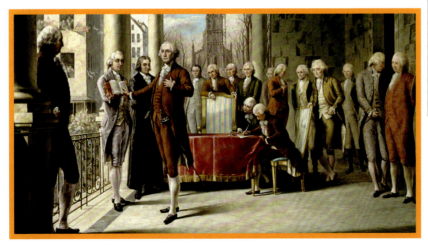

1789年4月30日，乔治·华盛顿作为第一个签署宪法的制宪会议代表，在联邦厅（Federal Hall，原建筑毁于1812年，现址为联邦国家纪念堂——译者注）宣誓就任美国第1任总统。

> 不要干涉宪法中的任何事情。坚持这一点，因为这是自由的唯一保障。
>
> 美国前总统亚伯拉罕·林肯
> （1861—1865年在任）

约翰·斯图亚特·密尔也宣称，这是"完美政府的理想类型"。

这3个人所描述的是民主的标准模式，即人民选举代表来管理和制定法律。西方政府于19世纪开始逐渐转向这种制度，但不是因为这种制度带来的好处，而更多是因为其他制度的失败。

宪法的未竟之业

参加制宪会议的代表们知道，这份文件虽是一项历史性成就，但并不完美。在会议结束时，81岁的富兰克林看着华盛顿椅子上的半日装饰（正在通过地平线的太阳）宣布：宪法草案的完成是升起的太阳而非落日。他还补充道："尽管宪法有种种缺陷，但它是我们人民所能得到的最好的东西。"

1787年的宪法不能产生一个真正代表整个国家的政府，它并未对投票权做出规定。起初，只有有一定资产的男性才拥有投票权。直到1870年，美国宪法第十五修正案才赋予非裔美国人投票权。1919年，宪法第十九修正案赋予妇女投票权。1924年，印第安人被首次赋予选举权。这些历史轨迹，象征着通过成文法来形成一个由人民赋予权力的政府，在限制政府权力的同时，保护公民的基本权利。美国宪法的到来，为现代民主政府确立了一种模式，这一模式如今已成为世界上许多国家的规范。■

> 生活在美国宪法之下，是人类有史以来获得的最大政治特权。
>
> 美国前总统卡尔文·柯立芝
> （1923—1929年在任）

詹姆斯·麦迪逊

麦迪逊于1751年出生在弗吉尼亚的贝尔格罗夫种植园，是家中12个孩子中的老大。他毕业于普林斯顿大学，很快就参与了美国革命的政治活动，成为弗吉尼亚州众议院议员，以及第二届大陆会议的成员。他是美国最杰出的开国元勋之一。

独立战争结束后，麦迪逊领导了制宪工作。他发起了构成《权利法案》的一系列修正案，并成为众议院的第一批领导人之一。麦迪逊当选为美国第4任总统，任期从1809年到1817年。1817年卸任后，麦迪逊回到了弗吉尼亚的种植园，并于1836年去世。

主要作品

1787年　《在制宪会议上的演说》
1787—1788年　《联邦党人文集》中的部分文章

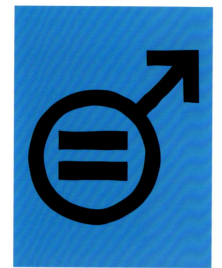

人之生而自由且权利方面一律平等

法国《人权和公民权利宣言》(1789年)

背景介绍

聚焦
人权

此前

约公元前1750年 在美索不达米亚，《汉谟拉比法典》列出了基本权利的内容和惩罚的事项。

公元前539年 居鲁士大帝颁布法令，对他所征服的巴比伦臣民实行宗教宽容。

1215年 英国国王约翰一世签署了《大宪章》。

1776年 《弗吉尼亚权利宣言》影响了美国的《独立宣言》。

此后

1948年 鉴于第二次世界大战的暴行，联合国的《世界人权宣言》定义了全世界范围内的权利。

1950年 《欧洲人权公约》借鉴了《世界人权宣言》的内容，在整个欧洲实施个人基本权利的保护。

法国《人权和公民权利宣言》是具有里程碑意义的人权宣言。这部宣言出现于法国大革命初期，确立了人人平等的原则，指出人在自由、私有财产、安全和不受压迫方面享有平等的权利。这种观念进一步塑造了现代世界。

1789年5月，当时的法国国王路易十六迫于金融危机及民间骚动的压力，重新召开了被冻结长达175年之久的立法议会。

此时召开的立法议会，由3个等级的人组成：神职人员、贵族和人民。路易十六坚持每个等级都有一票。这意味着两个精英阶层——神职人员和贵族，总能在投票中取胜。

国民议会

1789年6月17日，被激怒的"第三等级"，即特权阶层以外的普通人民，宣布成立独立的国民议会，并自行制定法律。由于无法进入官方会场，"第三等级"的代表只好在皇家网球场开会。在这里，他们决定制定一项治理法国的法律

原则：为了所有人的利益，议会只有在征得人民同意的情况下才能执政。

为达到这个目的，有必要确定每个公民的权利，在这样的影响下，《人权和公民权利宣言》最初由拉法耶特侯爵与美国政治家杰

所有人都是平等的，没有人有权统治任何其他人。

但是，人们可以选择将统治权交给君主和政府。

因此，君主和政府在得到人民同意的前提下统治国家。

参见：英国光荣革命与《权利法案》102~103页，《美利坚合众国宪法》与《权利法案》110~117页，《拿破仑法典》130~131页，《世界人权宣言》222~229页。

斐逊一起协商并起草。《人权和公民权利宣言》草案于1789年7月11日提交国民议会，经修订后于6周后生效。

这份文件的灵感来自前半个世纪的启蒙思想：孟德斯鸠、卢梭和伏尔泰秉持的理念，挑战了神权统治，主张人的法定权利并非来自宗教权威，而是来自理性。

宣言的条款

《人权和公民权利宣言》由17个条文组成，包括序言在内，描述了所有人享有的个人和集体权利。宣言的序言部分强调了权利是"自然的、不可剥夺的和神圣的"这一法律原则。宣言同样保障了言论自由、新闻和宗教自由。

宣言的第1条包含了宣言的核心，即"人之生而自由且权利方面一律平等"。宣言的第2条提及政府的主要责任：保障人权——自由权、财产权、安全权和反抗压迫的权利。宣言的第3条说明政府的权威取决于所有人的同意。宣言的第4条就自由做出解释：自由是指能做一切无害于他人的行为。第5条则规定，政府制定的法律仅有权禁止有害于社会的行为。宣言的第6条表示，法律是公意的表达。

宣言的其余部分继续定义了许多我们现在认为理所当然的权利，包括在被证明有罪之前应被视为无罪的法律原则。事实上，这些在当时看来如此激进的想法，如今已成为民主世界的重要组成部分。

积极与消极的公民身份

尽管法国的《人权和公民权利宣言》带有道德的成分，倡导平等，但宣言本身只赋予了积极公民权利。

所谓的积极公民，指的是25岁以上的法国自由人，他们缴纳

> 女人有登上断头台的权利；女人同样必须拥有登上演讲台的权利。

奥兰普·德古热
《妇女权利宣言》
（1791年）

一定的税（实际上是一定资产的所有者）。妇女、穷人和奴隶都是消极公民。但是，随着革命的进行，这些消极公民也要求被包含在内。1790年，孔多塞和埃达埃尔德呼吁国民议会承认妇女的权利。

不幸的是，国民议会拒绝了，这促使剧作家德古热撰写了《妇女权利宣言》和《女性公民权利宣言》。德古热说道："妇女生而自由，在权利上与男子平等。"

法国的《人权和公民权利宣言》还激发了法国殖民地圣多明戈（现在的海地）的奴隶首次成功起义。1794年，法国及其殖民地废除了奴隶制。■

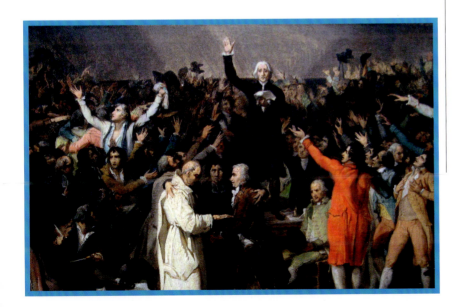

1789年6月20日，由"第三等级"组建的国民议会宣读了"网球场誓言"。他们发誓彼此团结在一起"不分离"，直到法国的成文宪法制定完成。

THE RISE OF THE RULE OF LAW

1800–1945

法治的兴起
1800—1945年

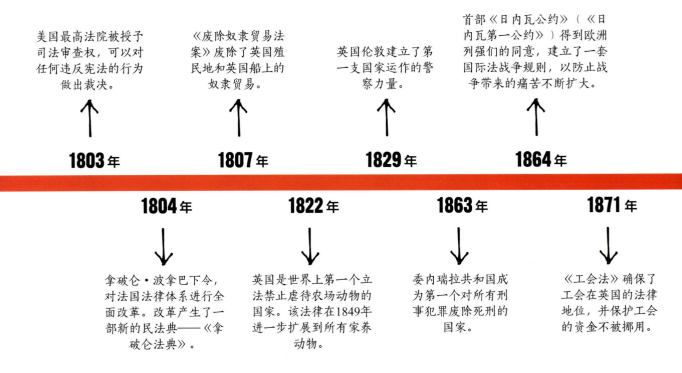

美国最高法院被授予司法审查权，可以对任何违反宪法的行为做出裁决。

《废除奴隶贸易法案》废除了英国殖民地和英国船上的奴隶贸易。

英国伦敦建立了第一支国家运作的警察力量。

首部《日内瓦公约》（《日内瓦第一公约》）得到欧洲列强们的同意，建立了一套国际法战争规则，以防止战争带来的痛苦不断扩大。

1803年　　**1807**年　　**1829**年　　**1864**年

1804年　　**1822**年　　**1863**年　　**1871**年

拿破仑·波拿巴下令，对法国法律体系进行全面改革。改革产生了一部新的民法典——《拿破仑法典》。

英国是世界上第一个立法禁止虐待农场动物的国家。该法律在1849年进一步扩展到所有家养动物。

委内瑞拉共和国成为第一个对所有刑事犯罪废除死刑的国家。

《工会法》确保了工会在英国的法律地位，并保护工会的资金不被挪用。

18世纪理性时代的精神，使得社会组织方式出现了根本的变化：法国和美国的革命推翻了旧的秩序，并借此建立了新的秩序。新的民族国家颁布了支持民主、自由和人权价值观的法律和宪法。整个19世纪，越来越多的国家采取类似的政府模式，拥护相同的价值观。但是，在社会内部，仍然存在一个导致变化的关键因素，即工业革命的到来。工业革命始于18世纪的英国，影响深远，塑造了现代世界。

随着工业化而来的是资本主义，当政治权力从君主和贵族转移到议会时，新工业的所有者掌握了经济大权。农村的农民阶级大大缩减，取而代之的是居住在城市里的工人阶级，他们不再受地主的奴役，而是依靠作为实业家的工厂主来维持生计。

变动中的社会

新时代民族国家的政府和法律必须与时俱进，能反映其社会不断变化的性质，并承认所有公民的权利。立法逐步向更加自由的方向发展，保护工人和消费者的利益，并确保企业能够在公平的市场环境中继续带来繁荣。

刚刚经历革命的美国和法国率先迎接挑战，试图创建一个适合现代世界的法律体系。公民权利原则被写入美国宪法，但还需要通过进一步立法来保护人民不受政府滥用权力的侵害。对于公民权利的实现问题，一个重要的步骤是授予最高法院司法审查权，这样最高法院就可以对政府的其他部门进行必要的制衡。与此同时，法国开始起草新的民法典，这部法典成为许多其他国家民法典的立法典范。

英国的议会和法律体系运行良好，但在适应工业化社会的要求方面，进展较为缓慢。但是，随着伦敦警察厅在《议会法案》的授权下成立，英国创造了一种适合现代城市的警务模式——由中央指挥部指挥身穿制服的警官来执行法律。19世纪下半叶，英国还率先制定了保护工人和工会权利的法律。而在美国，《谢尔曼反托拉斯法》引入了针对大公司的法律监管，以保护消费者免受无良商家的伤害。

德国宰相奥托·冯·俾斯麦提出了一项强制保险计划，以保护在工业生产中受伤的工人。

新西兰妇女首次赢得了投票权。在其他地方，妇女赢得选举权要等到20世纪之后。

时任美国总统伍德罗·威尔逊创建了联邦贸易委员会，以规范企业和保护消费者。

在第一次世界大战之后的《凡尔赛和约》中，胜利的协约国对德国实施了惩罚性的措施。

1881 年　**1893** 年　**1914** 年　**1919** 年

1890 年　**1899** 年　**1918** 年　**1935** 年

美国参议院通过《谢尔曼反托拉斯法》，禁止反竞争的卡特尔（cartel；一种基于行业企业联合的垄断利益集团——译者注）和单一的垄断企业。

第一部《海牙公约》提出了一套国际战争规则，并建立了国际人道主义法。

弗拉基米尔·列宁颁布了新的宪法，建立了一个由工人阶级统治的国家。

《纽伦堡法》的制定，形成了有关纳粹德国公民的法律政策，并有效地将犹太人定义为"非人类"。

随着大规模生产和消费主义的发展，人们显然需要立法来确保企业达到一定的生产标准。1932年，针对姜汁啤酒制造商戴维·史蒂文森的"瓶中蜗牛"案，成为过失法的一个重要的里程碑。

人权

到了19世纪，保护公民权利已成为大多数法律体系的核心原则，但对基本人权的承认却花了更长的时间。英国是第一个在其殖民地和船上禁止奴隶贸易的国家，但彻底废除奴隶制的进程十分缓慢。尽管存在用意良善的法律文件，如法国的《人权和公民权利宣言》，但从法律上实现人人平等，这个历程十分漫长，直至第一次世界大战后，女性都未能获得应有的平等权利，大多数国家否定妇女的投票权。

在美国，允许种族隔离的《吉姆·克劳法》存在公然的歧视，而在纳粹德国，一种更加骇人听闻的极端种族主义形式却被制定为法律。《凡尔赛和约》强加给德国的侮辱性条款，以及伴随而来的经济大萧条，引发了德国民众的强烈抵制，导致犹太人成了替罪羊，最终被剥夺了公民权利。与此同时，世界上第一个社会主义国家成立了，其领导人弗拉基米尔·列宁承诺建立一个更公平、更平等的社会。这成为其他社会主义国家的榜样，这些国家在20世纪一度涵盖了世界人口的三分之一，与西方世界实行的资本主义形成了鲜明的对比。

在国际层面，工业化的影响也体现在现代战争中。战争造成了前所未有的伤亡，促使国际社会缔结了一系列关于规范战争行为的《日内瓦公约》。《海牙公约》对这些公约进行了补充，一致通过了战争规则，限制了某些武器的使用，并为国际人道主义法奠定了基础。■

基于宪法实现正义

美国最高法院与司法审查

（1803年）

背景介绍

聚焦
美国联邦法律

此前

1787年 美国宪法获得通过,使司法部门成为政府的"第三部门"。

1789年 美国国会通过《司法条例》,规定了最高法院的一些职权。

此后

1857年 在"德雷德·斯科特诉桑福德案"中,首席大法官罗杰·托尼裁定,宪法中的"公民"一词并不适用于黑人。这一备受诟病的司法决定,后来被宪法第十四修正案推翻。

1973年 在"罗伊诉韦德案"中,最高法院裁定,宪法保障妇女堕胎的权利。

最高法院是美国联邦政府体系中最高等级的法院。最高法院的职权在宪法中有明确的规定。由乔治·华盛顿总统1789年签署生效的《司法条例》,成为最初最高法院行使职权的依据。1789年的《司法条例》规定,最高法院设置6名大法官,由总统提名并经参议院确认,大法官们通常终生任职(直到退休或死亡),任期内薪金不得减少。这样的制度安排使得大法官可以独立于政府。

尽管美国宪法规定了最高法院的存在,但它并未将其权力和特权编纂成法律。相反,最高法院的职权由它自己的裁决界定,其中一项便是司法审查权。

司法审查权允许法院决定3种涉及法律的行为——国会制定法律的立法行为、总统执行法律的行政行为、下级法院做出判决的司法行为——是否违反宪法。这样就提供了一种基本的制衡制度,确保了组成政府的3个机构的权力都会受到限制。因此,最高法院对任何与宪法冲突的情况有最终决定权,进而在美国政府中发挥着独特的作用。

马伯里诉麦迪逊案

1801年,约翰·马歇尔被任命为第4任首席大法官。相较于以前的首席大法官,马歇尔更为强大,更热衷于维护法院的权力和实现政治上的自主。马歇尔的机会出现在1803年,当时,威廉·马伯里提起了一件影响深远的诉讼。

1801年,即将卸任的联邦党(联邦党和民主共和党是美国最早的政党)总统约翰·亚当斯通过了一项法案,允许他提名的包括马伯里在内的多位新任法官。新上任的杰斐逊总统属于民主共和党。他对此项任命十分不满,因为法官数量的增加会直接扩张司法部门的权力,打破政府各个部门相互制衡的局面。最终,马伯里没有得到属于

最高法院有一个官方印章,由最高法院的书记官保管。这个印章由一系列象征性的符号组成,每一个符号都代表最高法院不同的权力和重要的组成部分。最高法院的印章与美国国徽只有一个地方不同,即最高法院印章底部的鹰尾下方多了一颗五角星。

五角星,代表美国宪法在1789年设立的"单一的最高法院"。

老鹰图案,它的头代表总统。它的9根尾羽象征着最高法院的9位大法官。

盾牌,酷似美国国旗,它的13条条纹代表了最初组成美国的13个州。

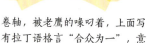

卷轴,被老鹰的喙叼着,上面写有拉丁语格言"合众为一",意为团结统一。

星群,由13颗五角星组成,象征着美国作为一个独立国家的崛起。

橄榄枝,被鹰的右爪抓着,象征和平,而鹰的目光转向这边。

一束箭,被鹰的左爪抓着,象征着战争,也表明这个国家随时有决心展开战争。

参见：《美利坚合众国宪法》与《权利法案》110~117页，非法证据排除规则 186~187页，米兰达诉亚利桑那州案 254~255页，罗伊诉韦德案 260~263页。

> 合众国的司法权属于最高法院及国会随时下令设立的低级法院。
>
> 美国宪法

他的法官委任状。他将国务卿詹姆斯·麦迪逊告上法庭，要求最高法院发布一份执行令，即一种要求下级法院或官员履行其公共职责的命令，以迫使麦迪逊批准属于自己的法官委任状。

首席大法官马歇尔宣布了判决：马伯里在法律上有权获得属于他的委任状，但最高法院无权签发执行令，因为，若国会要求最高法院这样做，就会扩大最高法院原有的管辖权，这种做法违反了宪法。这一判决将宪法定位为美国的最高法律，同时，也将最高法院定位为解释宪法的机构。这个案件的判决定义了司法审查权，开创了一个能经受住时间考验的先例。马歇尔因对此案的灵巧处理而受到评论家的赞扬。开国元勋亚历山大·汉密尔顿在1788年写道："宪法应优先于法律，人民的意愿应优先于他们代理人的意愿。"马歇尔在判决

中解释：通过制定一部成文宪法，美国限制了不同政府部门的权力范围，"如果这些对政府部门权力范围的限制在任何时候都可能被那些受到限制的人突破"，那么宪法将毫无意义。

这个不太起眼的案件影响深远。马歇尔在确保最高法院的原有管辖权不扩大的同时，将论述的重点放在了上诉管辖权，即最高法院审查、修正或否决下级法院判决的权力上。这种做法表明了最高法院作为政府的一个平等部门所具有的权力。马歇尔因"马伯里诉麦迪逊案"的判决而出名，并且在他担任首席大法官期间，还引领了最高法院在其他重要领域的创新。其中一个典型的例子是，改为以多数裁定形式提出法院意见，这与以往每一位法官都发表自己的不同意见的逐次裁决方法形成了鲜明对比。

经受考验

尽管"马伯里诉麦迪逊案"

> 明确法律是什么，即为司法部门的职责。
>
> 首席大法官约翰·马歇尔
> "马伯里诉麦迪逊案"
> （1803年）

约翰·马歇尔

约翰·马歇尔于1755年出生于弗吉尼亚，是家中15个孩子中的老大。他在美国独立战争期间服役，然后在1780年离开军队去学习法律。他因审慎决策而声名鹊起，并很快涉足政府事务。他是美国宪法的坚定拥护者。

1800年，马歇尔成为时任美国总统约翰·亚当斯的国务卿。1年后，他被任命为最高法院首席大法官，并一直担任这一职务到1835年去世。在这一职位上，他主持了许多关键案件的审判。随着时间的推移，对这些案件的判决界定了最高法院的权力，其中包括1819年的"麦卡洛克诉马里兰案"，马歇尔在该案中裁定联邦政府有权开设一家国家银行。1821年，"科恩诉弗吉尼亚州案"确立了最高法院对所有挑战宪法的州法院判决做出裁决的权利。

宪法是美国的最高法律。

↓

宪法平衡了政府立法、行政和司法部门的权力。

↓

最高法院代表政府的司法部门。

←

司法审查权赋予了最高法院解释和维护宪法的权力。

是确立最高法院司法审查权的分水岭，但这只是一个漫长的澄清过程的开始。在最初的几年里，最高法院审理了许多案件，这些案件有助于更清楚地界定司法审查权的范围。每一项裁决都赋予最高法院作为宪法裁决者所具有的更大的合法性，并确认最高法院有权审查下级法院、政府立法部门或行政部门通过的法律是否符合宪法。

然而，这一原则也并非不存在反对者。例如，1829—1837年在任的总统安德鲁·杰克逊是政府部门理论的支持者，该理论认为，政府的每个部门都有权解释宪法。杰克逊向最高法院提交了一些案件，旨在挑战约翰·马歇尔对法院角色的看法。1832年，最高法院在"伍斯特诉佐治亚州案"中的裁决，为部落主权原则奠定了基础，但杰克逊总统不顾最高法院的裁决，继续强迫切罗基人离开他们自己的土地。在这一段美国历史中，有6万多名美国原住民被迫离开他们世世代代生活的土地，步行数千千米前往指定的"印第安领地"，这段历史又被称为"血泪之路"。

1905年，"洛克纳诉纽约州案"也对最高法院所拥有的司法审查权进行了考验。纽约州于1895年通过了《面包坊法案》，该法案规定，经常在通风不良的空间工作，并因此患上肺部疾病的面包师，不应被迫每天工作超过10小时，或一周工作超过60小时。面包店店主约

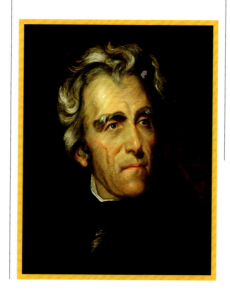

瑟夫·洛克纳因违反《面包坊法案》遭起诉，他对该法案提出了质疑。最高法院以5票对4票的多数裁定，认为纽约州的《面包坊法案》确实违反了宪法第十四修正案中的正当程序条款。这一条款有效地规定了政府不应过度干涉个人的权利。最高法院的裁决认为，面包师有权在不受国家干涉的情况下与店主协商自己的工作合同，因此，《面包坊法案》是违宪的。最高法院对"洛克纳诉纽约州案"的最终裁定，究竟是代表法院捍卫宪法，还是在促进经济和商业利益，在当时并无定论。

司法审查权的批评者认为，这意味着最高法院扮演了高于其自身的角色，而这种法律上至高无上的权力在任何地方都没有公开的描

众所周知，杰克逊总统无视最高法院在1832年"伍斯特诉佐治亚州案"中的裁决。据说，杰克逊总统曾说道："马歇尔已经做出了决定；现在就让他自己来执行吧！"

> 法官的意见对国会的影响，并不比国会的意见对法官的影响大，在这一点上，总统是独立于两者的。
>
> 美国前总统安德鲁·杰克逊
> （1829—1837年在任）

述。因此，最高法院的合法性经常受到质疑。许多国家，如加拿大、澳大利亚和英国，对于社会中分歧较大的问题，比如同性婚姻或堕胎等争议性问题的立法，是由民选代表在议会辩论后决定的。在美国，问题可以在国会上辩论，但国会辩论后的决定最终却要获得法官的同意。在一些人看来，选举产生的立法机构的决定要由非选举产生的法官同意的想法，是对民主本身的侮辱。

后来，司法审查权在保护公民权利方面被认为越来越重要，因为最高法院可以推翻它认为侵犯个人权利的法律。例如，在1954年的"布朗诉托皮卡教育委员会案"中，最高法院推翻了允许存在种族隔离学校的州法律。2015年，最高法院裁定，基于美国宪法第十四修正案，所有州必须将同性婚姻合法化。虽然这些进步的司法裁决被认为体现了司法审查价值，但许多学者指出，如果总统提名一些保守派法官进入最高法院，那么权力平衡可能会转向更保守的议程——其结果是，具有里程碑意义的司法裁决，比如促使堕胎合法化的"罗伊诉韦德案"，可能会面临更多挑战。■

位于华盛顿特区的最高法院大楼于1935年落成。在此之前的146年里，最高法院没有固定的办公地点，在不同的地点举行会议。

每个法国人均享有公民权利

《拿破仑法典》（1804年）

背景介绍

聚焦
民事法典和公民权利

此前

6世纪 《民法大全》一书所呈现的罗马法，为欧洲大部分地区的民法奠定了基础。

1215年 英国的《大宪章》包含了有关公民权和人权的内容。

1791年 美国宪法的前10个修正案构成了《权利法案》。

此后

1881—1883年 埃及政治家尤瑟夫·瓦哈将《拿破仑法典》翻译成阿拉伯语。

1896年 德国颁布了属于自己的民法典，这也连带影响了1896年《日本民法典》、1907年《瑞士民法典》，以及1926年《土耳其民法典》和其他国家的立法工作。

2012年 法国高级立法编纂委员会建议不再以法典来更新法律。

经历法国大革命（1789—1799年）的领导人认识到，法国迫切需要制定一部全面的法典。从历史上看，不同的习惯法在法国各地发展起来。在当时的立法体制下，与婚姻和家庭生活相关的法律属于独立的教会法，其他法律则由皇家法令制定。这样的情况导致了一系列相互矛盾的立法，许多封建领主借此获得法律上的豁免。为了巩固执政权力，新成立的国民议会专门设立了一个特别委员会，以关键的革命思想为基础，全面改革法律体系，并制定全国性的民法典。

拿破仑的掌权

当革命陷入被称为"恐怖统治"的血腥混乱时，拿破仑·波拿巴将军于1799年夺取了政权。1800年，他当选为第一执政官，并很快

接管了负责改革法国法律的特别委员会。在接下来的4年时间里，该委员会举行了80多次会议，讨论如何制定《拿破仑法典》。拿破仑经常亲自监督并参与讨论。

这场革命废除了君主制，压制了教会和中世纪行业协会的权力，并创造了新的法国民族身份，为新法典的制定铺平了道路。《拿破仑法典》是建立在关键的革命思

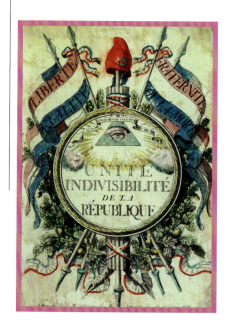

《拿破仑法典》的基础源自法国大革命的理念：在一个统一的法国下实现自由、平等、博爱。在这张1792年印制的海报中，上面的横幅和盾牌图样，清楚地描绘了以上理念。

参见：教会法的起源 42~47页，《大宪章》66~71页，《美利坚合众国宪法》与《权利法案》110~117页，法国《人权和公民权利宣言》118~119页。

法国的法律——以宗教法或习惯法为基础——在全国各地有所不同。

法国大革命废除了君主制，削弱了教会的权力。

革命中关于自由和平等的理念，推动了新法律的制定。

拿破仑抓住了改革法律制度的机会。

一部建立在公民权利、平等和世俗国家原则基础上的《拿破仑法典》就此到来。

拿破仑·波拿巴

拿破仑于1769年出生在科西嘉岛，9岁开始在法国接受教育，后来进入巴黎的一所军事学院学习。1795年，他在镇压反对法国大革命第一届政府国民公会的叛乱中，发挥了重要作用。然而，1799年，他利用当时政府的权力真空，在政变中夺取了政府的控制权。

拿破仑于1804年加冕为皇帝，发动了一系列军事行动来扩张法兰西帝国，征服欧洲大陆的大片地区，驱逐西班牙人，并使法兰西帝国取代西班牙成为拉丁美洲大部分地区的殖民大国。1812年，他在对俄罗斯的灾难性入侵后，被迫退位，但于1815年重新掌权。在滑铁卢战役中被英国人击败后，拿破仑被流放到非洲西海岸的圣赫勒拿岛，并于1821年在那里去世。拿破仑给他的部队留下了许多信件、演讲和宣言，其中一些内容经过整理收集后得以出版。

想——公民自由（法律规定的基本人权和自由）原则、平等原则，以及人们有权表达不同宗教意见的世俗国家原则——基础之上的。该法典规定了所有男性公民在法律面前平等，终结了长子继承权、世袭贵族的身份和阶级特权。这部法典保护了男性的财产权，但女性仍要服从于父亲或丈夫。

《拿破仑法典》将民法分为财产法和家庭法，并将刑法和商法以法典的形式加以汇编。此外，这部法典还包括在没有政府干预的情况下订立合同的自由。

法典的持久影响

《拿破仑法典》影响深远。1804年法国控制下的国家，包括比利时、德国和意大利的部分地区，以及一些拉丁美洲国家，都引进了这部法典。《拿破仑法典》的影响也遍及中东国家。在许多采用该法典的国家中，虽然《拿破仑法典》经历了间续的更新和修订，但它仍然是当今民法的基石。■

我真正的荣耀并非我赢得的那40场战役……而是那无法被任何事物摧毁、将永世流传之物，这就是以我为名的民法典。
拿破仑·波拿巴

让被压迫者得到自由

《废除奴隶贸易法案》(1807年)

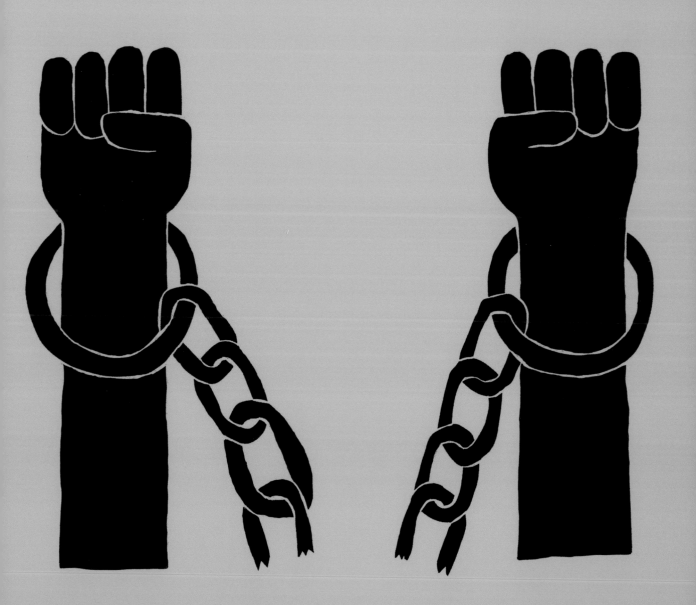

奴隶制是一种把人当作财产来拥有和控制的制度,完全漠视奴隶作为人的权利。奴隶制几乎存在于每一个古代文明中,从古埃及和古印度到中国和古罗马。从16世纪到18世纪,奴隶制支撑着欧洲的主要产业,直到对抗奴隶贸易暴行的抗议在全世界蔓延开来。

三角贸易

在中世纪的非洲,奴隶在国家或部落之间被交易,并被提供给阿拉伯的伊斯兰国家使用。

葡萄牙和西班牙的航海家在

> 奴隶与他的主人有何不同,奴隶的存在只是偶然?

托马斯·克拉克森
一篇关于奴隶制和人种贸易的论文
(1786年)

15世纪中叶发现了非洲奴隶市场。16世纪,贩售奴隶的"三角贸易"形式开始出现。欧洲船只将货物运往非洲西海岸用以交换奴隶。奴隶下船后,返航的船只装满了烟草、糖浆、朗姆酒和棉花,开始返回欧洲。

在长达8000千米的大西洋中央航道上,船上的情况非常可怕,船上缺乏食物和水,空间极度拥挤,疾病流行。到1867年,被运往美洲的1000万至1200万名非洲奴隶中就有250万名中途死在船上。

欧洲白人(奴隶贩子)把奴隶描绘成野蛮人,使他们失去了人权。这些奴隶贩子甚至把自己描绘成救世主,把非洲人描绘成能在新世界过上更好生活的幸运儿。奴隶贩子赚取了巨额利润,参与其中的人变得更为有钱有势。在英国,由奴隶贩子和种植园主组成的西印度游说团也包括议会的议员,这些议员鼓吹限制奴隶贸易会帮助英国贸易上的对手,如法国。

到了17世纪,英国、荷兰、法国和丹麦已成为跨大西洋奴隶贸易的主要参与者,为各自的殖民地提供劳动力。其中,英国控制了三分之二的奴隶贸易,通过一系列的贸易和航海法案来支持奴隶贸易。

奴隶作为一种财产

1677年,英国首席检察官根据《贸易和航海法》将黑人归类为财产的裁决,在同年的"巴茨诉佩妮案"中得到确认。奴隶主可以根据财产法,就失去或受损的奴隶提出索赔,这使得黑人沦为商品。

许多种植园主把奴隶带回英国当仆人。多年来,许多奴隶从奴隶主手中逃脱,并向法院请求恢复自由,其中最著名的是"萨默塞特诉斯图尔特案"。萨默塞特是一名奴隶,他在被他的主人查尔斯·斯图尔特带到英国后逃跑了。后来,萨默塞特被重新抓获,并被装进了一艘开往牙买加的船。废奴主义者格兰维尔·夏普接手了他的案子,首席大法官曼斯菲尔德勋爵发布了人身保护令。萨默塞特如期出现在

> 我不能说这种情况是英国法律允许或批准的。因此,该名奴隶必须得到释放。

曼斯菲尔德勋爵
"萨默塞特诉斯图尔特案"
(1772年)

参见: 奴隶法 98~101页,《美利坚合众国宪法》与《权利法案》110~117页, 美国最高法院与司法审查 124~129页,《世界人权宣言》222~229页, 美国《民权法案》248~253页。

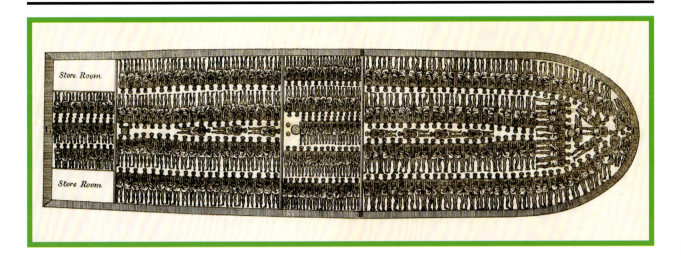

王座法庭。

1772年, 曼斯菲尔德勋爵做出裁定:虽然殖民地允许奴隶制, 但英国本土的奴隶应受英国法律约束。由于没有任何一条英国法律允许将萨默塞特重新抓获并强制装船运往牙买加, 因此萨默塞特被释放了。法官试图在没有先例的情况下做出释放裁决, 但这个案件是废奴运动的一个分水岭。这个案件在英国被广泛认为是取缔奴隶制的象征, 允许奴隶为自己的自由辩护。

在英国, "宗号船大屠杀"等暴行的发生, 使反对奴隶贸易的声浪越来越高。1781年, 由于宗号船上极度拥挤, 卢克·科林伍德船长下令将132名生病的奴隶扔出了船。这样的做法其实存在特定的历史背景:如果有奴隶死于疾病, 保险公司就不会支付赔偿金, 但如果是出于保护船只而杀害了奴隶, 那么保险公司将会支付赔偿金。在法律上, 奴隶被视为商品, 而非人类, 因此, 此次事件被视为有争议的保险索赔, 而非惨绝人寰的大屠杀。这种不公正的待遇, 使更多的人投身于废奴运动。

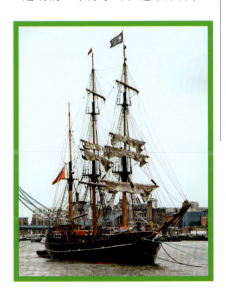

2007年, 在伦敦举行的纪念《废除奴隶贸易法案》200周年的活动上, 一艘"宗号"的复制船参加了活动。"宗号"上的黑奴曾被扔到船外, 以缓解船上过度拥挤的状况。

在1788年由废奴主义者发布的一幅版画中, 奴隶船"布鲁克号"上恶劣却又"合法"的状况令人震惊。

废奴运动

1787年, 在伦敦的一家印刷厂里, 12位社会活动家成立了废除奴隶贸易协会。这12人中包括了托马斯·克拉克森, 当时他刚发表了一篇颇有影响力的文章, 文中他谴责了奴隶制。

该协会存在许多女性支持者, 协会第一年的赞助者中有10%是女性, 其中包括著名的废奴主义者贵格会诗人玛丽·伯基特·卡德、福音传教士汉娜·莫尔和女性主义哲学家玛丽·沃斯通克拉夫特。

为了让民众了解反对奴隶制的观点, 协会制作了小册子, 主持了系列会谈, 请民众在请愿书上签名。他们的目标是废除奴隶贸易, 因为这样的主张似乎比彻底废除奴隶制更容易实现。废奴运动的发展

奥劳达赫·埃奎亚诺

大约11岁时，奥劳达赫·埃奎亚诺从尼日利亚的家中被绑架，最终来到弗吉尼亚的种植园。他被卖给了海军军官迈克尔·亨利·帕斯卡中尉，新的主人将他改名为古斯塔夫斯·瓦萨——以16世纪瑞典国王的名字命名。

埃奎亚诺在海上度过了8年，在跟随帕斯卡学习读写的同时，他还于1759年接受了基督教洗礼。后来，他被卖给了费城商人罗伯特·金，金允许他做一点小买卖。1766年，他为自己赎身。他在船上工作了20年，于1786年定居伦敦并参与了废奴运动。1789年，他出版了自传，这是非洲黑人作家最早的作品之一。他的自传非常受欢迎，埃奎亚诺在全国巡回讲述他的故事。

奥劳达赫·埃奎亚诺于1797年在伦敦去世。

主要作品

1789年 《非洲人奥劳达赫·埃奎亚诺或古斯塔夫斯·瓦萨生平的有趣叙述》

十分迅速。1788年，仅3个月就有100多份反对奴隶制的请愿书被提交给了议会。

活动人士的主要关注点是通过提供逃跑奴隶、奴隶船水手的证据和证词，以及奥劳达赫·埃奎亚诺等获释奴隶的叙述，让非洲人自己发出声音。埃奎亚诺识字，有魅力，而且是一名基督徒（这在一个狂热的基督教社会十分重要）。这样的故事有助于帮助非洲人恢复与生俱来的人权，并迫使英国当局面对奴隶制的残酷现实。

人权的理念

1775—1783年美国的独立革命和1789—1799年的法国大革命，使得18世纪后期的欧洲出现了一段政治动荡期。这些运动强调人权的概念，并激励人们积极参与。然而，革命带来的威胁使得英国议会变得谨慎起来。同时，随着废奴运动的发展壮大，这场运动开始被描绘成一种带有"激进成分"的社会运动。

这种情况的出现，使得议会

难道有一半的人类物种，如同可怜的非洲奴隶一般，受到残酷对待及其偏见的影响……

玛丽·沃斯通克拉夫特
《为妇女权利辩护》
（1792年）

早期为结束奴隶制所做的努力遭遇了挫折，反奴隶制法案遭到了那些既得利益者的再三阻挠。

在当时的英国，由于妇女不享有投票权，因此妇女的政治权利在很大程度上受到了限制，妇女无法在政治中发挥积极作用。但是，如汉娜·莫尔和玛丽·沃斯通克拉夫特等社会运动人士，利用她们的影响力及作品推动了社会变革。

奴隶起义

当废奴主义者游说英国议会时，加勒比地区的奴隶们正试图用他们自己的力量来为自己争取权益。在牙买加，马龙人（逃跑的奴隶及其后代）与英国殖民者战斗多年，于1739年赢得了一块属于他们自己的土地。

1791年，在伊斯帕尼奥拉岛西端的法国殖民地圣多明戈，奴隶

英国陶工乔赛亚·韦奇伍德于1787年设计的图案被印在徽章和其他物品上，以支持废奴运动。

在海地革命（1791—1804年）期间，奴隶们与法国军队以及英国和西班牙殖民者进行了一系列战斗。

们发动了起义。杜桑·卢维杜尔是一名获得自由的奴隶，也是一名熟练的士兵。他在争夺圣多明戈及其邻国圣多明各，即后来的多米尼加共和国的控制权斗争中发挥了领导作用。

这一场武装起义使圣多明戈，即现在的海地，于1804年从法国独立，成为第一个由获得解放的奴隶统治的国家。这些早期的奴隶起义激励了加勒比地区的其他奴隶，促使他们为自由而战。

议会的禁令

从1787年起，英国议会议员威廉·威尔伯福斯成为废奴主义代表性人物，他在议会中为反奴隶制法案奋斗了20年。尽管获得了公众的支持，但政客们仍不愿投票来彻底废除奴隶制，并担心这会损害英国的商业利益。1806年，废奴主义者詹姆斯·斯蒂芬建议威尔伯福斯

改变策略，提出一项法案：阻止英国人与外国交易奴隶。由于当时英国与法国正在交战，该法案被认为会损害法国利益因而获得了通过。这项法案导致了英国奴隶贸易的崩溃，为1807年的《废除奴隶贸易法案》铺平了道路。1807年的法案规定，在大英帝国从事奴隶贸易，或者用任何英国船只运送奴隶都是非法的，但没有强制释放所有奴隶。解放所有的奴隶，便是废奴运动下一阶段的目标。

英国皇家海军在非洲海岸巡逻，以执行奴隶贸易的禁令。1807—1860年，英国皇家海军拦截了许多英国船只，解放了超过15万名奴隶，但执行该法案仍然是一项艰巨的任务。英国商人经常变换船旗以逃避此项禁令。尽管公众普遍支持废除奴隶制，但议会直到19世纪30年代才彻底废除了奴隶制。当时的经济环境已经发生了变化：英

国人经营的糖料种植园的利润远远低于巴西和古巴的糖料种植园。因此，英国商人强烈要求自由贸易，结束加勒比海地区对英国糖市场的垄断。

1833年的废奴法案只解放了6岁以下的儿童，年长的奴隶以学徒的名义被迫继续为前主人工作。英国东印度公司控制的领土，如锡兰（现斯里兰卡），并未被纳入禁止奴隶的行列，但在英国本土，奴隶制是非法的。

美国和奴隶制

奴隶制对美国南方殖民地的经济发展至关重要。在那里，奴隶在棉花和其他经济作物的种植园里从事着艰苦的工作。这些经济作物在温暖潮湿的气候中蓬勃生长。但在种植不同作物的美国北方，很少有奴隶被用来耕种土地。

北方的民众大多赞成废除奴隶制，在美国独立战争期间，他们

建立在不公正基础上的贸易，必须被废除……

威廉·威尔伯福斯
在议会上的演讲
（1789年）

把英国的统治等同于奴隶制。美国南北双方在奴隶制问题上的分歧如此之大，以至于在1787年美国宪法的制定中，双方只能将有关奴隶贸易的条款删除。然而，1788年被各州批准的美国宪法没有条款保证收回任何"被强迫服务或劳动的人"的权利，这实际上承认了美国的奴隶制，并使其继续存在了80年。

1839年，奴隶船"阿米斯塔德号"上的事件引起了舆论关注。两名西班牙种植园主带着53名奴隶从古巴出发，但途中，这些奴隶起义并获得了自由，他们命令种植园主将船开往非洲。在偏离航线后，这艘船及其奴隶在康涅狄格州被扣押，引发了一场涉及西班牙的为期两年的法律争夺战。最终，美国最高法院表示，这些非洲人不是财产，而是被非法绑架到古巴的自由人。

斯科特诉桑福德案

1643年以来，美国的各种法案迫使逃跑的奴隶回到他们的主人身边。1850年《逃奴追缉法案》规定，任何干涉引渡奴隶的人都会被处以罚款，法案还强迫美国公民帮助当局重新抓获逃亡的奴隶。北方的一些州颁布了自己的法律，试图消除这部法案带来的影响。

1856年，美国最高法院审理了"斯科特诉桑福德案"。德雷德·斯科特出生时是一名奴隶，但他的主人曾在废除了奴隶制的威斯康星州和伊利诺伊州住过一段时间，之后才回到蓄奴州密苏里州。所以，斯科特和他的妻子哈丽特向法庭申请释放他们。

1857年，首席大法官托尼做出了不利于斯科特的裁决，称所有非洲人后裔，无论是否为奴隶，都是劣等人，而非美国公民，不能向联邦法院提起诉讼。这一有争议的裁决是引发美国南北战争的一个重要因素。林肯总统的废奴倡议加重了南方邦联对北方联邦各州的威胁。1863年，林肯的《解放奴隶宣言》宣布在叛乱州解放所有奴隶。

逃跑或被释放的奴隶的证言，使社会大众了解了奴隶制的残酷，并有助于奴隶们重获与生俱来的人权。

美国和法国的革命运动引入了人权的概念。

妇女权利运动把压迫妇女等同于奴役奴隶。

公众舆论开始反对奴隶贸易。

1807年，英国议会通过了《废除奴隶贸易法案》，该法案在英国所有领土生效。1865年，美国政府也采取了同样的做法。

在合众国境内或受合众国管辖的任何地方，奴隶制和强制劳役都不得存在。

美国宪法第十三修正案

示例:

1. 华盛顿领地	23. 新罕布什尔州
2. 内布拉斯加领地	24. 缅因州
3. 达科他州领地	25. 特拉华州
4. 科罗拉多州	26. 马里兰州
5. 犹他州	27. 弗吉尼亚州
6. 俄勒冈州	28. 北卡罗来纳
7. 加利福尼亚州	29. 南卡罗来纳
8. 堪萨斯州	30. 佐治亚州
9. 明尼苏达州	31. 佛罗里达
10. 艾奥瓦州	32. 亚拉巴马州
11. 威斯康星州	33. 田纳西州
12. 伊利诺伊州	34. 肯塔基州
13. 印第安纳州	35. 密苏里州
14. 俄亥俄州	36. 阿肯色州
15. 密歇根州	37. 密西西比州
16. 宾夕法尼亚州	38. 路易斯安那州
17. 纽约州	39. 得克萨斯州
18. 新泽西州	40. 印第安人保留区
19. 康涅狄格州	41. 中立带状区
20. 罗得岛州	42. 新墨西哥领地
21. 马萨诸塞州	43. 内华达领地
22. 佛蒙特州	

* 该领地由联邦政府直接管辖

1861年

- 蓄奴州
- 蓄奴领地*
- 自由州
- 自由领地*

1861年南北战争刚开始时，蓄奴州从1789年的8个增加到15个；到了战争尾声，自由州（废奴州）的数量已达19个，超越了蓄奴州的数量；战争结束时，美国所有州和领地都废除了奴隶制。

地　区	1789年	1800年	1821年	1837年	1846年	1858年	1861年
蓄奴州	8	9	12	13	15	15	15
自由州	5	8	12	13	14	17	19

这篇宣言虽不适用于忠于联邦的蓄奴州，但允许黑人入伍。在北方联邦取得南北战争的最终胜利后，美国宪法第十三修正案于1865年获得批准，废除了奴隶制，解放了400多万名奴隶。

有限的权利

南北战争结束后，安德鲁·约翰逊总统希望南方各州制定自己的法律，前提是承认宪法第十三修正案，偿还战争债务。当南方各州开始通过被称为《黑人法典》的法律，进一步限制被解放的奴隶时，许多北方人感到愤怒。

1866年，美国国会通过了《民权法案》。法案规定，任何在美国出生的人都有成为公民的权利，法律面前人人平等。1870年，国会通过了宪法第十五修正案，保证公民不因种族、肤色或曾被强迫服劳役而被剥夺投票权。

尽管奴隶制已被废除，但在美国南方，一种叫作"当劳役偿债"的习俗，一直持续到了20世纪20年代。因被诬告而被判有罪的非裔美国人会被送到危险的工作场所工作，以"支付"罚款。工人们陷入无薪且债务不断增加的循环中。1964年的《民权法案》禁止种族隔离和就业歧视，但在美国南方，这部法律却被用来阻止黑人行使他们的权利。

奴隶制的现况

21世纪，债务奴役仍在继续。

2015年，英国通过了《现代奴隶制法案》，禁止强迫移民工人工作以支付人贩子的费用。然而，尽管存在大量类似的立法，世界各地的弱势群体仍继续受到剥削，多达4500万人实际处于被奴役的地位。■

清洁、活动、警觉与谨慎

英国《都市警察法》(1829年)

背景介绍

聚焦
法律执行

此前

1666年 法国国王路易十四在巴黎创建了第一个警察体系。

1749年 伦敦第一支全职警察组织——鲍街警探成立,以应对伦敦日益增长的高犯罪率。

1786年 《都柏林警察法案》在爱尔兰都柏林创建了一支统一制服的都市警察部队。

此后

1835年 《市政法人法》要求每个英国地方议会任命一名带薪的专职治安官来维持治安。

1878年 英国刑事侦缉处成立,更加重视刑事案件的侦破工作。

1919年 索菲亚·斯坦利是伦敦警察厅的首位女性警察。

古埃及人、古希腊人和古罗马人都有一种松散的警务形式,用以维持公共秩序和夜间巡守。在中世纪的英格兰,盎格鲁-撒克逊人在1285年的《温彻斯特法令》中体现了这一理念。该法令规定,所有公民都有义务维护属于国王的和平,这使得维持治安成为一种集体责任。这些工作,以及其他的早期警务形式,并没有延伸到犯罪调查或起诉犯罪的层面。这些治安问题被认为是个人间的私人事务。

1361年,《治安法官法》在英国各地建立了一个治安法官网络。

参见: 神判法与决斗裁判 52~53页,《克拉灵顿诏令》64~65页, 废除死刑 151页, 国际刑事警察组织 220~221页, 美国联邦证人保护计划 259页, 美国《梅根法案》285页。

> 即使是阻止一个人成为流氓, 也比逮捕四十个人, 并将其绳之以法要好得多。

约翰·菲尔丁
《步行巡警的起源及其影响》
(1758年)

这些治安法官在无薪兼职的巡警和保安员的帮助下维护地方治安。这些巡警和保安员由当地的治安法官选举和任命。这些人的工作需要得到公众的支持, 比如, 有人高喊抓小偷的时候, 民众应自发拦截小偷, 直到巡警和保安员来逮捕小偷。

16世纪, 富有的商人们开始联合起来, 为私人"捕盗者"(又称"受薪侦探")支付费用。这些为富商服务的专职侦探会收取一定的费用, 以找回被偷的东西。但是, 这种制度只惠及富人, 而且容易滋生腐败。17世纪, 威慑是执行法律和维护秩序的主要手段之一, 即使是犯如偷窃这样的轻罪的人, 也有可能被处以死刑。由于这种残酷的执法形式对穷人的影响最大, 所以有关的社会活动家开始呼吁改革。

鲍街警探

18世纪, 英国长期运行的治安法官制度开始失效, 因为许多被选为无偿服务的商人通过花钱来逃避责任, 并抱怨这种治安制度影响了他们的主业。结果, 地方治安维持的工作往往属于那些没有工作的老人、病人或穷人。

1749年, 治安法官兼作家亨利·菲尔丁和他的兄弟约翰一起成立了鲍街警探, 这是一支由伦敦鲍街治安法庭工作人员组成的小团队。鲍街警探并不巡逻街道, 但可以为法院递送令状或者追捕罪犯。最初的6名警察由中央政府支付报酬, 使用组织化的侦查方法来打击犯罪。但是, 鲍街警探并不是一种预防力量, 因为他们只能在犯罪发生后采取对应的行动。鲍街警探的工作仅限于伦敦的一小块区域, 但这种专业警察的想法仍然深具影响力。

呼吁改革

到了18世纪晚期, 伦敦犯罪率飙升, 军队经常被调来平息骚乱。地方治安法官帕特里克·科奎豪恩在其1796年的著作《都市警察论》中提及了警察改革的想法, 后来他又呼吁建立更为高效、有强烈道德价值观、有高度积极性的警察制度。1798年, 科奎豪恩负责新成立的水上警察部队, 即后来的泰晤士河警察队。这支领薪的水上警察部队具有十分显著的开创性, 因为他们组织了定期的巡逻活动。事实证明, 这种明显的威慑作用是成功的, 河上的犯罪率出现了明显的下降。

英国各城市推广类似模式的

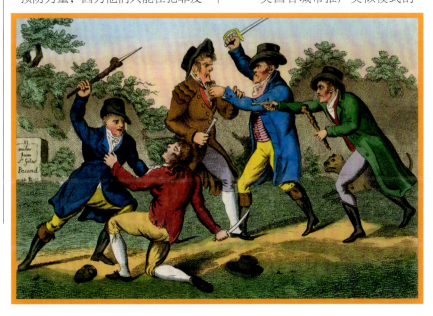

鲍街警探身穿蓝色外套, 逮捕两名以抢劫旅行者为职业的抢劫犯。

维持治安最初是全体公民的社会义务。

后来衍生为私人服务或者由私人提供津贴的侦探。这些私人侦探在逮捕罪犯时收取不当的好处，并且对职权腐败持开放的态度。

为了威慑犯罪，即使对轻微犯罪也广泛使用死刑。

罗伯特·皮尔于1829年在伦敦建立了一支侧重于预防犯罪的警察队伍。

改革者提倡预防性治安的理念。

面对伦敦不断增长的人口和犯罪，不支薪的地方警察无能为力。

呼声越来越高，但政府拒绝了这样的呼声，因为这样的做法会直接导致维持治安的成本大幅提高，进而可能需要增加税收——对民众而言，这从来不是一个受欢迎的举措。而且，当时占主导地位的意识形态主张轻度的国家干预，这样的理念似乎与由国家建立有组织的警察部队不太一致。同样令人担心的是，常备警察部队的设置可能会导致腐败或因政治目的而被滥用的情况。

过度使用武力引发了1819年发生于曼彻斯特的彼得卢大屠杀。这种惨况的出现进一步暴露了军队执法和维持秩序的弱点。大批和平示威者要求议会改革，但遭到武装士兵的袭击，最终导致18人死亡，多人受伤。民众为此感到愤怒，而议会则担心出现更多的暴力事件，认为必须采取行动。

创建新的警察部队

政治家罗伯特·皮尔呼吁在伦敦进行警察改革，到19世纪20年代，伦敦人口激增，犯罪率相应上升。他在担任爱尔兰首席秘书期间，受到了都柏林警察部队成功的鼓舞。作为内政大臣，皮尔专注于立法，希望在伦敦建立一支类似的警察队伍。1829年，皮尔获得了足够的支持，议会通过了《都市警察法》。《都市警察法》推动伦敦地区建立一支专职的专业警察部队，该警察部队直接向内政大臣负责。

为了让民众容易辨认，警察们穿着蓝色制服，而不是军队的红色制服，不携带武器。警官们被称为鲍比，或者皮勒，这两个称呼均源自皮尔的名字。警察的工资高于一般工人，但低于熟练工人。为了

军队的武力镇压引发了1819年发生于曼彻斯特的彼得卢大屠杀，当时和平示威者呼吁议会改革。

> 高效警察的首要目标是预防犯罪，其次是侦查和惩罚罪犯……
>
> 英国治安法官理查德·梅恩
> （1796—1868年）

防止腐败，警察不再允许收取追回赃物的费用。1897年之前，警察都被禁止参与选举投票，以表明他们不存在特定的政治忠诚。

新的警察部队是第一支将预防犯罪、巡逻街道和与当地社区合作维持秩序作为首要任务的警察部队。起初，人们对新的警察部队充满敌意，觉得让穿制服的警察来告诉他们该做什么是国家的过多干涉。然而，随着伦敦犯罪率的下降，舆论开始转变，人们开始对警察改观。

走向全国

到1835年，许多新成立的地方议会开始任命支领薪水的警员。1839年的《郡警察法》允许各郡建立属于自己的警察部队。专业警察部队慢慢地在英国各地铺展开来，警察部队受中央指挥部的监督，而权力来自法律——议会本身。1856年的《郡和自治市警察法》要求英国所有的城镇和郡都建立自己的警察部队。1900年，全英国共有181支警察部队，许多郡的警察被合并到地区警察部队，以促进全国范围内的合作。

英国警察模式的采用

许多英联邦国家和美国的警察部队，都是基于英国的模式而建立的。英国的模式侧重于预防犯罪和社区联系，人们认为英国的警察部队不像欧洲的城市警察部队那样容易滋生腐败。1838年，波士顿成立了美国第一支集中的市政警察部队，纽约紧随其后，于1845年成立。然而，美国的警察系统很快就出现了分歧，因为它变得分散，并以地方社区为基础，与地方政治有着密切的联系，这种情况使得警察系统内部更容易滋生腐败。

今天，英国的警察部队已经扩大了职权范围，包括犯罪侦查、卧底警务、反恐和打击网络犯罪。然而，从根本上讲，英国现有的警察制度仍然基于1829年建立的原则，即警察和大众是同义词。■

> 警察即大众，大众即警察。
>
> 《大都会警察的一般指示》
> （1829年）

罗伯特·皮尔

"现代警务之父"、富有的实业家和准男爵之子罗伯特·皮尔爵士生于1788年，曾就读于哈罗公学和牛津大学。1809年，他以保守党议员的身份进入英国议会，担任了许多重要职务，包括1812—1818年的爱尔兰首席部长。从1822年起，他担任内政大臣，开始发挥自己的影响力，推动了监狱改革并建立了伦敦警察厅。

皮尔后来于1834—1835年和1841—1846年两次出任英国首相。1846年，皮尔废除了《玉米法》——一部设有贸易限制和关税、旨在保护英国谷物生产者的法律。该法的废除促进了谷物的商业运输，使谷物得以运往爱尔兰，缓解了马铃薯饥荒。他还提出了1844年的《工厂法案》，限制妇女和儿童在工厂工作的时间。这部法案，再加上1842年禁止妇女和儿童在矿山工作的《采矿法》，对维多利亚时代的劳动条件改革具有重大意义。

1850年，皮尔从马背上摔了下来，不幸身亡。

所有以赌博形式签订的合同均无效

英国《博彩法》（1845年）

背景介绍

聚焦
博彩监管

此前

1254年 法国国王路易九世宣布禁止赌博，开创了博彩监管的先河。

1541年 英国《非法游戏法案》将会使社会大众分心的娱乐形式（如掷骰子、打扑克牌、草地滚球和网球）直接认定为非法活动。

此后

1853年 英国《博彩法》规定，在任何场所进行的赌博活动都是非法的。

1910年 内华达州是美国境内最后一个禁止赌场赌博的州。

1931年 出于对经济利益的考量，内华达州将赌博合法化，第一家赌场在拉斯维加斯开业。

2005年 英国《博彩法》使赌博行为合法化，开启了赌博自由化时代。

赌博在18世纪变得越来越受欢迎。

为追讨赌债而提起的诉讼越来越多。

1845年的《博彩法》将以赌博形式签订的合同认定为无效。

赌债不再合法，并无法通过法庭来追讨。

长期以来，是否应该对赌博（玩骰子等碰运气的游戏）和下注（针对预期的结果下注）进行法律监管，困扰着立法者。赌博经常受到政治家和宗教领袖的谴责，被认为是一种道德上的祸害，因为赌博经常伴随着财务损失和负面影响。法律对赌博的态度也从未保持一致过，赌博行为被各式法律所禁止，同样也有法律试图赋予其合法地位，对其进行规范，保护赌博的参与者，并从中征税，以增加国库收入。

尽管1541年英国理论上取缔了

参见: 英国《防止虐待动物法》146~147页, 哈德利诉巴克森德案 148~149页, 《反对在体育运动中使用兴奋剂国际公约》304页, 打击操控比赛工作组 306~307页, 美国《开放互联网法令》310~313页。

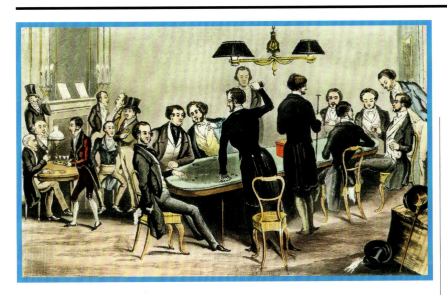

1843年, 贵族们在伦敦克罗克福德绅士俱乐部掷骰下注。威廉·克罗克福德曾是一名鱼贩, 他从俱乐部成员的赌博损失中赚了一大笔钱。

负责调查博彩、彩票和赌博。该委员会的结论催生了1960年的《博彩法》, 该法案允许英国的实体店面开设有执照的投注站, 使赌博更加普及。

21世纪, 英国政府看到博彩业的经济潜力, 认为不应再将赌博视为道德上存疑的行为, 而应该与其他休闲行业一样, 由政府予以鼓励。2005年的《博彩法》, 通过规范在线赌博, 以及消除新设投注站的规划障碍, 促进了博彩行业的发展。这部法案恢复了自1845年取消的有关赌资法律强制执行的限制, 并成立了博彩委员会来规范商业赌博。■

某些新形式的赌博活动, 以防止公众忽视射箭练习, 但由于并不符合现实情况, 该禁令未能得到实际执行。在许多国家和文化中, 赌博一直很受欢迎。18世纪早期, 英国的社会和经济发生了迅速的变化。根据普通法, 赌博是合法的。在工人阶级中, 拳击、斗熊和斗鸡十分受欢迎, 而贵族们则喜欢用骰子或扑克牌来赌博。

引入有关赌博的立法规制, 并不是为了回应社会改革者的道德关注, 而是由于现实中法院处理的赌博纠纷越来越多。1845年的《博彩法》规定, 所有以赌博形式签订的合同均无效, 这使赌债无法通过法律手段追讨。

改变规则

实际上, 1845年的《博彩法》并未完全将赌博视为非法活动。该法案规定, 通过法院来追讨与赌博有关的金钱或贵重物品的行为将不

再被允许, 这实际上是将赌博从法院的管辖权中排除了。这项立法被外界批评为一种"过度管制", 有悖法律中的自由选择原则。自由主义者质疑道, 为什么要阻止人们在体育赛事上押下10英镑的赌注, 人们在投资股市的时候, 不也很容易输掉10英镑吗?

新法案的其中一个影响是阻止专业的博彩公司(18世纪后期, 博彩公司的增长引发了问题赌博的发展)允许投注者进行赌资赊销。博彩公司开始接受现金投注, 这刺激了现金博彩投注公司的增长。1853年的《博彩法》借机取缔了博彩公司, 并迫使博彩公司以实体形式经营业务——这种做法在1906年的另一项法案中被禁止。

立法自由化

20世纪初, 赌博在英国转入地下, 并被犯罪团伙控制。1949年, 英国建立了一个皇家委员会,

不得在任何普通法院或衡平法院提起或主张诉讼, 以追讨在任何赌注下赢得的任何金钱或贵重物品。

《博彩法》
(1845年)

必然不会伤害同伴

英国《防止虐待动物法》（1849年）

历史上，人们要么认为动物属于大自然的野性力量，要么将其视为人类的财产。到了17世纪，一些人开始认识到，动物需要法律的保护，以避免遭受不必要的痛苦。1635年，爱尔兰议会通过了一项《反对泰勒人耕地和从羊身上活拽羊毛的法案》，以防止把犁拴在马尾巴上，以及从羊背上撕扯羊毛的行为。《马萨诸塞自由法案》是美国最早规定人民权利和责任的法典，其内容包括禁止暴虐或残酷地对待家畜——任何专供人类使用的动物。

18世纪，随着启蒙思想在欧洲的兴起，关于动物是否存在知觉，即动物能否感知外在世界的哲学辩论日益激烈。法国的哲学家伏尔泰和卢梭，以及英国的边沁，都写过关于动物承受身体疼痛，甚至

启蒙运动提倡这样一种观点：动物存在感觉，因此会感到痛苦。

人们觉得防止动物受苦的道德责任越来越大。

法律保护最初仅涉及具有重要经济意义的农场动物。

防止虐待动物协会的游说提高了公众对动物痛苦的认识，使《防止虐待动物法》得以通过。

参见: 英国《活体解剖法案》163页, 美国《濒危物种法》264~265页, 世界生物圈保护区网络 270~271页,《京都议定书》305页。

> 我们对待动物——这些完全受我们控制的生物的方式, 可以被看作我们人类对待自身物种标准的真实写照。

伊丽莎白·海里克

存在感觉能力的论述。渐渐地, 动物主人从经济损失的角度看待有关虐待动物的问题, 转变成了因动物自身的利益而善待动物。

保护动物的义务

随着人们保护动物的意识越来越强, 英国贵格会慈善家伊丽莎白·海里克于1809年发起了一场反对斗牛的运动, 后来她又为保护所有农场动物而战。1822年, 英国成为世界上第一个通过《动物福利法》的国家。这部有关保护动物的法案以英国议会议员和动物权利活动家理查德·马丁的名字命名, 即被命名为《马丁法案》。该法案禁止虐待农场动物, 如牛、羊、骡子和马。海里克的保护动物运动持续进行, 1823年, 她出版了一本名为《关于无节制残忍的邪恶倾向的粗略评论》的著作。该著作批评的对象是英国最大的肉类市场——伦敦的史密斯菲尔德市场对屠宰前的动物进行的残忍的驱赶行为。

防止虐待动物协会成立于1824年, 后来成为一支强大的游说力量, 吸引了公众对保护动物事业的支持。1835年,《动物福利法》的条文被更新, 禁止斗鸡、斗牛和放狗猎獾等行为, 并将保护的对象扩大至包括猫、狗等动物。

19世纪40年代, 针对虐待动物的起诉开始增多, 特别是屠宰场的马匹, 它们常遭受断食断水的虐待。1849年,《防止虐待动物法》通过, 禁止对所有动物进行引诱和打斗活动, 禁止对家畜进行鞭打或过度役使, 并禁止任何可能会对动物造成伤害的运输形式。违反该法律的人, 或唆使他人违反该法律的人, 都可能遭受罚款。

广泛的争论

1911年,《动物保护法》将保护对象的范围进一步扩大, 但仍然不包括野生动物、被食用动物和用于科学实验的动物。人们开始普遍接受动物可能会遭受痛苦的事实, 那些被排除在外的领域也开始进一步被讨论。

在英国, 2004年通过的《狩猎法》禁止用狗猎杀狐狸之类的野生动物。2006年的《动物福利法》规定, 主人要为宠物的福利负责。在美国, 2019年的《防止虐待动物和酷刑法案》首次将虐待动物的极端行为定为联邦犯罪。■

直到19世纪40年代, 试图让狗攻击被拴着的公牛的活动在集市上仍很流行。反对这种活动的社会人士对伴随此类活动发生的赌博和斗殴事件十分担心。

损害赔偿应得到合理的考虑

哈德利诉巴克森德案（1854年）

背景介绍

聚焦
合同法

此前

531年 东罗马帝国皇帝查士丁尼一世统治下的罗马法涉及双重规则的规定：赔偿金额应被限制在合同义务的两倍以内。

1839年 在"布兰查德诉伊利案"中，美国法院援引法国民法，作为在违约案件中给予损害赔偿的可预见性规则的先例。

此后

1949年 在"维多利亚洗衣有限公司诉纽曼工业有限公司案"中，英国法院裁定，"合理可预见"是指"一般"而非"特别"层面上的利润损失。

1980年 《联合国国际货物销售合同公约》规定了国际公认的可预见性规则。

根据"哈德利诉巴克森德案"的判决，在以下两种情况下，受损害方都可以获得违约赔偿：

可以合理地认为损失是由违约自然引起的。

在订立合同时，双方可以合理地预见损失。

1854年英国上诉法院对"哈德利诉巴克森德案"的裁决，对现代合同法的发展产生了影响。该案的关键点在于，如果在签订合同时被告没有意识到存在损害发生的可能性，那么违反合同的被告是否要对因违约而造成的收入损失承担赔偿责任。

约瑟夫·哈德利和乔纳·哈德利兄弟二人是格洛斯特蒸汽磨坊的老板，该磨坊负责谷物加工。该磨坊的蒸汽机曲轴出现了损坏，必

须加以更换，但机器停止运作意味着不得不停止生产，所以他们迫切需要一个可供替换的曲轴配件，以便继续维持生产。哈德利兄弟向位于伦敦林尼治的乔伊斯公司订购了新的曲轴，并与运输商皮克福德公司的老板约瑟夫·巴克森德签订了合同，由皮克福德公司第二天将损坏的曲轴送到制造商那里以铸造新的曲轴。尽管皮克福德公司的一个职员向哈德利兄弟的仆人保证，如果中午之前送出，已经损坏的曲轴

参见: 古罗马的《阿奎利亚法》34页,《商人法》74~77页,《拿破仑法典》130~131页,德国工伤保险制度 164~167页,所罗门诉所罗门有限公司案 178~179页,多诺霍诉史蒂文森案 194~195页。

爱德华·霍尔·奥尔德森爵士负责审理"哈德利诉巴克森德案"。他的许多判决帮助形成了19世纪的商法。

第二天就能送到。但是,皮克福德公司在7天后才将曲轴运过去。这样的延误使得新曲轴的完工时间推迟了5天,也迫使磨坊的开工时间比预期推迟了5天。

在这推迟的5天里,哈德利兄弟不仅失去了应有的生意,还必须额外购买面粉,在等待维修的时间里,还必须向员工支付工资。为了挽回损失,哈德利兄弟把运输公司老板巴克森德告上了法庭。

可预见性规则

最初,格洛斯特巡回法庭的陪审团做出了有利于哈德利兄弟的判决,并命令巴克森德支付他们25英镑。巴克森德提起上诉,表示他不知道曲轴交付延迟会使哈德利兄弟的磨坊遭受损失。上诉法官奥尔德森爵士下令重新审理此案。

在判决中奥尔德森提出了两点,这两点已成为英美两国合同法的关键原则。奥尔德森爵士表示,巴克森德只对合理可预见的损失

负责。他还表示,哈德利兄弟的案子,只有在签订合同时向巴克森德提到了延迟交付可能产生的特殊情况,才存在法律保障的理由和依据——没有曲轴,工厂就无法运转,为了确保新曲轴准时运来,必须将损坏的曲轴紧急交付给乔伊斯公司。

这是一项具有里程碑意义的判决,因为它为违约损害赔偿的限制创造了一个明确的规则,即所谓的可预见性规则。这一规则迅速被英国和美国法院采纳为一项法律上的原则,并构成了美国合同损害赔偿法的基础内容。例如,1888年,美国最高法院做出判决,西联电报公司不必为艾奥瓦州的乔治·F.霍尔因其购买石油的信息被延迟发出而遭受的损失承担赔偿责任。判决

> **原告从未将这些特殊情况告知被告。**
> 奥尔德森爵士
> '哈德利诉巴克森德案' 的判决

> **'哈德利诉巴克森德案'仍然是且可能永远是法学界的一颗恒星。**
> 美国法学教授格兰特·吉尔摩
> (1910—1982年)

取决于要求的损害赔偿是否可以预见。法院的结论是霍尔并未提及电报信息延迟发出可能出现的损失,因此,赔偿请求不成立,仅判给霍尔信息延迟发出的费用。

持久的影响力

后来的案例进一步完善了可预见性规则。1949年,在"维多利亚洗衣有限公司诉纽曼工业有限公司案"中,上诉法院认为,纽曼工业有限公司因未按时交付锅炉而使洗衣公司遭受的损失,存在合理可预见的因素。该案排除了洗衣公司主张针对特别有利可图的染色合同的损失赔偿,由于此部分是无法预见的。在"哈德利诉巴克森德案"中确立的可预见性规则仍具有重要意义。如今,商业合同的各方通常会在合同中加入一项简单的责任限制条款,这样他们就可以避免因双方本应预见的损失而发生法律纠纷。■

谁能谴责这本书中的女人？

《包法利夫人》的审判（1857年）

背景介绍

聚焦
出版审查

此前

1571年 法国颁布《盖隆诏令》，防止不良出版物得以发行。

1803年 拿破仑下令，每本书必须被提交至修订委员会，以进行出版审查。

1852年 拿破仑三世引入了严格的新闻审查制度。

此后

1857年 法国诗人查尔斯·波德莱尔因其诗集《恶之花》中的露骨内容而遭受审查。法院下令删除诗集中的6首诗，否则不得付印发行。

1921年 爱尔兰小说家詹姆斯·乔伊斯的《尤利西斯》被认为有伤风化，在美国被列为禁书。

1960年 英国作家D. H. 劳伦斯的作品《查泰莱夫人的情人》的出版商，被根据一项新的淫秽法起诉，但他最终被无罪释放。

19世纪50年代的法国处于拿破仑三世的独裁统治之下。拿破仑三世是拿破仑·波拿巴的侄子，他和他的叔叔拿破仑一样，限制新闻自由，对文学作品实施审查。这样的做法是为了遏制在法国大革命期间兴起的个人主义。个人主义被认为不利于法兰西共和国的统一。1857年，古斯塔夫·福楼拜出版了他的第一部小说《包法利夫人》，这部小说讲述了家庭主妇的一系列风流韵事。福楼拜也因此被指控违反了公共、宗教道德。

小说采取现实主义的形式，描写了包法利夫人自身的欲望、物欲上的奢侈和婚外的不忠行为。作者本人并未对其进行道德谴责，这使人们担心该小说可能会激发男性读者的冲动，或使女性读者误入歧途。

然而，福楼拜采用暗示描写的手法，使得审查者很难提出令人信服的理由。结果，审判只持续了

1天，福楼拜便被无罪释放了。之后，全球各地有关查禁淫秽出版物的法律，均对道德上应受谴责的书籍做出了限制。比如，詹姆斯·乔伊斯的《尤利西斯》在英国和美国都被列入禁书名单。令人感到讽刺的是，此类有关出版物的限制和查禁直接造成的影响是使得被压制的作品成为畅销书。■

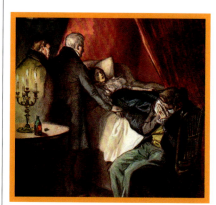

艾玛·包法利在她的昔日情人拒绝帮助她偿还债务后，吞下毒药自杀了。

参见：对伽利略的审判93页，英国《安妮女王法令》106~107页，《世界知识产权组织版权条约》286~289页，美国《开放互联网法令》310~313页。

剥夺一个人的生命是报仇还是正义?

废除死刑(1863年)

背景介绍

聚焦
刑法

此前

1764年 切萨雷·贝卡利亚认为,国家没有正当理由剥夺一个人的生命。

1794年 宾夕法尼亚州是美国第一个将可判处死刑的罪行限定于一级谋杀罪的州。

1852年 罗得岛州成为美国第一个对所有罪行废除死刑的州。

此后

1969年 英国废除死刑,但仍有三分之二的英联邦国家继续保留死刑。

1977年 在法国,律师罗伯特·巴丹特说服陪审团不要处决儿童杀人犯帕特里克·亨利。

1981年 法国通过了司法部部长巴丹特提出的一项法案,正式废除了死刑。

历史上来看,死刑作为终极惩罚形式,既是一种威慑,也是一种公正的惩罚方式。第一个被记录在案的死刑法律见于约公元前1750年的《汉谟拉比法典》,该法典规定了巴比伦可判处死刑的25项罪行。到了18世纪,英国仍存在200多项可判处死刑的罪行,公开处决在整个欧洲都是一个相当壮观的场面。

赞成死刑的人们常常援引同态复仇的古老法律原则,即所谓的"以眼还眼"。这种形式的报复性司法认为,实施的惩罚应该反映罪行的严重程度,因此,任何夺取他人生命的人都应该失去自己的生命。反对死刑的论点出现在18世纪的启蒙时代,当时的哲学家们认为,死刑本身就是一种被合法化的谋杀形式。

废除死刑主义者反对国家批准死刑的不人道和虚伪,这种观点得到了越来越多的人的支持,但迟迟没有站稳脚跟。委内瑞拉共和国于1863年废除了死刑,但到1900年,只有3个国家跟进了此项措施。如今,一些国家逐渐放弃了死刑:世界上有100多个国家完全废除了死刑,还有一些国家部分废除或几乎不使用死刑,但仍有50多个国家,包括美国在内,保留了死刑。■

在我看来,这实在太荒谬了,法律……为了劝阻公民谋杀,却下令公开谋杀。

意大利法学家、政治家和哲学家
切萨雷·贝卡利亚
(1738—1794年)

参见: 英国国王查理一世的审判 96~97页,《世界人权宣言》222~229页,《欧洲人权公约》230~233页。

即便是战争也存在规则

4部《日内瓦公约》

（1864年, 1906年, 1929年, 1949年）

背景介绍

聚焦
国际法

此前

1337—1453年　在百年战争期间，英国的理查二世、亨利五世和法国的查理七世都试图通过立法来维持军事纪律。

1863年　亚伯拉罕·林肯总统在美国内战期间，采纳了《利伯法典》中关于对待平民的道德准则。

此后

1977年　《日内瓦公约》增加了两项议定书，其中一项包括了有关内部冲突的规定。

1998年　《罗马规约》同意在荷兰海牙设立国际刑事法院。

1999年　原南斯拉夫的总统斯洛博丹·米洛舍维奇是第一位被指控犯有战争罪的在任国家元首。

《日内瓦公约》包括1864—1949年通过的四项国际公约，以有关武装冲突的国际公法原则为基础。这些公约规定了人道对待战斗人员和战争中作为受害者的平民的最低标准，以确保生命得到尊重。

1862年，瑞士商人亨利·杜南首次提出建立一套国际公认规则的倡议，以避免战争期间种种苦难的发生。杜南曾前往意大利北部，向参加意大利第二次独立战争的法国拿破仑三世申请开展商业活动的

参见：《威斯特伐利亚和约》94~95页，两部《海牙公约》174~177页，联合国与国际法院 212~219页，《世界人权宣言》222~229页，国际刑事法院 298~303页。

用水权，却被卷入了意大利第二次独立战争。巧合的是，杜南到达时，19世纪最血腥的战役——索尔费里诺战役即将结束。在这场战役中，有近5000名士兵死亡，超过23000人受伤，还有许多人不知所踪。战场上发生的苦难和大众的忽视，对杜南产生了非常大的影响。杜南受到启发，写下了关于索尔费里诺的回忆录，他不仅描述了战争的恐怖，还提出了自己认为的解决方案——成立一个国际化的、由志愿者领导的小组来照顾伤员。

杜南呼吁建立一个保护战争受害者的国际机构，这一号召促使日内瓦公共福利协会任命了一个包括杜南在内的五人委员会，具体研究这个想法的可行性。1863年年初，这个组织被定名为伤兵救护国际委员会。同年10月，该委员会在日内瓦召开了一次会议。来自16个国家和4个慈善组织的代表参加了会议。他们就采取人道主义措施对待伤兵的问题初步达成了决议。

《日内瓦第一公约》

1864年，在另一次召开的日内瓦会议上，早先的决议被正式通过，并被正式命名为《改善战地武装部队伤者病者境遇的日内瓦公约》，后来被缩写为《日内瓦第一公约》。《日内瓦第一公约》的主要条款包括：保护所有受伤和生病的士兵不被俘虏；公正对待所有被俘的战斗人员；保护所有向伤员提供援助的平民；承认白色背景上的红十字符号，以识别该协议所涵盖的人员和设备。到1867年年底，欧洲主要大国都批准了《日内瓦第一公约》，美国直到1882年才签署以上协议。伤兵救护国际委员会于1875年更名为红十字国际委员会，成为在战场上积极协助伤员的中立机构。

在1859年的索尔费里诺战役中，许多受伤和垂死的士兵不是躺在战场上接受治疗，而是被枪毙或被刺刀刺死。

亨利·杜南

亨利·杜南于1828年出生于瑞士日内瓦，他一生的大部分时间都致力于解决人道主义问题。1859年，杜南在意大利旅行时，目睹了索尔费里诺战役的惨状。他对伤者的治疗情况感到震惊，呼吁建立一个中立的国际机构来帮助战场上的伤者。杜南的工作促成了红十字国际委员会的成立，并催生了《日内瓦第一公约》。

后来，杜南破产，遭到了日内瓦社会的排斥，但这样的情况并没有阻止他在人道主义问题上继续开展活动，包括建立一个全球性的国际图书馆和编纂有关战俘的规则。在默默无闻了几年后，杜南于1901年被授予首届诺贝尔和平奖。1910年，亨利·杜南在贫困中去世。

主要作品

1862年　《索尔费里诺回忆录》

《利伯法典》

亨利·杜南并不是第一个看到战场上需要人道主义的人。弗朗西斯·利伯是一位德裔美国学者，他曾在拿破仑战争期间为普鲁士而战，并在1815年的滑铁卢战役中受伤。在美国南北战争期间，他意识到，战争中平民、间谍和逃跑的奴隶会受到虐待，有必要制定一套适用于交战期间的道德准则。《利伯法典》由美国总统林肯于1863年签署通过，是现代第一部有关军事冲突的法典。《利伯法典》具有明确的法律约束力，而不仅仅是一种建议性的内容。

《利伯法典》明确禁止杀害战俘而不采取任何人道主义的行为。法典还强调必须用合乎道德和人道的方式来对待平民。虽然这部法典并未得到全面的遵守，但它是1899年和1907年《海牙公约》的蓝图，也是后来大多数交战法律的灵感来源。

1899年，来自26个国家的代表在荷兰海牙举行会议，同意加强涵盖战争行为的国际法立法工作。与会代表采纳了很大程度上基于《利伯法典》内容的《海牙公约》。《海牙公约》吸纳了《日内瓦第一公约》，同意建立一个常设仲裁法院，并将保护范围扩大至带有红十字标志的医疗船、遇难士兵和海上战斗人员。

1906年，瑞士政府组织35个国家召开会议，通过了《日内瓦第二公约》。《日内瓦第二公约》进一步扩大了对在战争中被俘或受伤的人的保护，并建议实施遣返战俘——这部分内容最终在1949年成为强制性的国际法。1929年通过的《日内瓦第三公约》再次扩大了前面有关公约条款的规范领域，特别包括了公平对待战俘的条款。

第二次世界大战的冲击

尽管德国是1929年《日内瓦第三公约》的签署国，但第二次世界大战前和期间，德国政府仍对在平民集中营和军事集中营内实施的恐怖行为负有责任。这些非人道的虐待行为包括空前规模的酷刑、人体实验和种族灭绝：600万名犹太人在大屠杀中死亡，多达1100万名平民和战俘在纳粹统治下死亡。尽管德国是以上《日内瓦公约》最严重的违规者，但它绝不是无视《日内瓦公约》的唯一国家。

第二次世界大战各国的野蛮行径表明，现有的公约不够有力，不足以更为全面地实施人道主义。战争罪行如此令人发指，以致损害了整个国际社会。红十字国际委员会是将保护扩大到平民，以及加强《日内瓦公约》的执行力度来推动人道主义的重要力量。红十字国际委员会的建议在1948年斯德哥尔摩举行的国际红十字会议上获得通过。

第2年，来自64个国家的代表在日内瓦举行的会议上通过了《日内瓦第四公约》。以前的公约内容几乎完全涉及战斗人员，相较之下，1949年的公约，即《日内瓦第四公约》所涉及的范围要广泛得多，因为代表们审议了如何对待平民的问题。与会代表就伤病员、儿童和工人的治疗达成协议，就遣返的内容、禁止未经审判的监禁，以

第二次世界大战期间，奥斯维辛纳粹集中营的囚犯中有23万名儿童。集中营中的大部分囚犯是犹太人，超过110万名男人、女人和孩子死在这里。

> 第二次世界大战表明，如果《日内瓦公约》无法确保平民的安全，那么这样的国际人道法是不完整的。
>
> 瑞士政治家马克斯·珀蒂皮埃尔
> （1899—1994年）

及维持有关的医疗和医院服务做出了规定。

《日内瓦第四公约》的第3条被认为特别重要，因为该条文涵盖了"非国际性冲突"。该条文规定，那些不积极参与敌对行动的人都应受到人道待遇，并禁止对囚犯施加酷刑、扣押和未经正当程序的判决。

公约的更新

《日内瓦第四公约》于1950年生效，成为国际人道法的基础。迄今为止，已有196个国家批准了该公约，使该公约成为具有普遍适用性的国际法。1977年，《日内瓦公约》又增加了两项附加议定书作为补充。其中一项是禁止对平民、文化文物、礼拜场所和自然环境进行任意攻击。另一项则扩大了"内部"冲突期间的保护范围，包括那些反对占领、殖民统治或种族主义政权的人。在没有宣战的情况下，缔约国之间的任何冲突也都被纳入

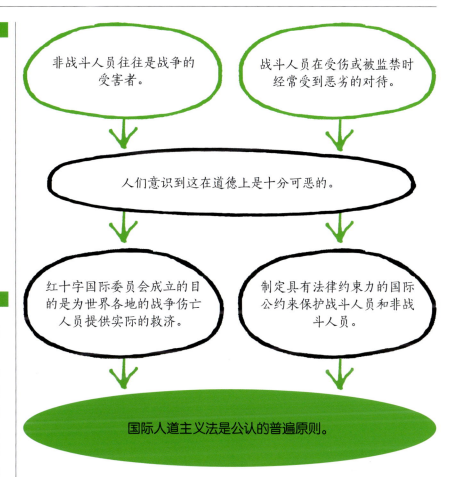

公约的范围。

国际社会有义务找到并审判那些犯有战争罪的人，并将他们绳之以法。2002年，国际刑事法院在海牙成立，负责审理这些罪行，包括蓄意谋杀、实施酷刑、非军事必要性的大规模财产破坏、强迫战俘在敌对势力中服役、拒绝对战俘进行公平审判、非法转移或监禁囚犯、劫持人质。

现代挑战

近年来，随着恐怖主义越来越普遍，一些评论人士质疑：当恐怖分子公然藐视《日内瓦公约》时，各国为何还要遵守这些公约？特别是现代冲突的这一方面，使得《日内瓦公约》更加难以执行。红十字国际委员会正在认真研究，在这些具有挑战性的新情况下，如何更好地适用这些准则。■

属于每个工人的权利

英国《工会法》（1871年）

背景介绍

聚焦
劳动法

此前

1799年、**1800年**　在拿破仑战争期间通过的《联合法案》规定，罢工行动在英国是非法的。

1824年　随着工会力量的增长，英国议会废除了《联合法案》。

1868年　英国工会联盟在曼彻斯特成立。

此后

1886年　成立于俄亥俄州的美国劳工联合会，是一个全国性的工会联盟。

1900年　英国工党成立。

1901年　世界第一个国际工会组织成立。

1906年　英国通过了《劳动争议法》。

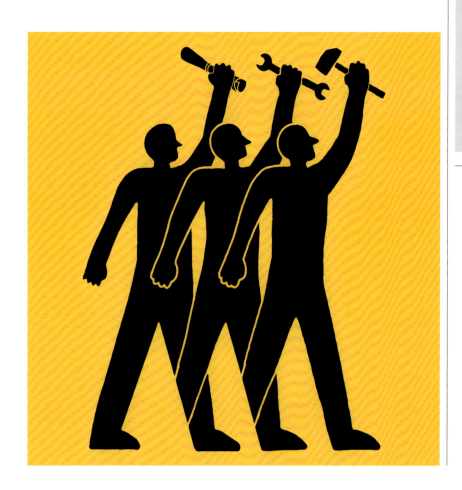

英国在19世纪末和20世纪初通过的关键立法帮助保护了工会，在某种程度上，雇用关系中的权力平衡转移到了有利于工人而非雇主的位置。

最早成立工会的人认为，任何工人与雇主的谈判都非常有利于雇主，因为雇主拥有经济实力和影响力。除非技能严重短缺，否则独立个体工人的议价能力很小，因此他们很容易被剥削。为了纠正这种议价能力上的不平等，工会成立了——工人组成了有组织的团体，集体与雇主谈判。

从17世纪开始，技术工人团

参见:《商人法》74~77页, 哈德利诉巴克森德案 148~149页, 德国工伤保险制度 164~167页, 美国《谢尔曼反托拉斯法》170~173页, 纽约三角内衣工厂火灾事件 180~183页。

> 难道劳动者不能像富人有权利保护他们的资本一样,有权利保存和保护他们的劳动吗?

托尔普德尔烈士之一乔治·洛夫莱斯
(1797—1874年)

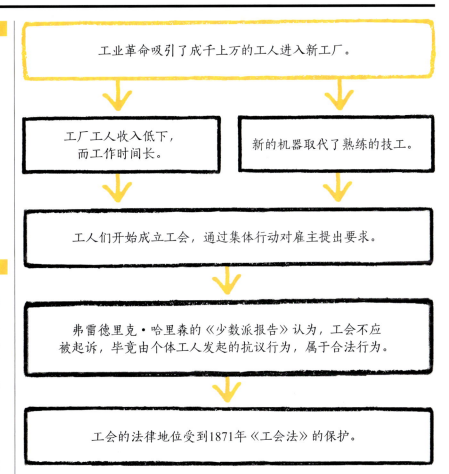

工业革命吸引了成千上万的工人进入新工厂。

工厂工人收入低下,而工作时间长。

新的机器取代了熟练的技工。

工人们开始成立工会,通过集体行动对雇主提出要求。

弗雷德里克·哈里森的《少数派报告》认为,工会不应被起诉,毕竟由个体工人发起的抗议行为,属于合法行为。

工会的法律地位受到1871年《工会法》的保护。

体开始在英国组建小型工会。18世纪,随着工业革命的影响开始显现,工厂主和工人之间的纠纷变得更加普遍。基于这种情况,更多的工会成立了。当时的政府认为这些工人运动对经济秩序构成了威胁。

工人运动的早期挑战

英国的首次大罢工是苏格兰卡尔顿的纺织工人为抗议减薪而实施的罢工。直到士兵开枪打死了6名纺织工人,罢工行动才中断。1799—1800年制定的《联合法案》将罢工视为非法行为,这阻碍了工会的蓬勃发展,也阻止了许多工人加入工会。尽管《联合法案》于1824年被废除,但一些针对工会的惩罚性法律仍存在。1834年,6名在托尔普德尔的多塞特村成立工会的农业工人被逮捕,并被流放至澳大利亚作为惩罚。这6名工人后来被称为"托尔普德尔烈士"。这种情况的出现,反映了政府对工会带有敌意的态度。

工会面临的另一个挑战来自民事法庭。工会大多是由技术熟练的工人组成的松散组织,为了加入工会,他们被要求放弃一些个人谈判权以维护集体利益。英国法院则认为,这样的做法是对个人合同自由的限制,是非法的,不受法律保障。因此,工会规则在实践中无法得到执行。

然而,随着19世纪50年代和60年代经济的复苏,铁路工人和工程师对国家的持续工业化发展变得越来越重要,工会开始再次壮大,要求改善工作条件,并为陷入困境的会员筹集资金。此时,两起事件的发生,使工会的法律地位成为人们关注的焦点。第一起事件是1867年的"霍恩比诉克洛斯案",法院裁定,由于工会所采取的限制竞争做法,那些可防止互助会贪污腐败的法律并不能用于保护工会。互助会是一种通过互助合作的形式进行共同储蓄的组织。这意味着工会的资金存在被不值得信任的会员窃取的巨大风险。第二起事件则涉及工

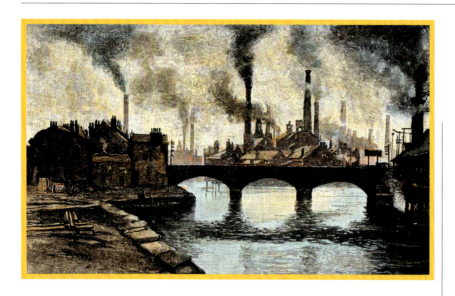

19世纪，在英国的谢菲尔德等工业城市，成千上万的工人被肆无忌惮的雇主随意摆布。工会的出现，试图给这些工人更大的集体力量。

秘书处是第一个全球工会组织，帮助发展和支持世界各地的新工会联合会。

工会合法化

在英国，威廉·格莱斯顿领导的自由党政府，采纳了哈里森的《少数派报告》并推动了1871年《工会法》的立法。这削弱了限制贸易（任何阻止市场自由竞争的行为）的普通法，这些普通法曾使过去的工会规则无法执行。虽然《工会法》保障了工会的合法地位，并保护了工会的资金不被挪用，但并不意味着政府支持罢工行动。政府额外通过了有关的刑法修正案，使罢工仍处于非法的境地。虽然工会现在取得了合法地位，但任何采取罢工行动的工人，都可能在法律上受到惩罚，这使得他们和以前一样

会会员在谢菲尔德对非工会会员实施的一系列暴力行为。

由于这两起事件，政府于1867年成立了皇家工会委员会来调查工会的法律地位，但该委员会未能给出最终结论。工会委员会提交的《多数派报告》，几乎没有提供任何可供参考的建议，但其中的一份《少数派报告》——由律师和历史学家弗雷德里克·哈里森所提出——认为，工会应该得到法律的保护，免受刑法和贸易限制法的不利影响。

全球运动

19世纪末，随着工业革命在英国以外的地区加速发展，全球各地的工会开始壮大。在美国，早在18世纪，地方一级的手工业行会就已经存在了，劳工改革运动从19世纪60年代便开始兴起，旨在争取更好的工作条件。但是，直到1886年，美国第一个全国性工会——美国劳工联合会才成立。在德国，工会主义最初受到奥托·冯·俾斯麦反社会主义法律的压制，但这些法律一被废除，德国工会自由协会便于1897年成立了。同样的情况也发生在法国，1884年之前，成立工会属于非法行为，但1884年后，工会开始蓬勃发展。国家工会中心国际

1877年美国铁路大罢工期间，10万多名工人为争取组织工会的权利而斗争。但是，罢工活动遭到了士兵和警察的镇压。

1889年伦敦码头工人罢工

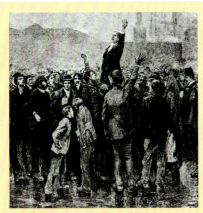

1889年伦敦码头工人罢工期间，一位劳工领袖向码头工人发表演说。

到19世纪80年代，英国的非熟练体力劳动者对低廉的工资、危险的工作环境和漫长的工作时间越来越不满。在此之前，工会大多只代表熟练的技术工人，但低技能工人看到了集体谈判的力量，他们也开始组织起来。

1889年，伦敦的码头工人因工资问题举行罢工，要求得到每小时6便士的工资。所有级别的码头工人都参加了这次行动，据估计，多达13万名工人参加了罢工，使码头瘫痪了5个星期。

由于此次大规模的罢工行动，雇主同意了工人的大多数要求。码头工人罢工的成功，激励了更多的低技能工人加入工会。到1899年，英国工会的会员已超过200万人。

容易被起诉。

然而，其他变化也在发生。1867年，100万名工人赢得了属于他们的选举权。在1874年的选举中，两名工人首次当选为议会议员。工人们有了政治话语权，不再需要依靠自由派中产阶级的同情来推进自己的议程。1868年，英国工会联盟的成立呼应了在工人阶级中日益增长的政治激进主义。工会联盟的成员迅速增加，其最初的运动主张之一就是游说反对刑法修正案。该法案于1875年被废除，将罢工权还给了工人。

然而，在1901年，南威尔士的塔夫维尔铁路公司将铁路工人联合会告上了法庭，因为铁路工人实行联合罢工，要求加薪和认可工会。雇主们要求工会赔偿罢工造成的损失，但铁路工人联合会辩称，作为一个工会，它既不是一个公司，也不是一个独立个人，因此不应承担有关的责任。法官不同意工会的主张，并做出反对工会的裁定。这项司法裁定意味着工会现在可能会因罢工行动而遭受起诉。结果，工会难以再组织罢工了。

《劳动争议法》

许多工人认为塔夫维尔铁路公司一案的裁定不公平，纷纷加入了最近成立的工党。1900—1906年，工党议员的数量从2名上升到29名。1906年的大选选出了自由党政府和更多的工党议员，他们曾为推翻此案的裁定而奔走。努力的结果是1906年英国议会通过了《劳动争议法》，工会不会再因罢工行动而被起诉。工会在英国蓬勃发展，直到20世纪80年代，敌视工会的保守党政府在1984—1985年矿工罢工中削弱了工会的权力。

在全球范围内，约有3.5亿名工人加入了工会，但随着数字经济的到来，非技术工人流失严重，全球贸易严重依赖发展中国家廉价的劳动力，劳动者权利正面临巨大的压力。■

任何工会的宗旨不得……被视为非法，从而使该工会的任何会员受到刑事起诉。

《工会法》

北欧国家是
一棵树上的树枝
斯堪的纳维亚的立法合作（1872年）

瑞典、丹麦和挪威等北欧国家从19世纪末开始就在制定法律方面加强了合作，荷兰和冰岛后来也加入了进来。这种协同立法的形式，是北欧国家之间合作最成功的方面之一，是比较法优势的一个突出例子。北欧各国每年都会针对协同立法进行商议。

斯堪的纳维亚的团结

从历史上看，北欧国家之间一直有着密切的联系。1524—1814年，丹麦和挪威在国王克里斯蒂安五世的努力下结成了联盟，并拥有了非常相似的法典。同样，瑞典和芬兰也曾是一个统一的国家，直到1809年因与俄罗斯的战争而出现分裂。然而，斯堪的纳维亚国家之间存在着一种亲切感，人们认为各国之间应该鼓励团结。

斯堪的纳维亚国家之间的这种相互认同的区域情感，被引导到北欧法律中，进而在法律的内容上创造出了更大的统一性。这样的做法不但具有实际意义，还将斯堪的纳维亚地区的历史和文化联系在

丹麦和挪威国王克里斯蒂安五世在两国现行法律的基础上制定了相似的法典，即1683年的《丹麦法》及1687年的《挪威法》。

一起。1872年，斯堪的纳维亚各国签订了一项协议，根据此项协议，各国的律师代表将经常会面，以便在立法和司法方面找到共同基础。此后，来自各国法学院的律师或代表小组每3年会面一次，就北欧国家可能实现合作的法律领域提出建议。法官、法律学者和律师会在会

参见:《商人法》74~77页,《赫尔辛基条约》241~243页, 世界贸易组织 278~283页。

```
┌─────────────────────────────────────┐
│     斯堪的纳维亚半岛的每个地区          │
│     都有属于自己国家行省一级的法律。    │
└─────────────────────────────────────┘
```

斯堪的纳维亚人之间的"亲缘关系"日益加深,这在一定程度上是对来自英国、法国和俄罗斯等国家的外部威胁的回应。

斯堪的纳维亚的集体文化和历史为各国提供了共同基础,使协同立法成为可能。

协同立法使北欧各国的法律形成基本统一的格局,这使得各国彼此之间开展贸易更加容易。

后针对所提出的建议讨论联合立法的可行性。

1872年会议的重点是合同法,第一个被提议的立法是统一汇票法。这项立法最终在1880年完成。

北欧合同法

合同法被证明是合作最富有成效的领域,从1915年开始,北欧国家通过了一系列《北欧合同法》,建立了关于合同成立和可撤销性的共同立法。因此,现在整个斯堪的纳维亚半岛有了近乎统一的合同法。尽管如此,为了协调斯堪的纳维亚地区的此类法律,每个有关立法的想法都必须被由专家组成的委员会辩论,但有时这样的做法被证明效果不佳。

统一的法律可能需要很长时间才能达成一致意见,有时甚至无法达成共识——例如,当每个国家都认为自己的法律先例优于其他国家的法律先例时。尽管如此,北欧国家之间法律的统一在很大程度上是成功的,促成了彼此之间更大的合作和贸易。至今,北欧地区的国家在合同法、商法、国籍法和家庭法等领域都有统一的立法。■

比较法

通过比较和对比来研究不同的法律制度,被称为"比较法"。为此,世界上不同的法律制度被划分为不同的法系,使得具有相似历史渊源的国家可以被进一步归类在一起。在全球化时代,比较法变得更加重要,因为贸易是在拥有不同法律制度的国家之间进行的。这促使人们呼吁进一步协调世界各地的法律。同样,欧盟成员国之间也在努力实现更大的协同立法。

1924年,海牙国际比较法学会成立,使比较法在20世纪兴起。国际比较法学会通过大量的学术报告和国际会议推广比较法领域的有关研究。北欧的立法合作被认为是比较法在实践中的一个积极例子。

没有'他们和我们',只有'我们'。团结是而且必须是不可分割的。

瑞典前首相奥洛夫·帕尔梅
(1969—1986年在任)

破除旧有陋习

日本《五条御誓文》（1868年）

背景介绍

聚焦
宪法

此前

1603年　由德川幕府统治的江户时代揭开序幕，日本开始了长达250多年的闭关锁国。

1854年　马修·佩里准将威胁日本幕府，允许美国船只和美国领事进入日本，为未来的贸易铺平道路。

1867年　德川幕府还政于明治天皇，德川幕府的统治告终。

此后

1890年　日本国会成为亚洲第一个经选举产生的国民议会。

1946年　日本在第二次世界大战中战败，裕仁天皇重新发布诏书，并否定了天皇作为现世神明的地位。

在漫长的江户时代，日本的封建社会由一系列幕府将军（军事独裁者）统治着。那是一个经济增长和稳定的时代，但严格的法律使日本闭关锁国，外国人不得进入。

19世纪中期，许多日本人对僵化的封建制度不满，他们受到西方思想的影响，呼吁这个极端保守的政府实现现代化。

面对政治动荡和武装叛乱，德川幕府对权力的控制逐渐式微，最后一任幕府将军于1867年下野，还政于天皇。不久后，明治天皇掌握了政权，明治维新开启了现代化的时代。

指明新方向

1868年，政治家由利公正、福冈孝弟和木户孝允共同起草了《五条御誓文》，为在国会治理下的日本现代化铺平了道路。该文由5项现代化发展的目标组成：设立国会，实现政治审议；打破封建制度，实现平等；人民同心，实现富强；破除旧习，提倡法治正义；日本开放，求知识于世界。

明治天皇在1868年的加冕仪式上发表了《五条御誓文》。当时年仅15岁的明治天皇表示渴望"与世界最开明的国家站在同样的位置上"。

《五条御誓文》被视为现代日本的首部宪法性政治纲领。通过国会选举，日本最终走向了一个更加开放的社会。■

参见：《大宪章》66~71页，《美利坚合众国宪法》与《权利法案》110~117页，法国《人权和公民权利宣言》118~119页，苏俄宪法 190~191页。

合理而非可憎的好奇心

英国《活体解剖法案》（1876年）

1874年，法国生理学家尤金·马格南为证明酒精的作用，在一次会议中给一只狗注射了苦艾酒，这只狗最终不幸身亡。事后，英国防止虐待动物协会根据《防止虐待动物法》起诉马格南，但最终失败了（马格南已经返回法国）。但是，该案件获得了公众支持，证明针对活体动物实验尤其是活体解剖的立法限制还远远不够。

科学家和反虐待动物的运动者们支持更为严格的立法，但给出的理由却完全相反：科学家寻求免予起诉的保护，而运动者们则希望停止虐待动物。

实验管制

1875年，英国皇家委员会建议修订1849年颁布的《防止虐待动物法》，并将活体解剖的规范纳入其中。当这项新法案被提交至议会时，医疗机构的游说使议会在1876年通过了折中版本，也就是《活体解剖法案》。该法案生效后，任何进行活体解剖的人均需持有执照，所有的实验需具有医学上的正当理由，且不可公开进行。

《活体解剖法案》平衡了研究和动物安全，但就这两方面来说，这部法案做得还不够。然而，这是一项具有里程碑意义的立法，因为它是世界上第一项规范在医学研究中使用和治疗活体动物的立法。■

不管这种做法是否有用，我们要求你反思这种做法在道德上是否合法。
爱尔兰动物权利活动者
弗朗西丝·鲍尔·科布
（1822—1904年）

参见: 英国《防止虐待动物法》146~147页，美国《濒危物种法》264~265页，世界生物圈保护区网络 270~271页。

国家将会照顾因工受伤的人

德国工伤保险制度（1881年）

背景介绍

聚焦
劳动法

此前

1838年 普鲁士通过立法，要求铁路公司给予因工受伤人员赔偿。

1880年 英国《雇主责任法案》允许一些工人对于在工作场所中因他人的疏忽而遭受的伤害进行索赔。

此后

1897年 在英国，《工人补偿法案》引入了工伤无过失补偿制度。

1911年 德国扩大了工人保险计划，几乎涵盖所有与工人有关的死亡、残疾和疾病理赔。

1935年 美国《社会保障法》引入了以工作为基础的健康保险制度。

随着19世纪欧洲和美国工业革命的加速，越来越多的人由农业转向制造业和建筑业。农业和工业的机械化使劳动变得更加危险，伤害也越来越普遍。社会改革家认为，有必要建立一个制度，为与工作有关的伤害和死亡提供赔偿。

从19世纪中叶开始，英国和其他工业化国家出现了被称为"互助会"或"友好团体"的社会援助组织。这些团体要求工人们每周向一个基金缴纳互助金，如果工人们出现生病、残疾或死亡等情况，该基金就会支付相应的费用。这些基金是基于当地社区或特定的工作场所成立的，而那些生活或工作在

参见: 英国《工会法》156~159页，纽约三角内衣工厂火灾事件 180~183页，多诺霍诉史蒂文森案 194~195页，美国《吹哨人保护法》274页。

1870年，位于德国东部萨克森的格策与哈特曼机械工厂，至少雇用了2700名工人。

共同组织以外的人们，则不被包括在内。

在工作中受伤的人如果不是互助会的成员，可以起诉雇主要求赔偿，但前提是得有足够的经济实力聘请律师。实际情况证明，让大公司负责几乎是不可能实现的。许多因工作受伤的人无法再养活家人，只能乞讨或被迫进入公共福利机构，如济贫院甚至监狱。

1871年德意志帝国成立后，德国的重工业迅速扩张。随着雇主更加富有，工人的权利成为一个紧迫的社会问题——他们在危险的条件下，进行长时间的工作。事实证明，德国工人中日益加剧的动荡与不安，为社会主义理想的拥护者提供了进一步发展的沃土，比如，针对工人的平等奖励和国家保障等议题浮出水面。

俾斯麦的介入

1875年，德国成立社会工人党，该党在15年后更名为社会民主党。高度保守的德国总理奥托·冯·俾斯麦采取了一系列措施，禁止传播社会民主观点的任何集会活动，并查禁宣传社会主义的报纸。然而，他的介入并没有取得预期的效果，因为社会工人党在1878年7月的选举中仍然赢得了国会的9个席位，使社会主义者继续拥有发言权。

为了淡化社会主义的流行，俾斯麦决定支持一些激进的工人，进行相关的立法保护。1881年，他提出了工人意外事故保险计划。这项计划迫使雇主加入一个私人保险

奥托·冯·俾斯麦

奥托·冯·俾斯麦于1815年出生在德国柏林近郊，1862年成为普鲁士首相，并赢得了权威领导人的赞誉。他巧妙地利用地区之间的相互竞争，吞并丹麦和德国的领土，并挑起普法战争，促使26个小国和公国于1871年统一为以普鲁士为核心的德意志帝国。

新帝国的统治者威廉一世奖励俾斯麦，让他成为统一后的德国的首任总理。俾斯麦被称作"铁血宰相"。俾斯麦致力于建立一个具有强烈民族认同感的稳定的德国。为了巩固德国的国际地位，抵御俄罗斯和法国日益增长的威胁，俾斯麦于1879年与奥匈帝国结盟。

尽管俾斯麦多次试图诋毁德国社会工人党（后来的社会民主党），但该党在1890年的选举中仍赢得了大量的席位。为此，俾斯麦愤然辞职，之后于1898年在乡间庄园去世。

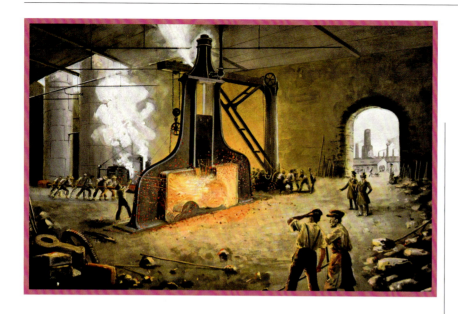

1838年，苏格兰工程师詹姆斯·内史密斯发明了蒸汽锤。蒸汽锤释放的能量提高了工业产量，但也使工人的工作环境变得更加危险。

计划，这样一来，在工厂发生事故时，该计划就会向工人支付费用。这项政策以保护工人的社会主义理念为基础，但俾斯麦反驳了这一点，他认为自己更关注健康和顺从的劳动力在提高生产力时所带来的经济利益。

一项福利制度的出现

起初，国会反对工人意外事故保险计划，但1881年10月，在俾斯麦所在的政党赢得选举后，俾斯麦重提该计划，继续推行保险政策。俾斯麦使德国成为第一个建立全国工人福利体系的国家。1883年，有关工人保险计划的第一项立法获得通过。

《健康保险法》规定，雇主和工人都应缴纳"疾病基金"，该基金将为因工受伤的工人提供病假工资和长达13周的医疗费用。雇主支付基金费用的1/3，而工人则承担费用的2/3。工人保险计划的缴纳的金额及保险金是根据收入水平来决定的。

1884年出台的《事故保险法》，为受伤工人提供了超过13周的医疗费用保险理赔。新的基金完全由雇主提供资金，工人不再需要通过诉讼来证明公司的责任。相反，一项强制性的保险计划涵盖了所有与劳动就业有关的伤害。起初，只有矿山、造船厂和制造业的工人可以受益，但1885—1901年，这一范围扩大至其他就业领域，包括了运输、农业和军事方面的工人。

福利政策被宣传为有利于德国经济，因为这种制度的出现对健康且具有生产力的劳动力队伍提供了进一步的支持，同时还带来了降低移民水平的经济优势。想移民到美国等地方的德国人越来越少，因为在德国，他们享受着国家强制医疗保险所提供的更多保障。

其他国家的纷纷效仿

德国的工人保护制度广受赞赏，被视为一项积极的社会改革。1897—1907年，包括奥地利、瑞典和法国在内的许多欧洲国家颁布了类似的法律。

在英国，由于工伤事故越来越多，工会呼吁修改有关保护工人的法律。1880年，《雇主责任法案》出台，该法案授予工业领域下的体力劳动者在因上级主管疏忽造成的事故中获得赔偿的权利。然而，遭遇事故的工人仍然需要证明谁对此次受伤负责，这使得所有维权索赔都变得更复杂。

1897年通过的《工人补偿法案》纠正了这一点，允许那些在工作中受伤的工人获得赔偿，只要他们能够证明受伤是在工作中发生的。这部法律的到来，使得英国工人享有了与德国工人同等的权利。

因年龄和伤残丧失工作能力的人，有充分的理由要求国家的照顾。

德国皇帝威廉一世
(1797—1888年)

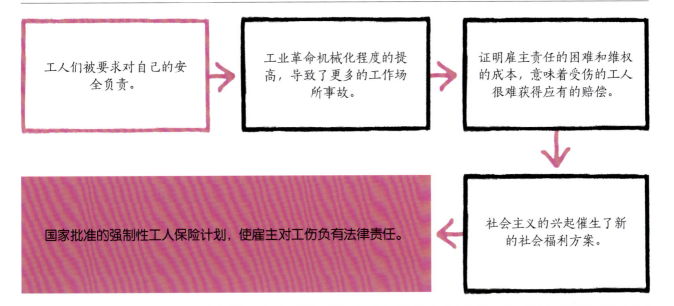

工人们被要求对自己的安全负责。

→ 工业革命机械化程度的提高，导致了更多的工作场所事故。

→ 证明雇主责任的困难和维权的成本，意味着受伤的工人很难获得应有的赔偿。

↓

社会主义的兴起催生了新的社会福利方案。

← 国家批准的强制性工人保险计划，使雇主对工伤负有法律责任。

美国的立法

与欧洲一样，美国也经历了与工业产出的巨大增长相对应的工伤事故数量的快速上升。1898—1899年，美国国会对欧洲工伤事故责任和赔偿方案进行了多次的调查，并得出以下结论：建立一个基于德国模式的体系是可行的。1908年，美国国会通过了《联邦雇主责任法案》。这部法案虽然仅适用于铁路工人，却是第一个以为工伤事故受害者提供合法赔偿为基础的联邦立法。

尽管受到德国模式的启发，但《联邦雇主责任法案》的不同之处在于，它仍然要求工人证明雇主存在过错。

然而，这部法案确实弱化了先前对雇主开放的共同过失辩护——当工人的行为被认为是产生事故的部分原因时，雇主可以拒绝支付赔偿。

此后，美国各州开始引入工人补偿计划。1911年，威斯康星州首次采用这一计划，在接下来的10年中，其他州纷纷效仿。与《联邦雇主责任法案》不同的是，这些州际法律确实允许无过失赔偿，然而，这种赔偿出于雇主的自愿，因为强制性的参与计划已被判定违宪，失去了原有的法律效力。

这种情况在1917年发生了改变，在"纽约中央铁路公司诉怀特案"中，美国最高法院裁定，美国宪法允许工人补偿计划的强制性要求。之后美国各州可以强制建立工人赔偿计划，到1948年，美国所有州都完成了立法工作，受伤的工人可以获得赔偿，而无须证明雇主存在过错。

尽管美国各州采用的工伤理赔制度以德国模式为基础，但就国家层面而言，美国在为工人提供的普遍性保障方面落后于欧洲。直到1935年，美国《社会保障法》才引入了老年养老金、工人失业和残疾津贴。此外，在欧洲，德国模式发展为涵盖全民的保险医疗制度，而在美国，基于私人医疗保险的体系更受青睐。■

任何阶级的美国工人都应当……置于与士兵所遭受的生命和肢体危险同样大的风险之下，这是对我们文明的一种谴责。

美国前总统本杰明·哈里森
（1889—1893年在任）

没有必要证明杀人是正当的

女王诉达德利与史蒂芬斯案（1884年）

背景介绍

聚焦
刑法

此前
17世纪初　在"圣克里斯托弗案"中，6名英国水手在取得同伴同意的情况下，杀死了这名同伴并吃掉了他的身体。这6名水手后来洗脱了谋杀罪名，最终被无罪释放。

1841年　美国的一个法庭判定船员亚历山大·霍姆斯过失杀人罪名成立。为了防止救生艇沉没，他将16个人扔进了海里。

此后
1971年　英国律师兼法官丹宁勋爵裁定，法律上所谓的"必要性"，并不意味着那些占用他人闲置或废弃空间与建筑物的人都是非法侵入的。

2018年　美国马萨诸塞州的一位法官裁定，环保活动家可以以必要性为由，对水力压裂天然气管道所产生的气候变化问题进行辩护，这开创了一个法律先例。

1884年7月，船身达16米长的英国游艇"木樨草号"，在距南非好望角2575千米处遭遇了一场风暴。船上的船员——汤姆·达德利、埃德温·史蒂芬斯、埃德蒙·布鲁克斯和船舱服务员理查德·帕克——搭乘救生艇逃生。他们在只有极少量食物和水的情况下度过了20天。为了自救，达德利和史蒂芬斯决定杀死并吃掉陷入昏迷的帕克。几天后，达

达德利和史蒂芬斯的案件被媒体广泛报道。这张照片是根据史蒂芬斯本人的概述描绘的，被刊登在《伦敦新闻画报》上。

德利和史蒂芬斯被救出，并被送往英国西南海岸的法尔茅斯接受审判。审判中，许多人支持无罪释放二人，他们相信，除了杀死和吃掉帕克，二人别无选择。由于公众舆论的强大力量，审判继续进行并检验必要性原则很重要。法官哈德勒斯顿男爵要求陪审团做出所谓的"特别裁决"，以确保合议参审的法官们能够做出是否有罪的裁决。法官们裁定，针对谋杀的刑事指控并不存在普通法层面上的必要性辩护，达德利和史蒂芬斯被判处死刑，但被建议宽大处理。

达德利和史蒂芬斯被监禁6个月，后来得到了皇室的减刑。这个案子开启了英国普通法上的一个先例：即使在极度饥饿的情况下，杀死一个无辜者在英国法律中也不存在可以辩护的理由。■

参见: 十诫与摩西律法　20~23页，《罗得岛法》25页，废除死刑　151页，非法证据排除规则　186~187页。

我们所在之处就是我们的财产

圣凯瑟琳木材加工厂案（1888年）

背景介绍

聚焦
原住民的土地权利

此前
1763年　英国国王乔治三世发布皇家公告，称原住民有权拥有他们的土地。国王必须处理有关土地割让的条约。

1867年　《英属北美法案》规定，联邦政府对加拿大原住民及其土地的利益负责。

此后
1982年　加拿大宪法承认加拿大现有土著的法律地位。

1992年　澳大利亚的"马博裁决"推翻了以往法律上秉持的"无主地"原则，并将这些土地的所有权授予默里岛的居民。

2010年　加拿大签署《联合国土著人民权利宣言》。

"**圣**凯瑟琳木材加工厂案"是殖民统治后有关土著人民土地权利的法律的一个重要里程碑。1888年，圣凯瑟琳木材加工厂想要在加拿大安大略省的瓦比岗湖周围砍伐木材，并从加拿大联邦政府那里获得了许可证。然而，安大略省政府却声称，木材所在的土地位于安大略省，因此圣凯瑟琳木材加工厂应从它那里获得相应的许可证。此案的关键在于加拿大联邦政府和土著人民两者的条约是否转移了土地所有权。这种情况只有在承认土著人民首先拥有原来的土地的情况下才会发生。

此案先后经过4个法院审理，最终上诉至英国伦敦的枢密院。每个法院都认为这片土地并不属于土著人民，但理由各不相同。参审的法官使用了现在被认定为种族主义的语言：土著人民作为异教徒和野蛮人，没有所有权。然而，枢密院更为克制，认为土著人民只是使用

……法律或衡平法上的内容，并没有印第安人的土地所有权。印第安人的主张只基于道德层面，仅此而已。

安大略省前省长奥利佛·莫沃特
（1872—1896年在任）

和享受土地，而不是拥有土地。土著人民并未实际参与审判，也没有机会在审判过程中提供证据。现在的加拿大法律承认土著人民拥有以及曾经拥有与土地所有权非常相似的权利，但这一场关于土地所有权的斗争远未结束。■

参见：《大宪章》66~71页，《托德西利亚斯条约》86~87页，《威斯特伐利亚和约》94~95页，联合国与国际法院 212~219页。

自由且不受限制的商业竞争

美国《谢尔曼反托拉斯法》（1890年）

背景介绍

聚焦
商法

此前

1776年 苏格兰经济学家亚当·斯密在《国富论》一书中，将竞争定义为对贸易过程缺乏法律的约束。

1882年 标准石油公司在董事长约翰·D.洛克菲勒的领导下，将美国多家公司合并为一家居于垄断地位的大型托拉斯。

1889年 加拿大通过了第一部关于价格操纵和市场垄断的法规。

此后

1890年 《麦金莱关税法》提高了进口关税，以保护美国公司免受外国公司的竞争。

1911年 美国最高法院裁定标准石油公司存在非法形式的商业垄断，并命令该公司解散。

19世纪末的美国形成了许多大型托拉斯。当企业主将几家不同的企业合并成一个公司时，托拉斯就形成了。这些居于垄断地位的托拉斯们，任命一个或者多个受托人来为这些商业联合体的利益开展工作。通过创建这样的机构，这些企业能够联合起来，通过价格操纵和限制竞争来进一步控制市场。这使得大量的权力和财富落入少数公司的手中，抑制了正常的商业竞争。

美国最强大的托拉斯成立于1882年，当时美国各地的多家炼油

参见:《商人法》74~77页,哈德利诉巴克森德案 148~149页,所罗门诉所罗门有限公司案 178~179页,美国联邦贸易委员会 184~185页。

美国第一口商业油井于1859年在宾夕法尼亚州建成,见证了美国石油行业繁荣的开始。在经济繁荣的高峰期,这座城市的石油产量占世界石油产量的三分之一。

厂合并成立了标准石油公司。这使得该公司能够控制石油的价格和供应,同时进一步规避有关的公司法规和国家税收。托拉斯的兴起扼杀了竞争,对普通消费者而言,托拉斯的存在即是一件糟糕的事情。

联邦立法

19世纪80年代,随着美国托拉斯数量的增加,立法者开始意识到有必要控制局面,并进一步打破垄断。几个州通过了反托拉斯法,但电报和铁路运输所开辟的长途通信使大型的托拉斯更容易在多个州间开展工作。在全国范围内,需要由联邦法律来进一步规范托拉斯。

1888年,俄亥俄州参议员约翰·谢尔曼开始着手制定联邦反托拉斯法,以遏制托拉斯控制市场的商业权力。该法案经过了多次完善和修订,以至于在1890年通过时,几乎没有保留谢尔曼在法案草案中的原始措辞,但这部法律仍以他的名字命名。

禁止垄断

《谢尔曼反托拉斯法》是第一个将反竞争行为定为非法的联邦法案,也是美国竞争法领域中重要的法规之一。它确保了两家或两家以上的企业进行资本联合或成立托拉斯是非法的。该法案包括禁止操纵价格、操纵投标或排除竞争的限制性条款,并禁止取得商业上的垄断地位。该法案的主要目的是保护共和党人所主张的关于自由企业的核心价值。

然而,一些法律评论家批评该

如果我们不能容忍拥有政治权力的国王,那么我们就不应该容忍一个统治任何生活必需品的生产、运输和销售的国王。

约翰·谢尔曼
在美国国会上的演讲
(1890年)

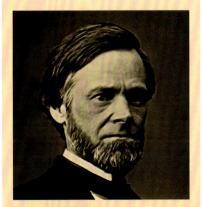

约翰·谢尔曼

约翰·谢尔曼出生于1823年,曾在美国众议院和参议院任职,并担任过美国财政部部长和国务卿。谢尔曼因冷酷的举止而被称为"俄亥俄州冰柱"。他对金融非常感兴趣。在担任参议员期间,他帮助重新设计了受到美国南北战争影响的美国货币体系。

1884年和1888年,谢尔曼试图争取共和党的总统候选人提名,但未能获得足够的支持。据说,谢尔曼不喜欢他的总统提名竞争对手拉塞尔·A. 阿尔杰,这在一定程度上激发了他制定反托拉斯法的灵感。阿尔杰从钻石火柴公司那里获取了很大的利益,而这家公司同标准石油公司一样,因为垄断了火柴这种日常必需品而特别受社会公众的憎恨。谢尔曼将制定反托拉斯法视为打击阿尔杰的机会。1900年,谢尔曼在位于华盛顿特区的家中去世。

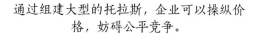

通过组建大型的托拉斯，企业可以操纵价格，妨碍公平竞争。

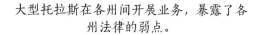

大型托拉斯在各州间开展业务，暴露了各州法律的弱点。

《谢尔曼反托拉斯法》生效。这部联邦法律试图阻止大公司主宰美国的商业环境。

少数大型托拉斯限制了消费者的选择，削弱了公众对商业行为的信心。

法案缺乏细节，指出反托拉斯法应该关注不良情况下的垄断，而非所有的垄断。

该法案缺乏细节这一事实最终被证明是有益的，因为它允许美国司法部门在解释和执行该法案时，可以通过法律实践细化其含义。1898年，在"美国诉阿迪斯顿管道和钢铁公司案"中，阿迪斯顿

任何人垄断……各州之间或与外国之间的贸易或商业的任何部分，均应被判重罪。

《谢尔曼反托拉斯法》第二章

管道和钢铁公司被指控存在"联合协议"的垄断行为。当承包工程时，几家公司联合起来，决定哪一家出价最低，从而赢得投标。通过这样做，他们有效地控制了承包工程的费用。

美国最高法院裁定阿迪斯顿管道和钢铁公司存在限制贸易竞争的非法商业行为。这个案件开创了"理性规则"的司法先例，即只有那些被视为"不合理"的贸易限制，才会被视为违反了《谢尔曼反托拉斯法》。合理的贸易限制适用于通过打造优质产品或技术而创造垄断地位的公司，这种行为不会违反《谢尔曼反托拉斯法》。

标准石油公司

1911年，《谢尔曼反托拉斯法》所赋予的权力再次被用来拆分标准石油公司，该公司当时控制着美国90%的石油生产。标准石油公司与各铁路公司达成协议，保证他们每天运输大量石油的权利，以换取运输费率的巨大折扣。

最高法院裁定，这种情况违反了《谢尔曼反托拉斯法》，"因为这是对州际贸易的不合理限制"，这进一步深化了竞争法中的"不合理限制"的概念。该裁定结果使标准石油公司被拆分为34家较小的公司，结束了标准石油公司在过去的垄断地位。

法律的升级

但是，《谢尔曼反托拉斯法》并不完美，仍存在几个与反竞争并购有关的漏洞。此外，美国国会还担心，"合理限制贸易"的法律定义过于宽松，使得法院在个案的基础上反复做出决定。

1914年，美国国会以《克莱顿反托拉斯法》修正了原有的《谢尔曼反托拉斯法》。《克莱顿反托拉斯法》的关键措施之一是收紧并购法律，针对阻碍竞争和形成垄断的并购形式进行立法管制。

与此同时，美国国会通过了《联邦贸易委员会法》，扩大了竞争法的适用范围，禁止"不公平竞

联邦贸易委员会的总部设在华盛顿特区。1938年，该委员会搬到了现在的总部所在的位置，该建筑以其装饰艺术雕塑和浮雕而闻名。

FEDERAL TRADE COMMISSION

争方式"和影响商业的不公平行为。这样的立法理念是为了保护消费者，确保企业不会对他们的产品做出虚假声明或误导消费者。该法案还设立了联邦贸易委员会，以进一步规范商业行为和监督反垄断法的执行，并明确规定，任何违反《谢尔曼反托拉斯法》的行为都会违反《联邦贸易委员会法》。

时至今日，历史悠久的《谢尔曼反托拉斯法》《克莱顿反托拉斯法》和《联邦贸易委员会法》仍是美国反垄断法的基石，并已被证明是全球有效竞争法的模范。直到1957年《罗马条约》创建了欧洲经济共同体，欧洲才开始共同制定竞争法。到了1992年，欧洲各地维持大致相同的竞争机会，因此共同商

尽管美国商人有时会抱怨反垄断法的解释或执行，但我们知道，反垄断法就像菠菜一样，富含营养，对我们有益。

美国商人亨利·福特二世
（1917—1987年）

定适用于欧盟所有成员国的规则变得十分必要。

1998年，当美国司法部对微软提出反垄断指控时，现有反垄断法的有效性受到了审视。美国司法部认为，微软将其网络浏览器与操作系统捆绑在一起的方式，使得消费者难以在Windows计算机上运行其他浏览器。美国司法部指出，这实际上是一种阻碍公平竞争的垄断行为。

数字领域的优势地位

美国司法部最终赢得了官司，微软被勒令拆分为两家公司。然而，在上诉后，判决被更改，微软被允许保持完整，不再进行拆分。

这一备受瞩目的案件，实际上并未影响微软的主导地位，但谋智公司的火狐浏览器和谷歌公司的谷歌浏览器之间的竞争，让微软失去了浏览器市场的主导地位。

有些人认为，这个案件证明

市场存在自我修正的机制，从而使反垄断法变得多余。然而，谷歌和脸书等大型科技公司的持续增长，引发了人们对数字垄断和加强监管需求的新质疑。■

1998年，当微软因将其网络浏览器与操作系统捆绑销售而与美国反垄断法发生冲突时，微软辩称它们是同一产品的共同组成部分。

战争的法律、权利与义务

两部《海牙公约》

(1899年, 1907年)

背景介绍

聚焦
国际法

此前
1863年 《利伯法典》规定了美国南北战争期间军队的行为准则。

1864年 《日内瓦第一公约》保护冲突中的伤员和非战斗人员。

1868年 《圣彼得堡宣言》禁止使用某些类型的武器。

此后
1954年 《关于发生武装冲突时保护文化财产的公约》签署,该公约关注战争期间的文化遗产保护。

1993年 联合国批准《禁止化学武器公约》,禁止生产、储存和使用化学武器。

《海牙公约》是第一个规定战争中的军事行为惯例和规则的国际条约。1899年和1907年,在荷兰海牙召开的国际和平会议上,各国就有关条约的内容达成一致意见。这些国际公约出现的背景是19世纪和20世纪初残酷且影响深远的战争。在整个欧洲和欧洲以外的世界,各国之间的政治力量平衡被破坏。随着民族国家的发展,它们为领土、原材料和贸易而竞争。各国集结了强大的武装力量,军备竞赛发展起来,特别是英国、法国、德国和俄国。在奥托·冯·俾斯麦的领导下,统一的新德国在政治意识形态上采取了军国主义,即参见: 4部《日内瓦公约》152~155页，纽伦堡审判 202~208页，联合国与国际法院 212~219页，《世界人权宣言》222~229页，国际刑事法院 298~303页。

19世纪，欧洲列强试图争夺军事霸权。	《利伯法典》和1864年的《日内瓦第一公约》反映了针对战时军事行为达成国际协议日益增长的需求。	新的、更强大的战舰和武器被开发出来，其中还包括了自动机枪。

《海牙公约》为战争制定了一套国际公认的规则，限制了危险武器的使用。	呼吁裁军和国际合作的和平运动日益壮大。

一个国家应该利用自己的军队，积极推进国家利益。

建立战争规则的第一步

1863年，在美国南北战争期间，亚伯拉罕·林肯总统颁布了《利伯法典》，这是试图建立战争行为规则的首次尝试。该法典由政治哲学家弗朗西斯·利伯制定，广受推崇。

在经历了1870—1871年血腥的普法战争后，《利伯法典》促使俄国沙皇亚历山大二世于1874年在布鲁塞尔召开了欧洲国家会议，起草了一份国际版本的战争行为规则法典。来自15个国家的代表参加了这次会议，此次会议的目的是找到一种方法来恢复欧洲脆弱的力量平衡，并确定未来战争的交战条件。这次会议通过了涵盖占领国义务的守则；界定了有关战斗人员的认定问题；制定了轰炸和围攻的军事规则，并提出了共同声明；指出与会各国有责任采用人道手段对待战俘。该会议为1899年的海牙和平会议制定国际人道主义法奠定了基础。

但是，由于英国、德国和西班牙不希望受到《布鲁塞尔宣言》的约束，因此该宣言始终没有得到批准，并未产生国际法意义上的约束力。在经历了这次失败后，成立于1873年的国际法研究所研究

瓦格纳堡战役是美国南北战争期间发生的众多血腥战役之一。这场战役发生在1863年。同年，林肯总统颁布了《利伯法典》。

了有关的协议草案，并提出了补充建议。国际法研究所将这些内容纳入了《陆地战争法》的研究范畴，出版了有关的研究手册，并于1880年在牛津召开的一次会议上通过了《陆地战争法》。尽管国际法研究所认为采用国际条约在当时并非一种现实的做法，但该研究所仍呼吁世界各国政府将这些有关战争法的内容进一步吸收转化为国内的法律。《利伯法典》和《陆地战争法》为真正意义上的国际战争规则法典的编纂奠定了基础。

多边协定的到来

随着军备竞赛，特别是19世纪末英国和德国之间的军备竞赛的加速，和平运动获得了更广泛的支持。1891年，国际和平局成立。国际和平局将总部设在瑞士伯尔尼，致力于世界和平，推动仲裁和裁军。然而，更为致命的现代武器的发展，改变了冲突的性质，和平活动家甚至一些国家元首认为，应该限制最具破坏性的武器的使用。

正是在这样的国际大背景下，俄国沙皇尼古拉二世提议召开第一次海牙和平会议。第一次海牙和平会议于1899年召开，共有26个国家的代表参加。会议的主要目的是控制军备竞赛和裁军谈判，编纂战争规则，并找到一条不诉诸战争的、和平解决国际争端的途径。

尽管会议未能就裁军计划达成一致意见，但会议还是批准了3项条约和一些附加声明。这些内容共同构成了《第一海牙公约》，其中包括关于战争行为的重要规则：禁止处决投降的敌方战斗人员；禁

止发射含有毒气的炮弹；禁止用气球从高空中投扔炸药；禁止射击会在人体内膨胀的具有较大杀伤力的达姆弹；禁止针对没有防御的城镇或村庄进行军事攻击。

会议还同意在海牙建立常设仲裁法院。这是第一个为国家间争端提供法律解决方案的国际机构。50多个国家批准了《第一海牙公约》，它与《日内瓦公约》一起成为国际人道主义法的基础。1904年，美国总统西奥多·罗斯福又召开了一次和平会议，但由于日俄战争，该会议不得不推迟。这次会议最终在1907年召开，当时共有43个国家参加。会议并没有针对1899年制定的《第一海牙公约》的条款进行重大修改，但对公约所涵盖的对象进行了扩充，将海上战争纳入其中。英国试图限制海军军备，但德国拒绝了这个建议。尽管《海牙公约》是第一个澄清战争规则的多边条约，但它的内容存在严重的缺陷。尤其值得一提的是：这两项公约，即《海牙公约》和《日内瓦公约》，都没有对违反规定的国家提出具体的惩罚措施。在2002年海牙国际刑事法院成立以前，是否对违反公约的行为进行起诉由各国自行决定，但各国可能无法或不愿进行起诉。

两次世界大战的到来

第三次和平会议原计划于1914年召开，但因第一次世界大战的爆发而被无限期推迟。这场战争直接导致了许多违反公约的灾难性行为，比如，德国在没有警告的情况下入侵比利时，以及交战的各国

我们懂得战争，但不懂得如何维持和平，或至少不那么自觉地维持和平。

国际和平局原名誉主席
弗雷德里克·贝耶
（1837—1922年）

广泛使用毒气。

第二次世界大战中发生了更严重的虐待行为，包括大屠杀（历史上最严重的种族灭绝）、地毯式轰炸城市，以及对战俘广泛实施的酷刑和处决。1945—1946年，美国、苏联、英国和法国作为第二次世界大战的战胜国监督了纽伦堡审判。这些军事法庭适用《海牙公约》的有关条款，针对纳粹德国的政治、军事、司法和经济领域的领导人实施审判和刑事处罚。

《海牙公约》的规则现在被认为对所有国家都有约束力，即使有些国家没有直接签署该条约。尽管该公约在两次世界大战期间遭到了交战国家的公然藐视，但国际社会仍然承认国际法律体系的价值。这为外交和新的国际机构的设立，特别是1945年联合国的成立，创造了空间。

1954年，《关于发生武装冲突时保护文化财产的公约》获得批准。这部公约的出现是为了保护文化财产，包括考古遗址、艺术品和

德国城市德累斯顿在1945年遭受猛烈轰炸袭击之后成为废墟。这次轰炸摧毁了德累斯顿的历史中心，包括许多具有文化价值的城市景观，并导致大约2.5万名市民死亡。

可悲的现实是，几个世纪以来，许多艺术作品在战争中丢失，人类的文化遗址遭遇破坏或被摧毁。

国际红十字会关于1954年《关于发生武装冲突时保护文化财产的公约》的声明

科学收藏品。该公约起源于第一次世界大战后出现的废墟，当时苏联艺术家兼作家尼古拉斯·罗里奇对他所目睹的景象感到震惊，于是发起了保护具有科学和艺术价值的文化财产的运动。1935年，泛美联盟通过了《罗里希条约》，但第二次世界大战的破坏，强化了制定国际条约来保护文化财产的必要性。

《海牙公约》已经被100多个国家批准，并由联合国教育、科学及文化组织监督。1996年，4个非政府组织成立了国际蓝盾委员会，这相当于文化领域的红十字会，以促进世界各国批准《海牙公约》。

战争罪的起诉

《海牙公约》仍然是战争规则的基石。现在，国际刑事法院可以审理有关战争罪的指控。2012年，国际刑事法院指控刚果民主共和国原民兵领袖托马斯·卢班加犯有战争罪，他被判处14年监禁。国际刑事法院目前正在多个国家开展调查，以审理这些国家可能存在的战争罪。■

独立的法人
所罗门诉所罗门有限公司案（1896年）

背景介绍

聚焦
公司法

此前
1720年 英国《泡沫法案》限制股份公司的创建，导致南海公司破产。

1855年 《有限责任法案》旨在保护大公司的投资者最初投资的金额。

1862年 《公司法》明确了注册公司的义务和权利，使公司的注册更为便捷。

此后
约1900年 有限责任的基本原则在许多西方国家被接受。该法律原则至今仍然是企业日常运作的基础。

1928年 修订后的《公司法》旨在确保英国的有限责任公司不会以欺诈的方式进行破产从而逃避债务。

19世纪的英国是全球领先的工业、金融和商业强国。立法者热衷于用公司法的公正框架来治理数量上激增的经济活动。1844年和1856年的《股份公司法》及1862年生效的《公司法》使组建股份公司（各个股东分别持有股份的公司）变得越来越容易。这些法律的到来，巩固了"独立法人"原则：法人企业或公司在法律上有别于那些创建或资助它的人，而独资或合伙企业则没有该法律原则的保障。"有限责任"概念最早于1855年被引入，它依赖法律中"独立法人"的原则，是鼓励企业发展的关键，因为它免除了任何拥有或投资企业的个人或团体对企业发生的任何损失所负有的连带责任。

1892年，伦敦靴匠兼独资经营者阿隆·所罗门成立了一家新的有限公司。他的妻子和5个孩子每人持有1英镑的股份，而阿隆·所罗门本人持有20001股，因此公司的股东人数达到法定的最低限额。然后，阿隆·所罗门以39000英镑的高价，将某独资经营的靴子店卖

股份有限公司是独立于拥有者或投资者的法律实体。

公司所有者或股东无须对公司的损失负责，这些损失往往超出了他们最初的投资金额。

债权人不能起诉公司的所有者或股东，只能通过起诉有限公司来实现债务的清偿。

参见： 哈德利诉巴克森德案 148~149页，美国《谢尔曼反托拉斯法》170~173页，纽约三角内衣工厂火灾事件 180~183页，美国联邦贸易委员会 184~185页。

罗伯特·洛伊

罗伯特·洛伊出生于1811年，被誉为"现代公司法之父"。1855—1858年，他担任英国贸易局副总裁。1844年，《股份公司法》进行关键修订，该法案于1856年在洛伊的主持下以同样的名称得以通过。

1844年的《股份公司法》建立了一个监管框架，使公司能够在新成立的政府机构——名为"公司之家"的机构——注册为合法的商业实体。在此之前，公司只能通过取得皇家特许状来注册。

尽管1844年通过的法案赋予了公司更大的灵活性，但这部法案不允许股份公司的股东承担有限责任。

由洛伊主持的1856年版本的《股份公司法》规定，任何拥有7个股东的股份公司，都可以承担有限责任。同样重要的是，这种有关有限责任的规定，帮助人们提高了对企业活动的信心。如果没有他，上议院法官对"所罗门诉所罗门有限公司案"的判决是不可想象的。罗伯特·洛伊在1880年被封为舍布鲁克子爵，并于1892年去世。

给了所罗门有限公司，其中10000英镑以公司债券，即以公司资产为担保的贷款形式，发行给了所罗门有限公司。1893年，所罗门有限公司破产清算，无担保债权人承担了清偿责任。无担保债权人是那些虽然对公司拥有债权，却并没有被声明以公司中的某项资产进行清偿担保的债权人。

法庭上的案例

阿隆·所罗门作为有担保债权人向法院提起诉讼，即所谓的"所罗门诉所罗门有限公司案"。所罗门主张获得公司的剩余资金。清算人声称公司不存在任何欠款，因为他欺骗性地高估了公司价值，应对公司的损失负责。案件在1893年进入高等法院，在1895年上诉至上诉法院，这两个法院都做出了对他不利的判决，理由是他从公司的交易过程中获取了过高的金额。

法院还做出裁定：成立公司仅仅是一个计划，目的是使阿隆·所罗门以有限责任的形式取得商业利益并继续经营业务，且在公司破产的时候，取得优先于无担保债权人的权利。最后法院认为，其他股东只是象征性的存在，用以创建一个实际上由一人控制的有限责任公司。

1896年，作为英国最高法院的上议院驳回了高等法院和上诉法院的判决。大法官们对《公司法》的字面解释，以及对"每个人都有权承担有限责任"的断言，加剧了人们对不择手段者可能操纵有限责任的担忧。然而，有限责任作为英国《公司法》的核心地位得到了维护，审理此案的法官们，包括哈尔斯伯里勋爵，也针对股东必须彼此独立的观点提出了反对意见。

随后，法院的判决进一步区分了两种情况：一种是合法成立的企业停止交易，最终留下大量未偿

在讨论这些权利和责任时，那些参与公司推广的人的动机是完全无关的。

哈斯伯里伯爵哈丁格·吉法德
（1823—1921年）

还的债务，而董事和股东不承担责任；另一种是为了逃避公司设立者的现有义务而创建的公司，在这种情况下，公司的设立者仍需承担有关的债务。到1900年，以有限责任为基础的英国企业模式已被许多西方国家采用，但在一些国家存在实践上的差异。■

工厂简直就是死亡陷阱

纽约三角内衣工厂火灾事件（1911年）

背景介绍

聚焦
劳动法

此前
1900年 美国平均每天有100人死于工业事故。

1909年 成千上万的服装工人为改善工作条件而举行罢工。而大型公司，如三角内衣工厂，拒绝了工人提高工作场所安全性的要求。

此后
1933年 罗斯福总统的新政将社会和工作场所改革置于政府施政的核心地位。

1940年 修订后的《公平劳动标准法案》将美国每周工作的总工时削减至40小时。在三角内衣工厂发生火灾的几年后，美国工人赢得了包括休病假、被提供安全防范措施等权利。

在恐怖分子对美国世贸中心发动"9·11"恐怖袭击事件前，美国纽约市长久以来所发生的最为严重的一次人员伤亡事件是发生在1911年3月25日的三角内衣工厂火灾事件。该事件造成的高达146名遇难者，几乎都是年轻的移民女性，其中主要是犹太人和意大利人。当火势蔓延到她们工作的大楼最上面的3层时，女工们被困在原地。这些女工从事的都是裁缝工作，每周工作52小时，每周工作6天，工资为7~12美元。她们被迫忍受过度拥挤和具有剥削性的工作条件。她们的死亡是市政府冷漠和无能，以及企业图省事、贪便宜参见: 英国《工会法》156~159页, 德国工伤保险制度 164~167页, 多诺霍诉史蒂文森案 194~195页,《世界人权宣言》222~229页,《欧洲人权公约》230~233页。

19世纪末美国的工业繁荣,是由一群容易被剥削的新移民组成的现成劳动力所支撑的。

商人藐视消防法规,贿赂那些被委托执行安全规则的人,并抵制工会的改革呼吁。

新的立法引入了更加严格的安全法规,人们也认识到,劳动法应该为劳动人民的最大利益服务。

三角内衣工厂的火灾震惊了美国的舆论,公众对企业在工人安全方面表现出的冷漠感到愤怒。

社会和经济作为一个整体应受益于一个公平的工作标准,这一信念是人们普遍接受的。

共同导致的结果。消防条例不被重视,消防人员的装备也很差,同时,消防人员不知道如何在拥挤的大楼的高层处理火灾。

这场悲剧凸显了一种可悲的腐败文化,在这种文化下,执行安全法规的人可能被商人贿赂。这种情况震惊了整个国家。从这次火灾中所得到的教训是形成了一系列更为严格的消防规定,工会会员在面对雇主时拥有了更大的谈判能力。

布兰克和哈里斯

三角内衣工厂的所有者马克斯·布兰克和艾萨克·哈里斯都是俄国移民,他们是那个时代和那个阶级典型的奸商。在此之前,他们的工厂曾发生过4起火灾,他们每次都从保险理赔中获益颇丰。1909年,两人密谋阻止国际妇女服装工

人协会组织的罢工,他们收买了警察和政客,让其睁一只眼闭一只眼。有人认为,三角内衣工厂严重不足的防火措施本身就是一种诈保形式,当公司的营运陷入困境时,一场火灾的发生可能对工厂主更为有利。然而,没有任何迹象表明,火灾是被故意引起的。

火灾的发生

大约下午4点40分,大火从8楼开始燃烧,工厂里当时大约有500名员工。几乎可以肯定的是,火灾是由一根被扔进一个装有废棉花和纸巾的钢桶中的点燃的香烟引起的。由此产生的火焰向上喷发,点燃了悬挂在天花板上的织物。有人试图伸手去拿水管,却发现水管腐烂,而喷嘴也生锈了。

那些在顶楼(第10层)工作

消防队员正在扑灭三角内衣工厂阿希大楼中的大火。这座建筑被保存下来,直到今天仍屹立不倒,它被更名为布朗大厦。

> 人群的情绪难以形容。女人歇斯底里，成群晕倒；而男人泣不成声。
>
> 三角内衣工厂火灾的目击者
> 路易斯·瓦尔德曼
> （1892—1982年）

的员工爬上了屋顶，安全逃生。工厂老板布兰克和哈里斯也在其中。然而，在8楼和9楼工作的人却没有办法逃生。两部小电梯中只有一部能使用，一次最多只能搭载12人，且仅往返了3次，就坏了。大楼还有两个楼梯，一个通向格林街，另一个通向华盛顿广场。许多人选择通向格林街的楼梯逃往屋顶，但大火阻碍了通行。通向华盛顿广场的楼梯可以走，但尽头是一扇被锁住的门。后来人们在门的后面发现了一堆火灾罹难者尸体。防火梯同样毫无用处，火灾发生时，楼梯弯曲并进一步解体，导致20名工人坠楼身亡。

那些仍然被困在里面的人，面临着被活活烧死或因吸入浓烟致死的危险。让下面的人感到最为恐怖的是，其中62人寻求更为绝望的结局，他们从燃烧的大楼上层的窗户纵身一跃，同样面临死亡的结局。

工厂的大火烧毁了阿希大楼大部分的内部建筑。火灾中最年轻的受害者是两名年仅14岁的少女。

有几个人在跳的时候身上着了火，许多人在跳的时候还手拉着手。还有36人试图通过电梯竖井逃生，但最终不幸身亡。

纽约市的消防部门完全束手无策。尽管城市里几乎所有消防员都前往救灾，但最高的梯子只能到达6楼，最有力的水管也无法射出更高的水柱。人们拉起了网，希望接住坠落的工人，但由于冲击力的作用，网散开了。

公众反应

1911年12月，布兰克和哈里斯因过失杀人罪被审判，但最终无罪释放。他们的律师没有否认通往华盛顿广场的楼梯门是锁着的，但成功地辩称，没有证据表明被告，即布兰克和哈里斯知道楼梯门被上了锁。1913年，死者家属提起民事诉讼，指控布兰克和哈里斯造成"非正常死亡"。民事诉讼的结果是每个家庭只获得了75美元的赔偿。与此同时，布兰克和哈里斯收到了大约60000美元的保险赔付，

> 我的经验告诉我，劳动人民只能自己拯救自己。
>
> 工会活动家罗斯·施奈德曼
> （1882—1972年）

以弥补他们的营业收入损失。

大火仅仅燃烧了不到30分钟，但其结果对社会和政治产生了巨大的影响，尽管布兰克和哈里斯在后来的刑事审判中得以脱身。1911年4月5日，约10万人参加的大规模游行活动在纽约举行，他们要求改善工作条件。多达40万人观看了这场游行。各个阶层的愤怒是显而易见的。1911年6月，纽约州立法机构批准成立了工厂调查委员会，随后推出了大量的改革计划和建议。

几乎没有一个工厂企业能逃脱该委员会的严格检视，尤其是化工厂。其中最持久的改革是《沙利文-霍伊防火法》，该法案强制要求安装自动喷水灭火系统，并极大地改善了逃生方式——所有的门都必须朝外打开，而非朝内打开。

同样重要的是，工厂第一次被迫为工人提供厕所这种基本卫生设施。在之前三角内衣工厂的厂房里，一间厕所也没有。而楼梯门被上锁实际上是为了阻止工人因离开大楼去外面上厕所而中断工作。正如一个年轻的工人所说的那

样："非常不卫生。这是通常的形容词，但实际上应该有比这更糟糕的词。"

尽管这种政治回应，即关于大火发生之后的反思，在一定程度上出于自身利益——如果政治人物被视为站在工人这边而非老板、雇主那边，那么他就能获得更多民众的支持，他的公众地位就会提高，但政治人物持有这样的想法，也被认为是无私的。人们认识到，像美国这样有远见和进取精神的国家，如果坚持如此明显地歪曲其劳动人民的劳动法，就绝不可能实现繁荣的愿景。罗斯福总统在1933年提出的新政是对三角内衣工厂火灾教训的直接回应：如果资本主义制度真正把所有人的利益放在心里，

那么资本主义本身就能得到最好的回报。

现代的平行世界

三角内衣工厂生产的衣物，因独立、爱冒险的美国年轻女性的崛起而流行起来，他们摆脱了家庭和炉灶的束缚，在美国各地的办公室里开始了新的职业生涯。她们象征的新自由，只有通过强迫劳动才能成为可能，而强迫劳动不比某种形式的奴役好到哪里。1911年的大火暴露了当时服装厂恶劣的工作条件，但与21世纪亚洲许多地区的血汗工厂相似，这些工厂让时尚在富裕的西方变得如此廉价和快速，这一切令人震惊。■

在组织了一场抗议三角内衣工厂火灾所造成的人员伤亡的游行后，工会与具有改革思想的政治家合作，推出了更严格的安全法规。

弗朗西丝·珀金斯

纽约的一些立法者积极回应三角内衣工厂火灾所带来的挑战。他们与位于纽约的政治组织坦慕尼协会的前任们形成了鲜明的对比。其中最著名的是阿尔弗雷德·E. 史密斯、罗伯特·F. 瓦格纳和查尔斯·F. 墨菲。然而，其中最重要的却是一位女士。

出生于1880年的弗朗西丝·珀金斯目睹了三角内衣工厂的大火，这也许是她生命中的决定性时刻。她已经为工人的权利推行了激烈的社会运动，她对社会公正的承诺在1933年得到了回应。当时的罗斯福总统任命她为劳工部部长，她成为美国内阁中第一位女性成员。和其他人一样，珀金斯可以严肃地宣称自己是新政的主要缔造者。她一直任职到1945年罗斯福总统任期结束。她不仅是美国任职时间最长的劳工部部长，还是妇女权利的早期倡导者。珀金斯于1965年在纽约市去世。

反垄断的战争

美国联邦贸易委员会（1914年）

背景介绍

聚焦
商法

此前

1890年 美国《谢尔曼反托拉斯法》将价格操纵和市场垄断定义为非法行为。

1911年 美国最高法院迫使标准石油公司和美国烟草公司拆分，以打破商业垄断的局面。

此后

1914年 《克莱顿反托拉斯法》禁止在美国进行可能损害竞争或造成垄断的商业并购。

1972年 在"联邦贸易委员会诉斯佩里与哈金森公司案"中，最高法院的裁定确认了联邦贸易委员会有权定义识别不公平商业行为的标准。

1999年 最高法院裁定微软公司存在非法垄断行为。微软公司在上诉时得以避免被拆分的命运。

自由市场的成功运作取决于公平竞争。

巨大的垄断企业和托拉斯抑制了公平竞争。

自由市场无法阻止垄断企业和托拉斯的发展。

必须有一个强有力的机构来防止反竞争的不当行为。

1914年，美国第28任总统伍德罗·威尔逊成立了联邦贸易委员会，这是美国商业领域的里程碑事件，旨在控制现有巨型企业所拥有的过度权力。

联邦贸易委员会的职责是保护消费者、投资者和企业免受反竞争行为的不良影响，这些行为包括操纵投标、操纵价格、建立垄断地位，以及实现垄断的并购。对于市场存在反竞争行为的潜在假设是，自由市场不能保证这些不当的做法不存在，同时，这些做法也没有被引导到正确的方向上。

美国经济快速增长的部分原因是人口快速增长，这意味着20世纪初关于反竞争立法的必要性变得更加迫切。许多关键的大宗商品掌握在少数几家被称为"托拉斯"的企业手中，托拉斯几乎控制着美国

参见: 英国《安妮女王法令》106~107页, 美国《谢尔曼反托拉斯法》170~173页, 美国《吹哨人保护法》274页,《世界知识产权组织版权条约》286~289页。

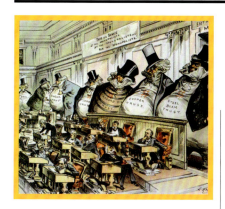

左图名为《参议院的老板们》（1889年）。这幅由约瑟夫·凯普勒所绘制的漫画，将铜、锡和煤炭等企业的利益，描绘为笼罩美国参议院的巨大钱袋。

《联邦贸易委员会法》。该法案宣布不公平竞争为非法商业行为，还专门成立了一个新的机构——联邦贸易委员会。该委员会拥有广泛的权力来规范商业活动。为了避免政治影响，委员会中只有3名成员来自同一政党。

联邦贸易委员会可以调查来自消费者、媒体和企业的证据，检查情况并直接发布行政裁决。在后来的法案修订中，联邦贸易委员会的职权扩大到商业或影响商业的不公平或欺骗性行为或做法，联邦贸易委员会不得不加强对市场的监管。在过去的一个世纪里，在美国食品药品监督管理局等新机构的帮助下，美国联邦贸易委员会在塑造美国商业方面发挥了巨大的作用。■

经济的全部领域，如石油、钢铁、铁路和蔗糖，实质上也完全控制了市场。价格飙升，服务减少，公众要求政府采取行动。西奥多·罗斯福总统宣称自己是反托拉斯者。他在1904年实施了《谢尔曼反托拉斯法》，该法案宣布价格操纵为非法行为，迫使铁路集团北方证券公司解体。

但是，罗斯福总统的努力还不够。大企业蓬勃发展，富人越来越富，而许多工人只能依赖微薄的工资生活。人们认为资本主义受到了不平等的操纵。1911年，当标准石油公司和美国烟草公司违反了有关反托拉斯的法律时，这种观点得到了证实。1912年，威尔逊借反垄断的关键议题赢得了总统宝座。

一个新的政府机构

威尔逊政府在1914年通过了《克莱顿反托拉斯法》，确立了通过反商业垄断并购来遏制托拉斯的法律权力。然而，通过个别案件追查托拉斯的形式很快便阻碍了法院的工作，因此，国会另外提出了

大公司之所以存在，只是因为它们是由我们的政府创造和保护的。
美国前总统西奥多·罗斯福
（1901—1909年在任）

埃达·塔贝尔

埃达·塔贝尔于1857年出生在美国宾夕法尼亚州，是美国新闻调查的先驱。她最著名的作品是1904年出版的《标准石油公司的历史》一书。该书由她于1902—1904年发表在《麦克卢尔杂志》上的一系列文章组成，证明了标准石油公司操纵铁路公司支付的石油价格。这本书被美国作家、历史学家丹尼尔·耶金称为"美国出版过的最具影响力的商业图书"。

在长达64年的写作生涯中，塔贝尔是一位多产和受欢迎的作家，她以将复杂的主题分解成容易理解的文章而闻名。她还在美国各地巡回演讲，演讲主题包括世界和平、政治、关税、劳工实践和妇女问题。1944年，塔贝尔在康涅狄格州布里奇波特的一家医院因肺炎去世。

非法证据即为毒树之果

非法证据排除规则（1914年）

1914年，美国最高法院在"威克斯诉美国案"中做出了一致的裁决，这是对美国1791年《权利法案》中"宪法绝对原则"的明确认可。具体地说，该裁决支持美国宪法第四修正案，该修正案声称"不得侵犯公民的人身、房屋、文件和财产不受无理搜查和扣押的权利"。这是美国法院第一次基于美国宪法第四修正案做出的明确裁决，以明确它在法律上的含义。

威克斯诉美国案

这个案子起初似乎很乏味。1911年，弗里蒙特·威克斯在美国密苏里州堪萨斯城被判违反《博彩法》，因为他越过州界邮寄彩票。然而，最高法院推翻了对他的定罪，理由是证据是非法获得的。威克斯的家被执法人员搜查了两次，第二次是一名美国法警搜查的。这

《权利法案》保障所有美国公民的个人自由。

含糊的措辞使得一些修正案的解释不明确，特别是美国宪法第四修正案，该修正案防止了不合理的搜查和扣押。

非法证据排除规则规定，通过非法搜查或扣押获得的证据，在刑事审判中是不能被接受的。

参见：《美利坚合众国宪法》与《权利法案》110~117页，法国《人权和公民权利宣言》118~119页，美国最高法院与司法审查124~129页，米兰达诉亚利桑那州案 254~255页。

1900年前后，美国堪萨斯市警察局的一些成员在追捕罪犯方面非常勤奋，但并不总遵循守法原则。

两次搜查都没有搜查令。

美国宪法第四修正案赋予威克斯的"安全"权利被侵犯了，因此，收集到的证据被"排除"，这意味着它被裁定为不可接受的。这一原则被称为"非法证据排除规则"。

此后，与之相似且更为明显的案件是1966年的"米兰达诉亚利桑那州案"。在此案件中，针对被告强奸和绑架的指控被推翻，因为被告的宪法权利，即美国宪法第五修正案中保持沉默和避免自证其罪，以及宪法第六修正案中寻求法律顾问的权利被忽视了。

非法证据排除规则一直备受争议。显而易见的批评是，有罪的人可能不会受到惩罚——毫无疑问，威克斯有罪。该裁决的捍卫者

表示，如果没有排除规则，宪法就被违反了。更实际地说，这一规则使得执法人员遵守最高的证据标准，符合美国司法所体现的更广泛的利益。

非法证据排除规则的例外情况

后来，最高法院的判决往往淡化了对非法证据排除规则的严格解释。例如，在"美国诉里昂案"中，警方使用搜查令进行搜查，但后来却发现该搜查令是无效的。1984年的裁决认为排除规则不适用，因为警方"善意"地凭借搜查令获得的证据是可以接受的。它还认为，释放罪犯的"巨大社会成本"可能是不成比例的。

这种排除规则的奇怪之处在于，它只适用于联邦案件。在1949年的"沃尔夫诉科罗拉多州案"中，最高法院支持科罗拉多州的判决，因为是否在刑事案件中实施排除规则由州法院决定。直到1961年

的"马普诉俄亥俄州案"后，该规则才成为美国所有法院的强制性规定。他们援引的先例是美国宪法第十四修正案，它保证公民享有"正当法律程序"的权利。■

爱德华·道格拉斯·怀特是美国最高法院的首席大法官。在他主持最高法院时，该法院在1914年的"威克斯诉美国案"中的非法证据排除规则获得了全体大法官的一致同意。

如果罪犯必须自由，那么他可以获得自由，但释放他的是法律。

美国最高法院大法官汤姆·C. 克拉克
（1949—1967年在任）

选票即权力
英国《人民代表法案》（1918年）

背景介绍

聚焦
选举制度改革

此前
1832年 玛丽·史密斯向英国议会提交了第一份请愿书，要求妇女能够在地方选举中投票。

1893年 新西兰成为第一个赋予妇女议会选举权的国家。

1894年 英国《地方政府法案》允许妇女在县和自治区选举中投票。

此后
1920年 美国赋予了所有妇女投票权。

1928年 英国最终赋予了21岁以上的男女普选权。

2015年 沙特阿拉伯妇女获得了投票权。

1832年以前，只有3%的英国成年男性有投票权。法律只赋予那些挣了一定数目的钱或拥有大量财产的人选举权。随着议会开始慢慢地将选举权扩大到更大比例的男性人口（1832年、1867年、1884年通过的法案），女性开始质疑自己为什么不能投票。许多男人，以及一些女人，对妇女拥有选举权的想法怀有

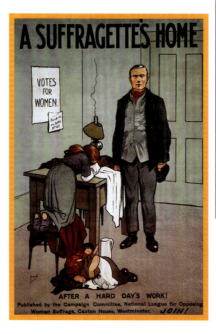

敌意，他们认为妇女过于情绪化，无法做出理性的政治决定，而且她们对工业或商业一无所知。

行胜于言

女性活动家开始组织自己的团体。一些积极分子，如米莉森特·福西特，在1897年成立了全国妇女选举权协会联盟。她们通过使用小册子、集会和向议会请愿等方式来进行实现投票要求的和平抗议。相反，艾米琳·潘克赫斯特和1903年成立的妇女社会政治联盟的口号是"行胜于言"，她们支持直接行动：破坏公共财产、绝食抗议和把自己锁在栏杆上。1870年、1882年和1884年的《已婚妇女财产法》进一步明确了改革的动力，该法案允许妇女在婚姻中保留自己的金钱和其他财产。此时，妇女可以为自己拥有的企业纳税，但

这张反对赋予妇女选举权的海报，展示了这样一个场景：一位丈夫在辛苦工作一天后回到家，发现他的妻子外出竞选，而他泪流满面的孩子独自一人在家。

参见:《大宪章》66~71页，英国光荣革命与《权利法案》102~103页，法国《人权和公民权利宣言》118~119页，《世界人权宣言》222~229页，美国《民权法案》248~253页。

妇女参政论者走上街头为妇女争取投票权，并为即将召开的会议做宣传，这张照片拍摄于1913年左右的曼哈顿。

在政府如何使用税款方面，并没有任何的发言权。

19世纪60年代以来，活动人士和富有同情心的议员们不断努力，希望通过立法将投票权扩大到女性，但他们不断受挫。随着1914年第一次世界大战的爆发，情况发生了变化。由于许多男性被派往战场，女性被要求承担传统上属于男性的工作和责任。在大约200万名

男人……认为，男人为他们的自由和权利而战是完全正确的，而女人为她们的自由和权利而战是不正确的。
艾米琳·潘克赫斯特
《我自己的故事》
（1914年）

女性从事以前由男性担任的工作的情况下，反对赋予女性投票权的论点，比如女性是"弱势性别"，似乎很荒谬。

1918年，议会最终通过了《人民代表法案》，不仅所有21岁以上的男性有了投票权，30岁以上的女性也有了投票权。

所有人的投票权

该法案使大约850万名妇女获得了选举权，她们在当年12月的选举中第一次获得了投票权。由于有关妇女选举资格的法案在几周前刚刚获得通过，因此她们也第一次能够投票给女性候选人。那时，妇女选举权已经成为世界各地的一个关键问题。新西兰已经走在了前面，并于1893年成为第一个赋予妇女投票权的国家。

投票权最初只限于拥有土地的富人，权力被掌握在少数人手中。

工人们成功地主张他们应该在议会中有代表。

在第一次世界大战期间，许多妇女离开了家庭领域，去从事传统上的男性工作。

《人民代表法案》赋予30岁以上的妇女投票权。

1920年，美国宪法第十九修正案允许妇女投票。1928年，英国通过了《平等选举权法案》，根据该法案，所有21岁以上的英国人，不分阶级、财富和性别，都有选举权。■

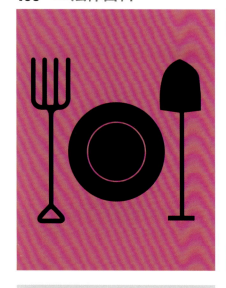

不劳动者不得食
苏俄宪法（1918年）

为了实现无产阶级的革命，工人阶级必须生存下去。

资产阶级为了推翻革命而不择手段。

无产阶级无法维持革命所带来的社会变革。

无产阶级的革命领袖必须牢牢控制一切。

宪法体现了整个社会未来的建设蓝图，排除了资产阶级的干预。

1917年二月革命期间，厌倦了第一次世界大战的俄国士兵，将沙皇尼古拉二世从圣彼得堡驱逐出去，为临时政府的成立扫清了障碍。同年3月，沙皇退位，自由主义者希望看到俄国走向代议民主。但是，在9月拉夫尔·科尔尼洛夫将军试图推翻临时政府失败后，流亡芬兰的弗拉基米尔·列宁动员布尔什维克开始走向革命。

布尔什维克的接管

列宁认为回到俄国的时机已经成熟，他将在十月革命中发挥领导作用。受卡尔·马克思的影响，列宁信奉"无产阶级专政"的思想，之所以这么称呼，是因为无产阶级的权力不应受资产阶级创造的法律的限制。

1917年11月7日，布尔什维克夺取了政权，并迅速组建了红军和肃反委员会，后者扮演一种无情的执法者的角色，后来成为苏联秘密警察，即克格勃。第二年春天，即1918年的春天，政府制定了一部新

参见: 英国光荣革命与《权利法案》102~103页，《美利坚合众国宪法》与《权利法案》110~117页，法国《人权和公民权利宣言》118~119页，《凡尔赛和约》192~193页。

的宪法。1918年的宪法首次承认工人阶级的统治，使俄国成为世界上第一个社会主义国家。

宪法到来

当列宁在1918年起草宪法时，宪法并不是为了通过权力制衡来确保稳定，而是扮演着象征社会变革的革命蓝图的角色。

宪法的立法目的是"废除人对人的剥削，彻底废除阶级划分，镇压剥削者，建立社会主义社会"。工农联盟将通过苏维埃统治这个国家。苏维埃是工人和士兵组成的代表委员会。

起初，苏维埃是向所有阶级开放的，但宪法把资产阶级排除在苏维埃和所有其他政府机关之外。这部宪法还禁止任何人支持反革命的白军，即由前帝国领导的军队，并规定工人和士兵有义务加入新组建的红军。

布尔什维克对权力的争夺一直

这张引人注目的海报是为了纪念1917年的革命而发行的，描绘了一名工人为了赢得和平、自由、社会主义和民主而打破压迫的锁链。

持续到内战结束。1918年的宪法将沙皇的专制制度换成了俄罗斯共产党的国家专制制度。重要的是，这部宪法并不涵盖对个人人权的保障。

1917年成立的俄国苏维埃代表大会由苏维埃代表、工人、农民和士兵组成。"最高权力机关"中央执行委员会选举国家元首，发布政令。由苏维埃代表大会选出的人民委员也颁布法令，进行监督并管理政府。

1918年的宪法为后来的一些社会主义国家采用的宪法提供了原则性的内容。这部宪法还为苏联政府提供了一个长达73年的法律框架。■

弗拉基米尔·列宁

弗拉基米尔·乌里扬诺夫，更广为人知的名字是列宁，他于1870年出生于辛比尔斯克，即现在的乌里扬诺夫斯克。列宁将思想转向革命，部分原因是他的哥哥在1887年因参与刺杀沙皇亚历山大三世而被绞死。列宁受到巴黎公社和卡尔·马克思的启发，发动了俄国十月革命。他决心建立一个政党使革命持续下去。他在1902年提道："给我们一个革命组织，我们将推翻现有的俄国政权！"然而，俄国社会民主工党分裂为强硬路线的布尔什维克和温和路线的孟什维克。

列宁的领导使布尔什维克于1917年年底掌权，终结了沙皇尼古拉二世的统治。布尔什维克后来成为俄罗斯共产党，列宁成为苏联的首位领导人，在1924年去世前他一直担任此职务。

少数人的民主，富人的民主，这就是资本主义社会的民主。

弗拉基米尔·列宁
《国家与革命》
（1917年）

我们希望和平成为正义

《凡尔赛和约》（1919年）

背景介绍

聚焦
国际法

此前
1907年 《三国协约》使英国、法国和俄国结成联盟，以对抗同盟国——德国和奥匈帝国。

1918年 德国和奥匈帝国同意停战，第一次世界大战结束。大约有900万名军人和1100万名平民在此次战争中丧生。

1918年 德国在投降后爆发了革命。

此后
1923年 刚刚成立的魏玛共和国，即当时的德国政府，在恶性通货膨胀的压力下摇摇欲坠。

1929—1933年 在经济大萧条期间，德国的失业人数飙升至600万人。

1933年 阿道夫·希特勒被任命为德国总理，纳粹党的一党专政统治随之而来。

1919年6月28日，在第一次世界大战中胜利的协约国和战败的同盟国签署了《凡尔赛和约》。在接下来的14个月里，协约国又与奥地利、保加利亚、匈牙利和土耳其签订了4项条约，1923年和1925年又分别与土耳其和德国签署了进一步的条约。

这些条约重塑了欧洲版图。奥匈帝国和奥斯曼帝国解体；饱受内战蹂躏的俄罗斯帝国也急剧衰落，8个新的民族国家成立，分别是捷克斯洛伐克、爱沙尼亚、芬兰、匈牙利、拉脱维亚、立陶宛、波兰和南斯拉夫。

1919年的《凡尔赛和约》是在凡尔赛和平会议上起草的，有27个国家参加，但由英国、法国、意大利和美国领导。这次会议的主要推手是美国时任总统伍德罗·威尔逊。他的理想是建立以自决为基础的民主、开放、平等的国际联盟，打造一个和平与繁荣的新世界。

威尔逊对欧洲的愿景最终未能实现，因为不可能在多种族的人民中建立统一的民族国家。

惩罚德国

英国时任首相戴维·劳埃德·乔治和法国时任总理乔治·克莱门梭制定了一条"战争罪条款"。这一条款的逻辑很简单：既然德国对这场战争负有责任，那它就应该承担责任。所以，《凡

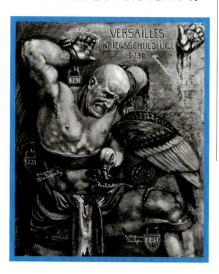

这幅海因茨·韦佛在1932年所画的海报暗示了德国因第一次世界大战而遭受的惩罚。

参见: 4部《日内瓦公约》152~155页, 纽伦堡审判 202~208页, 联合国与国际法院 212~219页。

欧洲各国被第一次世界大战压垮了: 再来一场大战是不可想象的。

美国拥护民主和国际联盟。

法国和英国坚持认为, 必须削弱德国的实力, 以阻止它发动另一场战争, 并认为德国必须为自己造成的损失付出代价。

《凡尔赛和约》正式结束了战争, 迫使德国解除武装, 交出领土, 并向协约国支付巨额赔款。

尔赛和约》对德国提出了两个主要条件。

第一个条件是战败赔款, 德国将支付高达1320亿马克的赔款, 这是建立在约1500亿马克的巨额战争债务之上的。德国还被迫放弃几乎所有的铁矿石和煤炭资源, 以及13%的国土 (约10%的人口居住在那里)。

第二个条件是德国必须解除武装, 放弃军备: 德国军队从1914年的380万人被削减到10万人。同时, 德国还被迫放弃大部分海军和所有大型商船。德国西部的莱茵地区将成为由协约国负责管理的非军事化区域, 德国还需要放弃全部的海外殖民地。德国被迫签署条约, 蒙受屈辱, 遭受贫困, 经济崩溃, 皇帝被流放, 人民忍饥挨饿。因此, 当时人们也认识到了, 对战败的民族提出这样的惩罚性要求只会激起怨恨。

可怕的后果

事实证明, 对德国的惩罚对和平条约的长期成功产生了灾难性的影响。如果不是大萧条使德国陷入进一步的经济困境, 德国可能已经复苏。这一点对希特勒有利。希特勒不是《凡尔赛和约》的必然产物, 但如果没有《凡尔赛和约》, 希特勒的崛起是不可想象的。以结束一场战争为目的的《凡尔赛和约》, 却为第二次世界大战和大屠杀铺平了道路。■

国际联盟

1920年在日内瓦成立的国际联盟, 体现了世界各国决心不让未来发生如第一次世界大战那般规模的冲突。它是一支促进国家间合作与安全的国际力量。

尽管国际联盟是受到美国总统伍德罗·威尔逊的启发而成立的, 但它从一开始就遭到了削弱, 原因是美国在政治立场上退回到了孤立主义, 拒绝加入国际联盟, 而且人们认为, 这是法英试图为殖民统治辩护的举动。

国际联盟很快被证明是没有实权的, 它是一个善意的机构, 没有有效的手段来推动自己的判决, 并且经常无法就集体行动方针达成一致意见。在1935年国际联盟的鼎盛时期, 它也只有58名成员, 其中许多国家持相互矛盾的观点。一些国家加入国际联盟的时间只有几年。

国际联盟在1946年正式解散, 无论它是否是个错误的开始, 它仍是1945年联合国的模板。

这不是和平协议。这只是停战20年协议。

法国上将费迪南德·福赫
(1851—1929年)

注意义务
多诺霍诉史蒂文森案（1932年）

一人的粗心大意对他人造成了损害。

被告有理由预见他们的行为可能会伤害他人。

"爱你的邻居"原则，适用于任何必然会受到粗心行为影响的人。

使被告对他们的行为负责是公平的。

1928 年8月26日，梅·多诺霍和一个朋友在苏格兰佩斯利的咖啡馆停下来，朋友为他们点了饮料。多诺霍选了一杯史蒂文森姜汁啤酒，啤酒被装在一个不透明的棕色玻璃瓶里。她倒了一些姜汁啤酒，喝了一些，但随后注意到一只腐烂的蜗牛从瓶子里掉了出来。她被这只蜗牛吓坏了，不久之后就病倒了。

显然，咖啡馆的所有者没有责任，因为密封的瓶子是由制造商戴维·史蒂文森转交给他的，他看不到里面的东西。至关重要的是，梅·多诺霍并不是史蒂文森的顾客，她的朋友才是，因为是她的朋

参见: 布莱克斯通的《英国法释义》109页，哈德利诉巴克森德案 148~149页，德国工伤保险制度 164~167页，所罗门诉所罗门有限公司案 178~179页。

一个不透明的瓶子是"多诺霍诉史蒂文森案"的核心，最终裁决基于这样一个事实：咖啡馆的所有者不能为看不到的东西负责。

> 让（被告）对从他们工坊中流出的每一瓶酒的状况负责，这似乎有点残暴了。
>
> 持反对意见的法官巴克马斯特勋爵
> （1932年）

友付了酒钱。根据当时的法律，多诺霍无权获得疾病的赔偿，因为她没有与该饮料的生产商签订合同。尽管如此，她还是起诉了史蒂文森。1931年，她的案子在当时的英国最高法院——上议院结束。

"爱你的邻居"

次年，阿特金勋爵代表多数支持多诺霍的法官发言：史蒂文森对喝了他的产品的人负有广泛的注意义务。如果要提出损害赔偿要求，重要的是要确定某人是否能够合理地预见他们的行为可能会伤害他人。阿特金认为，《圣经》中"爱你的邻居"的宗教诫命，引发了"谁是我的邻居"的法律问题。阿特金继续说道："一个人不应该

仅考虑与自己物理上相接近的人，还应该考虑任何必然会受到粗心行为影响的人。"在概述一个人对他人的责任时——后来该项责任被称为"注意义务"——阿特金设定了一项法律标准，法院可以根据这个标准来评估一个人是否应该为其粗心的行为负责。

以梅·多诺霍的姜汁啤酒为例，这种评估是直截了当的：制造

> 那么，在法律上，谁是我的邻居呢？
>
> 阿特金勋爵
> （1932年）

商制造了一种产品，旨在将其推广到更广泛的世界，所以他应该预见，如果这种产品受到污染，那么消费者将受到伤害。

"多诺霍诉史蒂文森案"在侵权法领域具有重要意义，侵权法涉及对损害人们获得安全产品、清洁环境、财产保护和更广泛经济利益方面的权利进行赔偿。该案例阐明了一般注意义务的存在，而不只局限于医生和病人之间的关系、雇主和雇员之间的关系或制造商和购买其产品的人之间的合同等情况下的义务。

后来，法院对可预见性和邻近性等概念进行了更详细的界定。该案被认为是世界人身伤害法和消费者法的一个里程碑，奠定了现代过失法的基础。■

必须对致命武器进行管制

美国《国家枪支法》（1934年）

美国宪法第二修正案明确规定，"公民持有和携带武器的权利不受侵犯"。修正案的目的在于保护新独立的国家的公民免受外来攻击或来自政府的压迫。自那时起，关于持有枪支究竟是宪法赋予了煽动暴力的权利还是美国自由的基石的辩论，一直十分激烈。

尽管最高法院在1875年和1886年做出了模糊的判决——试图淡化第二修正案的影响——但1934年的《国家枪支法》是首部试图通过立法实施枪支管制的法案。该法案是在禁酒令被废除不久后通过的，在很大程度上是为了回应公众对那时帮派斗争的不安，当时犯罪分子掌控了酒精贸易。

该法案只适用于两种枪械——机关枪和短管枪的管制。这两种形式的枪械并未遭到真正的禁止。《国家枪支法》希望通过征税来控制枪支的交易。此外，持枪械者必须登记。该法案也不适用于手枪。

《国家枪支法》的结果喜忧参半，因为只有遵纪守法的人被惩罚，而罪犯并未受到任何的阻止。美国最高法院在2008年、2010年和2016年的进一步裁决中，都未能解决枪支问题。■

美国最致命的枪击案发生在2017年10月1日的拉斯维加斯。当时，斯蒂芬·帕多克在一个音乐节上用改装后的半自动步枪向约22000名观众扫射，最终造成了50多人死亡，400多人受伤。

参见：《美利坚合众国宪法》与《权利法案》110~117页，法国《人权和公民权利宣言》118~119页，美国最高法院与司法审查 124~129页。

从民主到独裁
德国《纽伦堡法》（1935年）

在阿道夫·希特勒于1933年1月成为德国总理之前，纳粹对犹太人的种族主义迫害就已经十分明显了。犹太人被归为次等人类，被认为是玷污种族纯洁性的人种。20世纪30年代初，犹太人成为替罪羊，并受到虐待，纳粹试图将他们赶出德国。然后，在1935年，种族歧视被写入法律。

所谓的《纽伦堡法》一共有两部法律，即《德国血统与荣誉保护法》和《德意志帝国公民法》。这两部法律与1933年以来通过的许多反犹太法，如禁止犹太人在政府任职和限制他们参与特定关键职业的法律相比，影响更为全面。

《德国血统和荣誉保护法》禁止犹太人和德国人结婚，维持"婚外关系"也同样被禁止，禁止犹太人雇用45岁以下的德国女性为家仆。《德意志帝国公民法》则对种族身份给出了一系列复杂的定义。那些有八分之一或更少犹

> 我们所做的一切都源于《纽伦堡法》。

纳粹党卫军官员莱茵哈德·海德里希
（1904—1942年）

太血统的人被视为德国人和德意志公民；而有四分之三或全部犹太血统的人则被剥夺了所有公民权利。血统比例位于中间的人是德意志公民，但不被纳入德意志种族。

《纽伦堡法》是纳粹在1941年批准实施的"最终解决方案"的关键一步。欧洲的犹太人不仅是受害者，还是被消灭的对象。■

参见: 4部《日内瓦公约》152~155页，纽伦堡审判 202~208页，《防止及惩治灭绝种罪公约》209~211页，《世界人权宣言》222~229页。

A NEW INTERNATIONAL ORDER

1945–1980

新国际秩序
1945—1980年

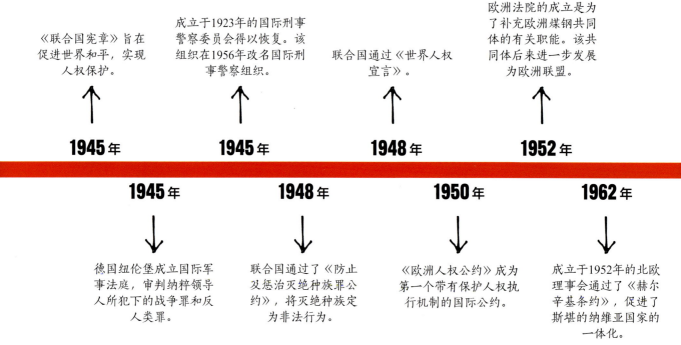

《联合国宪章》旨在促进世界和平，实现人权保护。

成立于1923年的国际刑事警察委员会得以恢复。该组织在1956年改名国际刑事警察组织。

联合国通过《世界人权宣言》。

欧洲法院的成立是为了补充欧洲煤钢共同体的有关职能。该共同体后来进一步发展为欧洲联盟。

1945年 　　　**1945**年 　　　**1948**年 　　　**1952**年

1945年 　　　**1948**年 　　　**1950**年 　　　**1962**年

德国纽伦堡成立国际军事法庭，审判纳粹领导人所犯下的战争罪和反人类罪。

联合国通过了《防止及惩治灭绝种族罪公约》，将灭绝种族定为非法行为。

《欧洲人权公约》成为第一个带有保护人权执行机制的国际公约。

成立于1952年的北欧理事会通过了《赫尔辛基条约》，促进了斯堪的纳维亚国家的一体化。

第二次世界大战结束后的几十年里，全球政治格局和对国际合作的态度发生了巨大变化。在相隔不到一代人的时间内，接连发生两场近乎毁灭全球的军事冲突，这使得人们对和平与正义产生了前所未有的渴望，同时对纳粹大屠杀心存恐惧，这两者都凸显了国际立法的必要性。然而，没过多久，东西方对立的意识形态开始投下"冷战"的长期阴影，核武器的威慑使得整个世界更加岌岌可危。

尽管在第一次世界大战后，世界各国曾尝试建立真正的国际组织，如国际联盟，但在全球经济大萧条，以及德国纳粹崛起的动荡的经济和政治氛围中，这些努力最终都失败了。然而，在第二次世界大战即将结束时，各国领导人对这样一个国际组织的想法更加开放，因此，联合国于1945年10月成立了。

报复惩罚与机构制度

第二次世界大战结束后，纳粹德国实施的大规模暴行，特别是惨绝人寰的大屠杀，引起了国际社会的强烈反应：首先以一系列的军事法庭的形式，对幸存的德国军事和政治领导人进行审判。这些审判于1945—1946年在纽伦堡举行，由来自美国、英国、苏联和法国的法官执行。这是人类首次组建的国际军事法庭，定义了3种新的犯罪类型：危害和平罪，包括无端发动战争；战争罪，如违反1899年和1907年《海牙公约》所规定的国际战争

规则；反人类罪，包括实施大规模的屠杀、强迫劳动和宗教迫害。

1946年，联合国承认灭绝种族是一种罪行，并于1948年将其定为非法行为。同年，联合国在《世界人权宣言》中编写了一份关于种族灭绝的一般性声明。几年内，联合国将世界上的主要力量汇集在了众多的国际机构中。

在饱受两次世界大战蹂躏的欧洲，人们普遍渴望和平合作，尤其是重建工业和促进经济复兴。人们从第一次世界大战后强加给德国的惩罚性解决方案的后果中吸取了教训。和解尤其是法国和德国之间的和解，取代了曾经实施的报复，进一步推动了新的欧洲机构的建立。

欧洲委员会的12个成员国于

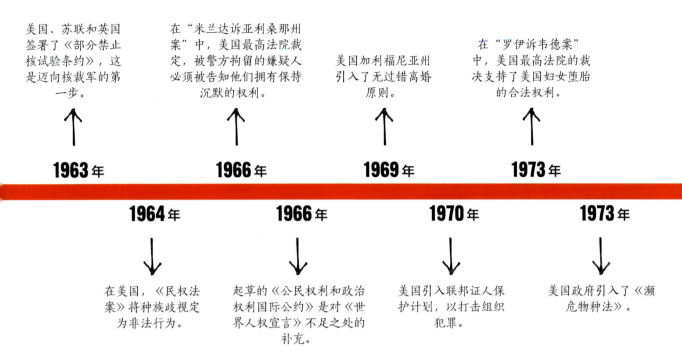

美国、苏联和英国签署了《部分禁止核试验条约》，这是迈向核裁军的第一步。

在"米兰达诉亚利桑那州案"中，美国最高法院裁定，被警方拘留的嫌疑人必须被告知他们拥有保持沉默的权利。

美国加利福尼亚州引入了无过错离婚原则。

在"罗伊诉韦德案"中，美国最高法院的裁决支持了美国妇女堕胎的合法权利。

1963 年　　　　**1966** 年　　　　**1969** 年　　　　**1973** 年

1964 年　　　　**1966** 年　　　　**1970** 年　　　　**1973** 年

在美国，《民权法案》将种族歧视视定为非法行为。

起草的《公民权利和政治权利国际公约》是对《世界人权宣言》不足之处的补充。

美国引入联邦证人保护计划，以打击组织犯罪。

美国政府引入了《濒危物种法》。

1950年达成了《欧洲人权公约》，欧洲煤钢共同体（后来发展为欧洲联盟）于1952年成立了欧洲法院。类似的合作精神促使了1952年北欧理事会的成立。10年后，北欧理事会批准了《赫尔辛基条约》，为斯堪的纳维亚国家更紧密的一体化铺平了道路。

与之形成鲜明对比的是，"铁幕"两边的紧张局势日益加剧，一边是苏联及其盟友，另一边则是以美国和其他实行资本主义的西方国家。东西两大阵营不断地增加自己拥有的核武器的数量。在1962年古巴导弹危机期间，东西方对立的事态达到了顶峰。出于对这种紧张态势的考虑，紧随其后的便是限制核武器扩散的国际谈判，最终

于1963年达成了《部分禁止核试验条约》。

社会变革

在国际社会努力促进和保护人权的同时，也出现了越来越多的社会运动，尤其是在美国，人们迫切希望通过法律来加强社会变革。民权运动源于非裔美国人对具有歧视性的《吉姆·克劳法》的愤怒，最终催生了1964年《民权法案》的出台。女性主义的兴起，也迫使妇女权利被提上了议程，有关堕胎、离婚等问题的法律的出台推动了整个社会发生相应的变化。

随着人类干扰自然产生的影响日益明显，人们对环境问题也日益关注。1973年，《濒危野生动植

物种国际贸易公约》和美国《濒危物种法》均获得通过。它们开始意识到保护自然世界的必要性，但还没有消除生物多样性丧失所带来的更深层次的生态影响。■

新的邪恶需要新的补救措施

纽伦堡审判（1945—1949年）

背景介绍

聚焦
军事法

此前

1474年 勃艮第骑士彼得·冯·哈根巴赫是第一个被判犯有战争罪的军事指挥官。

1920年 国际联盟设立了第一个国际法院——常设国际法院。

1943年 第二次世界大战同盟国的领导人决定对纳粹战犯进行军事审判。

此后

1961年 纳粹分子阿道夫·艾希曼在阿根廷被捕，之后他在耶路撒冷受审并被处决。

1987年 克劳斯·芭比因驱逐犹太人而被审判和定罪。

2017年 前南斯拉夫问题国际刑事法庭在宣判前南斯拉夫的总统斯洛博丹·米洛舍维奇、拉多万·卡拉季奇和拉特科·穆拉迪奇将军有罪后，结束了审理工作。

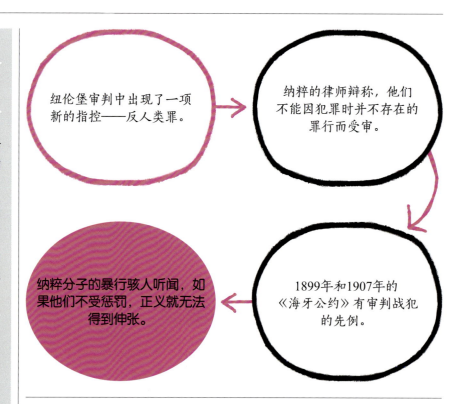

纽伦堡审判中出现了一项新的指控——反人类罪。

纳粹的律师辩称，他们不能因犯罪时并不存在的罪行而受审。

1899年和1907年的《海牙公约》有审判战犯的先例。

纳粹分子的暴行骇人听闻，如果他们不受惩罚，正义就无法得到伸张。

纽伦堡审判是1945—1946年在德国纽伦堡对13个法庭案件进行的系列军事审判。审判的目的是将第二次世界大战战败的纳粹政权的领导人绳之以法。随后还进行了其他类似的审判，包括在东京举行的针对日本战争领导人的审判，但纽伦堡审判开创了国际军事审判的先例。被告之一的纳粹领导人赫尔曼·戈林认为，纽伦堡审判是胜利者的正义，但这些审判是建立国际正义体系的重要里程碑。纽伦堡审判为处理跨越国界的种族灭绝和反人类罪开创了先例，象征着人们战胜了战争贩子和有关暴行。

惩罚的到来

战争尚未结束，盟军领导人就开始讨论如何处置纳粹领导人。对那些造成痛苦和死亡的人，人们希望伸张正义及实施惩罚，但更紧迫的是对大屠杀的恐怖行径进行法律惩罚。随着关于犹太人悲惨命运的证据被公之于众，盟军决定根据1943年的《莫斯科宣言》惩罚那些负有责任的人。《莫斯科宣言》的其中一份文件，即《反暴行宣言》，由当时的美国总统罗斯福、英国首相丘吉尔和苏联领导人斯大林共同签署。该宣言决定让德国人回到犯罪现场，对军事暴行进行审判，并给予罪犯适当的惩罚。

审判或是处决？

丘吉尔赞成立即对纳粹的高

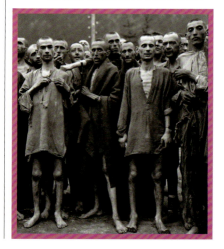

战争结束时，人们在纳粹集中营中发现了瘦骨嶙峋的幸存者，使人们更加着力于惩罚大屠杀的策划者。

参见: 4部《日内瓦公约》152~155页, 两部《海牙公约》174~177页,《防止及惩治灭绝种族罪公约》209~211页, 联合国与国际法院 212~219页,《世界人权宣言》222~229页。

级军官执行枪决, 以避免军事审判成为一场战胜国的作秀, 但苏联人热衷于做所谓"正确"的事情。丘吉尔写道:"我们的约瑟夫叔叔, 出人意料地采取了极其受人尊敬的路线。未经审判, 则不得执行死刑, 否则整个世界便会对我们说三道四, 说我们害怕对这些战犯进行审理。"

1945年4月罗斯福总统去世后, 美国开始同意苏联的意见, 美国负责战争事务的助理国务卿约翰·麦克洛伊对英国提出反对意见表示十分惊讶。后来, 英国同意了美国和苏联的主张, 并选择纽伦堡作为审判主要纳粹战犯的地点。纽伦堡有良好的法庭和监狱设施, 而且希特勒在那里举行了任内最大规模的集会, 为整个审判过程赋予了象征性的力量。

新法庭与新罪名

纽伦堡国际军事法庭是根据1945年8月8日由4个主要的同盟国——美国、英国、苏联和法国联合签署的《伦敦宪章》设立的国际军事法庭。该法庭不设陪审团, 由法官独立审判。各国享有平等的代表权, 可各自指派法官和检察官。

美国的罗伯特·H.杰克逊和英国的哈特利·肖克罗斯爵士作为两国指派的检察官, 以对被告进行无情的讯问而出名。辩护方主要由德国律师负责。在每一场审判中, 法官、检察官和被告说4种语言, 分别是英语、法语、德语及俄语。在实际的审判过程里, 将所有的对话内容用4种语言分别翻译, 大大减慢了审判的速度。因此, 纽伦堡审判中首次采用4种语言进行口译试验, 并通过耳机向所有法庭上的参与者同声传递翻译的内容。

口译人员需要立即转述有关的口头内容, 而且法庭的证词里多半带有令人感到非常痛苦的内容, 这使得口译人员承受巨大的压力, 一些口译人员不得不在审判中被临时替换。也有人批评这样的口译系统, 因为在口译人员面临巨大压力的情况下, 错译的可能性很高, 口

> 这些纳粹分子受到了他们在盛气凌人的时代从未给予过任何人的那种审判。
>
> 罗伯特·H.杰克逊
> 指控方的辩论总结
> (1946年)

译人员也有可能有意或无意地说出自己的主观陈述。与此同时, 律师们抱怨说, 口译过程给了被告在应对讯问时关键的思考时间。尽管如此, 纽伦堡审判的实践证明, 采用同声传译的做法十分成功, 同声传译已成为国际法院审判过程中的标准做法。

《伦敦宪章》定义了3种新罪名。第一种是危害和平罪, 在于惩罚策划和发动侵略战争的罪行。第二种是战争罪, 即在对待平民和

罗伯特·H.杰克逊

罗伯特·H.杰克逊于1892年出生于美国宾夕法尼亚州的一个农场里。他在纽约长大, 后来成为美国历史上最著名的最高法院法官之一。他作为实现美国宪法框架下的法治的坚定捍卫者, 反对联邦政府机构存在任何越权的情况。他是最后一批没有法律学位的最高法院大法官中的一位。在加入最高法院之前, 他还独树一帜地担任过美国的副检察长和司法部部长。

作为最高法院的大法官, 杰克逊反对针对战时日裔美国人的拘留和种族隔离。杰克逊最为人所知的角色是在纽伦堡审判中担任美国的首席检察官, 他犀利的提问风格产生了巨大的影响。罗伯特·H.杰克逊于1954年在美国华盛顿特区去世。

囚犯方面违反战争公约的罪行。第三种是反人类罪，包括谋杀、强迫劳动、强迫平民迁徙，以及基于政治、宗教或种族原因的迫害。

在审判中，检察官认定纳粹犯下的反人类罪为灭绝种族罪，这是波兰律师拉斐尔·莱姆金在1944年创造的法律术语。这个术语是莱姆金对大屠杀，以及其他因种族或宗教上的划分所导致的整个民族或群体遭到毁灭的历史事件的回应。联合国在1948年的《防止及惩治灭绝种族罪公约》中，将灭绝种族定为非法行为，该公约在1951年纽伦堡审判结束后生效。

纽伦堡审判中的被告

1945年10月，24名纳粹领导人和包括盖世太保在内的几个纳粹组织被起诉。被告被命令出庭，这个环节被称作"重大战犯审判"。这些战争罪犯，尤其是阿道夫·希特勒本人、海因里希·希姆莱和约瑟夫·戈培尔，要么逃亡，要么在战争的最后阶段自杀。

纽伦堡审判的法庭认为，根据1899年和1907年《海牙公约》所确立的"指挥责任"概念，对指挥官的部队所犯的罪行进行审判是合法的。虽然不是每个人都同意这样的观点，但在法律上，这是存在先例的。1921年，第一次世界大战结束后，德国陆军上尉埃米尔·穆勒在经过德国最高法院的审理后被判有罪，原因是他在弗莱维-勒-马特尔集中营对战俘实施了酷刑。

纽伦堡国际军事法庭的被告中最著名的是赫尔曼·戈林，他是纳粹前任空军司令，负责实施犹太人问题"最终解决方案"的大屠杀计划。戈林保持狂妄、不道歉的态度，在庭审的过程中，肆无忌惮地撒谎，坚称纳粹领导人只是做了所有战争领导人为确保国家的生存都会做的事。

而其他的被告，如希特勒的军备部长阿尔伯特·施佩尔则表现得较为温和。他巧妙地提供了法庭要求的所有信息。施佩尔与其他的战犯有很大的不同，他对纳粹犯下的恐怖行径进行了真诚的道歉，因此他只被判处20年的监禁，并未被判处死刑。直到后来，施佩尔的骇人罪行才浮出水面。

法律辩护

纳粹领导人试图在庭审的过程中就指控进行辩护。其中一个辩护理由是他们被指控的罪名是事后的或向前追溯的法律指控。也就是

纽伦堡国际军事法庭的结构				
参与国家	**法国**	**英国**	**美国**	**苏联**
法官 — 主审法官	亨利·德·瓦布尔教授	杰弗里·劳伦斯首席大法官	弗朗西斯·比德尔	伊欧纳·尼基琴科少将
法官 — 代理法官	罗贝尔·法尔科	诺曼·伯基特男爵	约翰·J.帕克	亚历山大·沃尔奇科夫中校
首席检察官	弗朗索瓦·德·芒通，后来被奥古斯特·查布提尔·德·黎贝斯替代	总检察长哈特利·肖克罗斯爵士	大法官罗伯特·H.杰克逊	罗曼·安德烈约维奇·鲁登科中将
辩护律师	几乎全部由德国人组成			
	每个被告均有一名辩护律师，括号内为其负责的被告，奥托·斯塔默（赫尔曼·戈林）、汉斯·弗莱克斯纳（阿尔伯特·施佩尔）、君特·冯·罗尔沙伊特和阿尔弗雷德·塞德尔（鲁道夫·赫斯）、鲁道夫·默克尔（盖世太保）			

说，这些罪名只是在《伦敦宪章》中才首次被确定为罪行，而该宪章是在罪行发生很久之后才被确定下来，成为审判指导方针的。另一个辩护理由是，纽伦堡审判存在不公平、不公正之处，只是同盟国对德国人做出的胜利者的审判，而忽略了自己军队所犯下的类似罪行。第3个辩护理由是这些被指控的纳粹领导人长期以来只是奉命行事。纽伦堡国际军事法庭根据1899年和1907年《海牙公约》中关于战争罪的先例，驳回了事后法律的论点。该公约禁止在战争中实施某些特定作战方法。

关于危害和平罪，在纽伦堡审判中，他们提到了1928年的《凯洛格-白里安非战公约》（或称《巴黎非战公约》）。公约的签署国承诺不会试图通过发动战争来解决国际争端。然而，至关重要的是，有人认为，即使法律上不存在先例，但纳粹所实施的罪行是如此骇人听闻，以至于如果他们最终不受惩罚，正义将无法得到伸张。

法律谴责和判决执行

最终，24名被告中除3名外，其余均被判有罪，其中12名被判处死刑，其余的人被判处10年至终身监禁。1946年10月16日，10名死刑犯被执行绞刑。弗里茨·绍克尔在被带到绞刑架前喊道："我是无辜的，判决有误！"赫尔曼·戈林则在被处决的前一天晚上服药自杀，以逃脱被绞死的命运。被判处死刑的第12名被告马丁·鲍曼在战争的最后几年是希特勒最为亲密的助手，他在缺席的情况下受审和被定罪。过去人们一直认为鲍曼逃到了南美洲，但20世纪70年代，通过对从柏林的废墟中挖出的一具骸骨进行DNA测试，证实鲍曼在受审前便已死亡。

后续的审判

在完成对主要战犯的审判工作后，1946年12月—1949年4月，纽伦堡还进行了一系列后续的审判工作。同盟国之间日益增长的分歧破坏了彼此的合作，所以后续审判的法庭并非国际法庭，而是仅属于美国一国的军事法庭（一些国家没有参与审判），尽管它们在同一个地方举行。后续的审判有对在囚犯身上做实验的医生的审判，也有对使用强迫劳动的实业家的审判，最终共有185人被起诉，其中12人被判处死刑。

与此同时，在日本，1946年4月—1948年11月，另一个国际法庭对28名日本军事领导人进行了审判。1945年9月，美国陆军上将道格拉斯·麦克阿瑟逮捕了日本领导人，启动了审判的进程。当时，日本已经宣布投降，第二次世界大战已结束。次年1月，麦克阿瑟批准了《远东国际军事法庭宪章》，即所谓的《东京宪章》。与《伦敦宪章》一样，这部宪章规定了军事审判的审理形式。

《东京宪章》规定了与纽伦堡审判类似的体系，包括危害和平罪、战争罪与反人类罪3类犯罪。对指挥战争的日本最高领导人，即所谓的甲级战犯，提出了危害和平罪的指控。战争罪和反人类罪是针对参与战争的下属（由乙级和丙级

> 你们为什么不直接枪决我们？
>
> 不知名的纳粹战犯
> （1946年）

战犯所组成）的。但与纽伦堡审判不同的是，如果一名战犯因后两项罪行中的任何一项而被起诉，那么他必须首先以危害和平罪被起诉。

东京审判与纽伦堡审判的另一个关键性的区别是，东京的军事法庭有来自11个国家而非4个国家的代表。澳大利亚、加拿大、中国、法国、英属印度、荷兰、新西兰、菲律宾、苏联、英国和美国都被卷入了与日本的战争中——这些国家都派出了法官和检察官参与对日本战犯的审判。

两年后，受审的28名日本军事领导人都被判有罪。其中的7名甲级战犯被判处死刑，其余的人则被判长期监禁。

审判后的余波

许多人认为参与纽伦堡审判和相关审判的经历令人沮丧。参与审判的人听了几个星期有关纳粹德国在战争期间被揭露的恐怖罪行。

一些人继续争辩，认为这场审判属于胜利者的正义。人们很快发现，1940年苏联在波兰的卡廷屠杀了2.2万名被俘的波兰军人，而

成千上万的德国平民在盟军对汉堡、德累斯顿和其他德国城市的持续轰炸中丧生。时任美国最高法院首席大法官的哈兰·斯通表示，整个事件是一场"伪善的欺诈"和一个"高级的私刑派对"。

尽管饱受批评，但后来人们普遍认为，对这些战犯的军事审判取得了重大成果。在审理的环节中，纳粹政权的许多残忍罪行得到了正式记录。此外，这些战犯中没有人对谁应该为发动战争负责表示怀疑。但至关重要的一点是，纽伦堡审判重新确立了法治的重要性，开创了通过法律手段而非诉诸武力处理争端的先例。这些军事审判所造就的历史是追求和平的决心的一部分，它连同联合国的创立，试图建立一个由国际协议而非战争统治的未来世界。

审判的历史遗产

纽伦堡审判的首席法官罗伯特·H. 杰克逊认为，重要的不是纳粹领导人的个人命运，而是对法律作为最终仲裁者的肯定。1948年，《防止及惩治灭绝种族罪公约》将灭绝种族定为非法行为。同年，联合国通过了《世界人权宣言》。1949年，一系列《日内瓦公约》更新了有关战争中人道主义待遇的早期标准。

但是，对于建立一个常设的国际刑事法院以跟进纽伦堡审判，社会各方尚未达成共识。常设的国际刑事法院最终于2002年在荷兰海牙成立，但未得到包括美国、中国、伊拉克、印度、以色列、利比亚、卡塔尔和也门等国家的同意。到目前为止，海牙的国际刑事法院已开展了实际的审判，定罪了8人，无罪释放了4人。

海牙也是前南斯拉夫问题国际刑事法庭的所在地，该法庭由联合国于1993年设立，旨在起诉前南斯拉夫在战争期间的严重战争罪行。该法庭判处包括塞尔维亚前总统米洛舍维奇在内的80多人有罪，其中还包括原波黑塞族共和国总统卡拉季奇，以及波斯尼亚塞族指挥

> **《世界人权宣言》是全人类共有的国际大宪章。**
>
> 《世界人权宣言》起草委员会主席
> 埃莉诺·罗斯福
> （1884—1962年）

官穆拉迪奇。

实际上，纽伦堡审判确立的法律原则未能实际保护人们免受可怕的战争和灭绝种族罪的侵害，仍有许多恐怖事件未能得到相应的惩罚，或未被正式记录下来。同时，世界的主要大国似乎也不太可能因自身造成的罪行受到此类国际法院和法庭的审查。然而，为惩罚战犯寻求一项国际法律解决方案的原则似乎已经确立，纽伦堡审判中设立的3种罪行——危害和平罪、战争罪和反人类罪——的确对追求正义至关重要。■

彼得·冯·哈根巴赫

第一个被判犯有战争罪的军事指挥官是勃艮第骑士彼得·冯·哈根巴赫。他于1420年出生在冯·哈根巴赫，即现在的法德边境，是上阿尔萨斯地区的法警。1469—1474年，他领导了一场残暴的起义，以至于神圣罗马帝国召集了一个由28名法官组成的法庭来审判他的罪行，包括谋杀罪和强奸罪。他试图为自己辩解，并表示，他听从勃艮第公爵"大胆的查理"的命令行事。这种听从上级命令的脱罪之词，虽然首次被提出，但绝对不是战争罪犯最后一次使用这样的理由来为自己辩护。

这一辩护理由被法庭驳回，冯·哈根巴赫被判犯有谋杀、强奸和提供伪证3项罪名，于1474年被处决。一些现代学者认为，这可能只是一场为了作秀而进行的审判，其目的是抹黑"大胆的查理"。但毫无疑问，冯·哈根巴赫确实实施了以上骇人听闻的罪行。

灭绝种族是违反人道法的行为

《防止及惩治灭绝种族罪公约》（1948年）

大规模的屠杀一直是人类历史上最悲惨的一部分。但在第二次世界大战中，种族灭绝达到了可怕的规模，德国在大屠杀中以工业制造般的速度，杀害了大约600万名犹太人、许多罗姆人，以及其他种族的人。

战争结束后，面对这些暴行，人们强烈要求恢复法治。为了将纳粹领导人绳之以法，1945年的《国际军事法庭宪章》，即《伦敦宪章》制定了纽伦堡审判的框架，确定了反人类罪的有关法律内容。

纳粹的罪行规模如此之大，以至于需要一个全新的法律结构来定义。此外，这是由整个国家实施的罪行，而非个人犯罪，因此找到方法确定谁应该为此负责是至关重要的一点。

国际法

1946年，联合国通过了一项决议，承认灭绝种族是一种犯罪行为。两年后，联合国接受了《防止及惩治灭绝种族罪公约》，该公约于1951年生效。拉斐尔·莱姆金博士完成了该公约制定的大部分基础工作，他曾经因逃离大屠杀而到达美国。1944年，他出版了与纳粹统治相关的著作，即《被占领欧洲的轴心国统治》一书。英国时任首相丘吉尔在1941年BBC的广播中评论道："我们面对的是一场无名的犯罪。"莱姆金博士将这种罪行定义为灭绝种族罪。

《防止及惩治灭绝种族罪公约》的第2条将灭绝种族罪定义为"蓄意全部或局部消灭某一民族、人种、种族或宗教团体的下列行为之一：（a）杀害该团体的成员；（b）致使该团体的成员在身体上或精神上遭受严重伤害；（c）故意使该团体处于某种生活状况下，以毁灭其全部的生命；（d）强制施行意图防止团体内的生育的方法；（e）强迫转移该团体的儿童至另一团体"。

这部公约很快就得到了100多个国家的批准，美国尽管很早就参与其中，但直到1988年才批准。公

拉斐尔·莱姆金博士是一位波兰犹太裔国际律师。第二次世界大战后，他积极推动国际立法以处理种族灭绝问题。

约在实践层面上经常面临障碍，包括要求证明犯罪意图。例如，伊拉克前总统萨达姆声称，20世纪80年代对数千名伊拉克库尔德人的袭击是为了恢复秩序。有关的社会活动人士认为，公约应该规定表明灭绝

20世纪之前，针对目标群体的大规模杀戮在国际法中不被承认为犯罪。

大屠杀之后，纽伦堡审判显示出，需要在法律中定义和命名有关的罪行，以便起诉有罪的当事人。

1948年，联合国通过了一项公约来定义、防止和惩罚灭绝种族的行为。

参见: 法国《人权和公民权利宣言》118~119页, 4部《日内瓦公约》152~155页, 两部《海牙公约》174~177页, 纽伦堡审判 202~208页,《世界人权宣言》222~229页。

种族罪目的的行动模式。

早期的法庭

公约于20世纪90年代首次实施: 前南斯拉夫问题国际刑事法庭和卢旺达问题国际刑事法庭对灭绝种族罪的定义进行了细化。在卢旺达案件中, 现在被定义为灭绝种族的行为还包括性暴力和强奸。前南斯拉夫问题国际刑事法庭则认为, 即使是针对一个群体的小部分的暴行, 也可能是灭绝种族意图的标志。

虽然公约仍在不断完善, 但其内容使国际社会能够通过一种公平的法律程序将犯下骇人听闻罪行的人绳之以法。∎

强奸不再是战争的战利品。

卢旺达问题国际刑事法庭南非籍法官
纳瓦尼特姆·皮莱
(1995—2003年)

卢旺达种族大屠杀

1994年, 卢旺达难民逃往邻国的难民营, 如扎伊尔, 但数千名难民死于霍乱等疾病。

在1994年4—7月近4个月时间里, 多达100万名卢旺达人惨遭屠杀。种族灭绝的凶手们使用了砍刀、棍棒和其他钝器。许多人被赶进用煤油引燃的建筑物中。同时, 多达50万名妇女被强奸。

施暴者主要是来自胡图族联攻派和共志派的青年民兵, 而大多数受害者则是图西族人。国际社会的反应被认为是严重失败的。

同年, 联合国在坦桑尼亚阿鲁沙设立了一个调查法庭, 即卢旺达问题国际刑事法庭。整个调查和审判过程花费了20多年时间。对胡图族前市长让-保罗·阿卡耶苏的审判, 开创了起诉种族灭绝式强奸的先例。胡图族外交官让-博斯科·巴拉亚格维扎和政府部长费迪南德·纳希马纳被判犯有灭绝种族罪, 并被判处终身监禁。他们在上诉后获得减刑。共有93人受到审判, 最终62人被定罪。

构筑更美好的世界

联合国与国际法院（1945年）

背景介绍

聚焦
国际法

此前
1899年 海牙和平会议成立常设仲裁法院。

1920年 国际联盟设立常设国际法院。

1944年 国际货币基金组织和世界银行在美国新罕布什尔州布雷顿森林成立。

1944年 在美国华盛顿特区敦巴顿橡树园,盟军决定建立联合国。

此后
1948年 联合国发布《世界人权宣言》。

1992年 联合国在巴西里约热内卢举行地球高峰会议。

1945年6月,《联合国宪章》在旧金山签署,此时距离第二次世界大战结束还剩下3个月。世界各国在此时走到一起,希望防止这种可怕的冲突再次发生。

《联合国宪章》包含两个基本承诺:第一,联合国将致力于使世界摆脱"战争之灾";第二,联合国将重建"对基本人权的信念"。事实证明,联合国履行这些承诺的记录比人们所预想的要曲折得多,但这两个基本承诺是当今联合国使命的核心——通过国际协议和讨论来维护和平和人权,以及通过仲裁和法律程序而非武力来解决国家间以及国家和个人间的争端。

国际合作

联合国最引人注目的部门是联合国维和部队,其组建目标是实现联合国5个关键目标中的第1个——维持国际和平与安全。但是,和平在很大程度上取决于联合国在其他4个目标上的成功:保护

我相信,在未来的某一天,地球上的国家将会就某种形式的会议达成一致意见,该会议将会对国际上的困难问题进行认定。

美国前总统尤利西斯·S. 格兰特
(1869—1877年在任)

人权、提供人道主义援助、促进可持续发展和维护国际法。此外,联合国还有一个任务,就是努力使各国团结起来,为实现这些目标而奋斗。

国际合作始于1899年和1907年的《海牙公约》。海牙和平会议是第一次真正的尝试,世界各国第一次真正聚集在一起,为战争中什么是可接受的,什么是不可接受

富兰克林·D. 罗斯福

1882年出生于纽约的富兰克林·D.罗斯福连续4次当选为美国总统。1933年他首次当选总统后,他最为人所知的政策是为让美国走出经济大萧条而推出的新政计划。然而,他认为自己最重要的工作是为联合国奠定基础。罗斯福起草了《联合国宣言》,并在1942年1月交由来自世界26个国家的代表们签署。《联合国宣言》承诺联合对抗轴心国德国、意大利和日本。

建立一个新的国际合作组织的计划,就源自此宣言。1945年4月,罗斯福正在准备在联合国国际组织会议上发表演讲,却突然昏倒身亡。在罗斯福去世后不到两周的时间里,联合国国际组织会议同意建立联合国,罗斯福的妻子埃莉诺后来协助起草了《世界人权宣言》。

参见: 瓦特尔的《万国法》108页, 两部《海牙公约》174~177页,《凡尔赛和约》192~193页,《世界人权宣言》222~229页, 国际刑事法院 298~303页。

的, 以及什么构成战争罪制定一致的标准。这些公约所体现的理念最早体现在美国南北战争时期。1863年, 亚伯拉罕·林肯总统颁布了《利伯法典》, 规定了在战争期间保护平民的规则, 什么是停战, 以及应该如何对待间谍和异议者等。

联合国的根基

《海牙公约》的主要目标之一是建立一个解决国家间争端的国际体系。在1899年的海牙和平会议上, 常设仲裁法院成立, 并于1902年开始运作, 以解决边界、主权和人权等问题上的分歧。该法院设在海牙特别建造的和平宫中, 这里现在是国际刑事法院的所在地。

但是,《海牙公约》在通过不久后, 就因为德国在1914年入侵比利时而遭遇了破坏。第一次世界大战中出现了更多违反《海牙公约》的行为, 包括广泛使用毒气。

国际联盟

当第一次世界大战结束后, 获胜的协约国于1919年聚集在巴黎, 决定不让这样的战争再次发生, 这就是所谓的"终战之战"。巴黎和会上成立了国际联盟, 其宗旨为"促进国际合作, 实现和平与安全", 其目的是在国家间爆发公开战争前解决争端。

第一次世界大战标志着帝国时代的结束。战胜国希望建立一个独立国家可以聚集在一起的公开论坛, 而不是像19世纪那样通过闭门制定秘密协议来解决问题。战胜国希望通过这种方式缓解紧张局势, 解除武装。至关重要的是, 美国仍然坚持其孤立主义的政治理想, 决定不参与国际联盟, 因此, 国际联盟未能得到其应有的政治权力来追求实现和平的意愿。正如英国前首相戴维·劳埃德·乔治所言:"它(国际联盟)到处是薄弱环节, 无

1941年8月14日, 美国的罗斯福总统和英国的丘吉尔首相, 在大西洋的奥古斯塔号巡洋舰上签署了《大西洋宪章》。

从抓起。"当纳粹德国建立军队, 入侵奥地利、捷克斯洛伐克和波兰时, 国际联盟无法阻止德国引发另一场世界大战的行动。然而, 在联盟瓦解的时候, 盟军领导人开始考虑成立一个新的组织, 以防止第三次世界战争的爆发。

1941年8月, 随着德意利轴心国的势力日益壮大, 美国总统富兰克林·D. 罗斯福和英国首相温斯顿·丘吉尔会晤, 制定了后来被称为《大西洋宪章》的框架。这是对"他们各自国家的国家政策中某些共同原则的肯定, 是他们对世界更美好未来的希望的基础"。很快苏联也加入了进来, 之后加入的是被占领的欧洲各国: 比利时、希腊、荷兰、捷克斯洛伐克、

必须建立一个能够通过司法判决解决国家间冲突的世界政府。

阿尔伯特·爱因斯坦
《走向世界政府》
(1948年)

卢森堡、挪威、波兰、南斯拉夫和法国。虽然《大西洋宪章》并不具有法律地位，但它保证世界各国进行合作以确保未来的和平，并承诺放弃使用武力。在战争最激烈的时候，这一承诺首次得到了美国的支持，这对被占领国来说是一个巨大的鼓舞。

同年12月，就在日本袭击珍珠港几天后，罗斯福在白宫召开的一次会议上，向丘吉尔建议盟军应该称自己为联合国。

丘吉尔对此表示赞同，并指出这个词出自拜伦勋爵的诗《恰尔德·哈罗尔德游记》。随着战争的进行，越来越多的国家签署了《联合国宣言》，同意《大西洋宪章》所规定的各项原则。到1945年，已有47个国家加入了进来。1944年，在美国华盛顿特区附近的敦巴顿橡树园举行的一次会议上，来自中国、苏联、美国和英国的代表通过了一项提议，希望建立一个接替国际联盟的组织，以维护世界和平与安全。在1945年2月的雅尔塔会议上，罗斯福、丘吉尔及苏联领导人斯大林同意成立联合国，并确认联合国将于同年4月在美国旧金山举行首次会议。

联合国从国际联盟那里继承

联合国的结构

安全理事会

安全理事会就维护国际和平与安全的事项做出决定。安全理事会是联合国唯一有权向成员国发布具有约束力的决议的机构。它有5个拥有否决权的常任理事国（中国、俄罗斯、法国、美国、英国）和10个非常任理事国，非常任理事国任期两年。安全理事会控制维和部队并决定国际制裁。

维和部队

一旦安全理事会批准派遣一个特派团，就意味着维和部队将组织一项行动，帮助饱受战争蹂躏的国家创造持久和平所必需的条件。

秘书处

秘书处由秘书长和数千名联合国工作人员组成，按照大会和联合国其他主要机构的授权管理联合国的日常工作。

联合国大会

联合国大会的主要作用是讨论问题和提出建议，尽管它没有权力执行其决议。作为唯一所有193个成员国都有平等代表权的机构，它监督联合国预算并任命联合国秘书长。

经济及社会理事会

经济及社会理事会负责协调联合国的经济、环境和社会政策。

国际法院

国际法院解决国家间的争端。国际法院坐落于荷兰海牙的和平宫。

专门机构

专门机构的例子：

粮农组织领导国际社会努力战胜饥饿。

联合国教科文组织促进教育、科学和文化领域的合作。

世界卫生组织监督公众健康。

联合国计划署

联合国计划署的例子：

联合国开发计划署帮助各国消除贫困和减少不平等。

联合国环境规划署促进环境的明智利用和可持续发展。

世界粮食计划署致力于消除饥饿和营养不良，每年为近8000万人提供食物。

国际刑事法院

国际刑事法院对反人类罪进行起诉、审判。国际刑事法院并不是联合国的一部分，但与联合国合作，双方交换信息。

了几个机构，其中包括秘书处，这个部门由联合国秘书长领导，负责组织的基本管理；增加了两个关键的机构：联合国大会和安全理事会。

联合国大会

虽然联合国大会没有实际权力，但它作为联合国的议会，为成员们开会讨论重要问题并提出建议提供了平台，因此联合国大会具有相当大的影响力。所有成员国都有代表，并有一票表决权。也有一些非成员国，如梵蒂冈和巴勒斯坦，可以以观察员的身份参加。

大多数普通的决定取决于简单的多数投票。但有些问题，如接纳新成员、预算问题、和平与安全问题，需要得到三分之二以上的多数票同意。由于联合国大会规模庞大，因此投票往往倾向于以集团形式进行，即成员国以区域和地缘政治为基础聚集在一起投票。联合国大会每年举行一次会议，此外还会举行特别会议，如从每个集团选举年度的新主席。

每年的主要会议以一般性辩论开始，各成员国可以提出关注的问题。大会的大部分工作是通过6个委员会完成的：裁军与国际安全委员会（也称第一委员会），经济和金融委员会，社会、人道主义和文化委员会，特别政治和非殖民化委员会，行政和预算委员会，法律委员会。

安全理事会

在许多方面，联合国的真正权力来自安全理事会。联合国安全理事会最初的想法是由"4个大国"，即美国、英国、苏联和中国（后来法国也加入其中）成为常任理事国，并控制所有重大决定。最初，有6个非常任理事国加入，每个非常任理事国的任期为两年。1965年对《联合国宪章》的一项修正案又增加了4个非常任理事国，使安全理事会成员增加至15个。

一般来说，选择非常任理事国是为了公平地代表不同的地理区域，非常任理事国中有5个来自非洲或亚洲，1个来自东欧，2个来自拉丁美洲，2个来自西欧或其他地区。联合国非常任理事国的成员不断轮换，10个非常任理事国中每年

有5个由联合国大会选出，任期两年，而原有的非常任理事国中的5个则退任。主席也是轮流担任的，每个成员国在一次任期中都会担任1个月。每个非常任理事国都有1票，决定一项政策需要9票。

所有成员都有义务遵守安全理事会的规定，但有一个至关重要的例外。在雅尔塔，斯大林坚持5个常任理事国都有否决权。起初，罗斯福不愿意接受这一点，但它确实弥补了国际联盟的一个致命缺陷：理论上，国际联盟可以命令其成员国无视本国政府的行动。

否决权仍然是争论的焦点。20世纪五六十年代，美国拥有巨大

只有主要大国始终参与这一进程，和平才能得到保障。

主要大国必须在联合国安全理事会拥有永久席位。

联合国在维护国际和平方面取得了一些成功。

否决权意味着当权者不必违背自己的意愿行事，这就降低了冲突的风险。

的全球影响力，从未使用过否决权，但安全理事会的决定不断受到苏联的阻挠，尤其是安德烈·葛罗米科，他频繁使用否决权，为他赢得了"说不先生"的绰号。最近，美国动用否决权，阻止任何有关巴以冲突的决议。

人们对安全理事会的成员数目提出了很多批评。特别是最初5个常任理事国在安全理事会的主导地位，被人们认为已过时。人们认为这种制度反映的是1945年而非今天的全球政治，而其他国家，如巴西、德国、印度和日本，即所谓的四国集团，都在争取成为常任理事国。

2008年，刚果的敌对政治派别之间爆发暴力事件。之后，联合国装甲车护送刚果人逃离基布巴境内流离失所者营地。

维护和平

安全理事会的主要任务是维护国际和平，虽然它取得了一些成功，特别是在萨尔瓦多和莫桑比克，但它在叙利亚维护和平的努力却是明显的失败。

联合国的缔造者们意识到，如果没有任何武装部队，即使是在小争端中也无法维护和平。因此，联合国安全理事会迅速成立了维持和平部队（简称维和部队）。

维和部队第一次执行任务是在1948年阿以战争期间，当时维和部队被部署在巴勒斯坦以监督双方停火。维和部队充当警察部队，只有在需要自卫的情况下才会使用武器。

几十年来，特别是在1992年联合国维持和平行动部成立之后，这些临时的国际部队被更加充分地建立了起来。现在，它们是联合国的重要组成部分，但维和部队没有常备军或常设机构，是为单个任务以单独的特派团形式集结的。

> 除了联合国，没有其他选择。它仍然是人类最后的、最好的希望。
>
> 联合国前秘书长安南
> （1997—2006在任）

国际法院

国际联盟移交给联合国的关键机构之一是常设国际法院。国际法院（或称为世界法院）作为常设国际法院在联合国的"继承者"，于1945年在旧金山成立。与联合国必须在纽约找到新家不同，国际法院在荷兰海牙已经有了自己的家。

国际法院的目的是解决民族国家之间的争端，但案件只能在当事国同意法院有管辖权审理争端的情况下进行。在1986年国际法院裁定美国对尼加拉瓜的秘密战争违反国际法后，美国退出了国际法院，只同意在自由裁量的基础上承认国际法院的管辖权。

《联合国宪章》授权安全理事会执行国际法院的裁决，但5个常任理事国中的任何一个都可以否决这样的举动，美国在尼加拉瓜问题上就是这么做的。

2002年，国际刑事法院成立，它与国际法院合作，尝试着以灭绝种族等罪行审判个人，而非国家。

同一个世界？

从古至今，无数伟大的思想家，如16世纪的西班牙哲学家弗朗西斯科·德·维多利亚，都想知道一个问题的答案：如果整个世界只有一个政府，那么是否所有问题都能得到解决？这个问题的逻辑很简单：战争似乎是在政府和统治者的命令下进行的，所以如果只有一个政府或统治者，就不会有战争。

1943年，曾是美国总统候选人的温德尔·威尔基写了一本畅销书，名为《天下一家》，他在书中建议成立一个全球联盟。1945年，匈牙利人埃默里·里夫斯在《和平剖析》一书中认为，像国际联盟这样的国家联盟永远无法阻止战争，因此应该由一个世界政府来取代。

1945年，日本广岛和长崎遭到原子弹袭击，这一恐怖事件进一步推动了建立一个世界政府的想法。德国物理学家阿尔伯特·爱因斯坦是众多备受瞩目的活动家之一，他对核武器前所未有的破坏力深感不安。

越来越多的人开始呼吁把新的联合国转变成一个有控制武器权的国家联盟。第二次世界大战后，在世界陷入新的"冷战"的过程中，任何这样的愿景都迅速消失了。苏联与由美国领导的西方世界之间爆发了一场新的"冷战"，后者认为世界应由民主的民族国家和全球资本主义来主导。

对此，联合国被认为是最好的折中方案。在许多方面，联合国

瑞典女学生格蕾塔·通贝里因为出席联合国的活动时直言不讳地表达了环保行动主张而登上了许多国家的头条新闻。

比评论家们担心的更成功，它提供了一个论坛，让许多新兴国家可以发出声音。然而，在21世纪，联合国似乎无法解决中东冲突、全球恐怖主义、难民和人口贩卖问题。正如青年气候活动家格蕾塔·通贝里在2019年的大会上的演讲中所指出的那样，面对全球气候变化及其对全人类的影响这一最大危机，联合国似乎无力应对。■

联合国1989年的《儿童权利公约》规定了儿童的权利，包括与童工有关的权利，例如，在印度贾里亚的这个露天矿场里，就有儿童参与采矿劳动。

联合国《儿童权利公约》

联合国的主要成就之一是在人权方面的成就。在过去的几十年里，联合国已经建立了一个全面的人权法律体系，为人们寻求保护包括公民、文化、经济、政治和社会权利在内的各项权利提供了基准。

一个里程碑式的成就是1989年达成的《儿童权利公约》，每个签署国必须定期向联合国委员会报告自己在这一领域的进展。《儿童权利公约》坚持

每个儿童都必须享有基本人权，包括生命权，拥有自己的名字和身份的权利，接受教育以使他们能够发挥潜力的权利，由父母抚养或与父母保持关系的权利，表达自己的意见并被倾听的权利。根据两项特别协议，《儿童权利公约》还禁止儿童参与战争、打击贩卖儿童以及强迫儿童卖淫和从事色情活动。

更安全的世界

国际刑事警察组织（1945年）

国际刑事警察组织总部设在法国里昂，其职责是协调各国警察力量，打击跨国犯罪。它的工作在打击毒品贸易、性交易和恐怖主义方面尤为重要。国际刑事警察组织也有重要的日常任务，如通知海外死亡者的亲属。

罪犯的"海外天堂"

国际执法合作的想法始于19世纪中期。19世纪50年代，在英国的支持下，普鲁士侦探密切关注着在伦敦的德国哲学家和社会主义革命家卡尔·马克思。19世纪70年代，美国侦探机构平克顿、英国苏格兰场和法国的公安总局共享了情报——这3个机构都想抓住美国银行劫匪亚当·沃斯，他从美国移民到欧洲，并在伦敦和巴黎建立了犯罪网络。

1914年，来自24个国家的代表在摩纳哥举行会议，首次尝试正式建立某种程度的跨国界警察合作。他们想共享身份识别技术，研究如何抓捕逃犯。尽管摩纳哥会议的成就有限，因为它是由法律专家和政治家安排的，而不是由警察专业人士安排的，但它列出了12个关键愿望，为之后创建国际刑事警察组织奠定了基础。

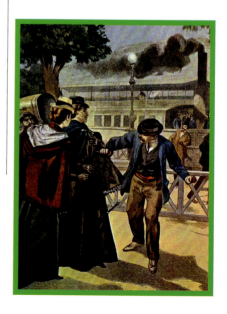

1898年，刺杀奥地利伊丽莎白皇后的事件是凸显国际警察合作必要性的几起案件之一。伊丽莎白皇后在瑞士日内瓦被意大利无政府主义者路易吉·卢切尼刺伤。

参见: 英国《都市警察法》140~143页，联合国与国际法院 212~219页，《欧洲人权公约》230~233页，欧洲法院 234~240页。

> 我们的共同目标是把腐败变成一种高风险、低利润的活动。

国际刑事警察组织秘书长
于尔根·斯托克
（2016年）

国际刑事警察委员会

这一进程因第一次世界大战而中断，但来自15个国家的警察官员于1923年在维也纳召开了国际刑事警察大会。这次会议成立了国际刑事警察委员会，以实现前述12个愿望，而这次会议的核心是实现在识别罪犯方面的跨国界合作。最初的成员包括奥地利、德国、比利时、中国、法国、意大利和南斯拉夫。英国于1928年加入，美国在15年后才加入了该组织。

1933年，国际联盟正式承认国际刑事警察委员会，但在这个时候，政治已经影响到国际刑事警察委员会将谁列为国际罪犯的目标。例如，20世纪30年代，许多西方国家认为主要的斗争是反对共产主义。当纳粹德国在1938年吞并奥地利时，大多数国家退出了国际刑事警察委员会，该委员会由党卫军的高级官员控制。1942年，国际刑事警察委员会的总部从维也纳搬到了柏林，在那里，盖世太保利用它来攻击犹太人、吉卜赛人和其他少数民族。

国际刑事警察组织和欧洲警察办公室

第二次世界大战后，来自17个国家的警察官员开会，试图重振这个被纳粹主义玷污、大部分记录已丢失的委员会。该委员会于1946年迁至巴黎，从零开始：新的组织章程的第1条强调打击"普通"犯罪，旨在排除任何与政治、宗教或种族有关的犯罪。国际刑事警察组织的名称于1956年被采用。

虽然国际刑事警察组织在任何成员国的国内都不享有警察的执法权，但它在执法机构之间提供调查支持和援助合作，这使它的成员国在21世纪初增加到194个。1975年，欧洲警方加强了与特莱维组织的反恐合作。"特莱维"这个词来自法语缩略语，意思是"恐怖主义""激进主义""极端主义""国际暴力"。当《申根协定》允许缔约国之间开放边界实现自由行动时，欧洲警察部队开始更加紧密地合作，欧洲警察办公室于1992年在海牙成立。欧洲警察办公室最初是作为一个禁毒部门设立的，而现在，其职能已经大大扩展了，特别是针对跨境的有组织犯罪，包括人口贩运、洗钱和剥削儿童。

许多国家严守边境，用自己的方式处理违法者。不过，国际刑事警察组织的权力仍然有限，譬如引渡这种将一个国家的公民送到另一个国家接受审判的做法，经常是争议的主题。但是，世界各地的警察部队之间的合作原则现在已被广泛接受。■

国际刑事警察组织追查的犯罪类别

恐怖主义和危害人身、财产的犯罪，包括针对儿童的犯罪、人口贩卖、恐怖袭击、非法移民、汽车盗窃、艺术品盗窃等。

经济、金融和计算机犯罪，包括银行诈骗、洗钱、腐败、伪造和涉及旅行证件的诈骗。

非法贩卖毒品和犯罪组织，包括国际贩毒集团、黑手党和恐怖组织实施的犯罪行为。

法律面前
人人平等

《世界人权宣言》(1948年)

背景介绍

聚焦
人权

此前
1776年 美国《独立宣言》明确规定了"某些不可剥夺的权利"。

1789年 法国大革命时期的国民制宪会议通过了《人权和公民权利宣言》。

此后
1950年 《欧洲人权公约》起草。

1965年 联合国通过了《消除一切形式种族歧视国际公约》。

1979年 《消除对妇女一切形式歧视公约》向各成员国开放，供其签署。

1945年联合国成立时，保护人权被认为是联合国的主要目标之一。

为了定义什么是人权，联合国人权委员会起草了一份人权宣言。

1948年，联合国大会对《世界人权宣言》进行了表决。

《世界人权宣言》《公民权利和政治权利国际公约》和《经济、社会、文化权利国际公约》一起构成了1966年的《国际人权宪章》。

在1948年《世界人权宣言》正式颁布之前，国际法中并不存在有关人有权受到何种保护的一般性声明。18世纪末，法国和美国的革命反对旧有的权力机制，在托马斯·潘恩1791年的《人权论》等著作的启发下，这些国家开始推进人权理念的发展。

1807年，英国废除了奴隶贸易。18世纪末和19世纪初，劳动人民的权利得到了保障，这对于创造人人都有权享有公平待遇的基本标准来说至关重要。

第一次世界大战后，《凡尔赛和约》和国际联盟的建立，通过承认少数人权利的理念做出了进一步的贡献。

在这里有一点应该进行特别说明，那就是人权法的概念不应与人道主义法相混淆，后者聚焦于规范战争行为及如何对待平民。第二次世界大战前，主要的国际人道主义法包括1864年、1906年和1929年的《日内瓦公约》，以及1899年和1907年的《海牙公约》。虽然这两类公约在对待人的问题上有共同的关注点，但如今它们是不同法律领域的独立分支。

《世界人权宣言》的颁布是将人权确立为一种国际法形式的最重要的时刻。到2020年，这部宣言已被翻译成523种语言，虽然没有法律约束力，但它的存在重塑了整个国际法的体系。《世界人权宣言》制定了所有国家都应该为其公民提供的一系列保护措施。

《世界人权宣言》是制定人权条约（包括1966年签署的《公民权利和政治权利国际公约》和《经

参见:《美利坚合众国宪法》与《权利法案》110~117页, 联合国与国际法院 212~219页,《欧洲人权公约》230~233页,《公民权利和政治权利国际公约》256~257页。

济、社会、文化权利国际公约》）的一个关键因素。同时,《世界人权宣言》还影响了许多国际和区域组织,并在世界各地无数政治运动中被引用。

《世界人权宣言》

1941年,在第二次世界大战期间,美国总统富兰克林·D. 罗斯福发表了"四个自由"的演讲,阐述了每个人都有言论自由和宗教自由,以及免于恐惧和匮乏的自由。战后世界应建立在促进人权的基础上的观点,在1942年由罗斯福和英国首相温斯顿·丘吉尔起草的《联合国宣言》中,得到了充分的体现。

1944年,在华盛顿特区的敦

与1945年被纳粹迫害的犹太幸存者一样,第二次世界大战造就了数百万名难民。2019年,全球有近7100万名难民,这是有史以来最高的数字。

巴顿橡树园举行的会议为成立联合国制定了框架,"人权"这个概念在会中被提及,但并没有被定义。但是,1945年签署的《联合国宪章》中有几处具体提到了人权。例如,《联合国宪章》第一条规定,联合国的主要职能之一是"……不分种族、性别、语言或宗教,增进并激励对于全体人类之人权及基本自由之尊重"。

1946年,联合国经济及社会理事会成立人权委员会。1947年2月,159个国家的代表参加了委员会的第一次会议,会议的任务是制定一项人权法案。

起草委员会由9名拥有不同背景和专业知识的成员组成,包括逃离纳粹的法国律师勒内·卡森、黎巴嫩哲学家查尔斯·哈比卜·马利克、中国学者张彭春、智利法官埃尔南·桑塔·克鲁兹和英国工会会员查尔斯·杜克斯。起草委员会由罗斯福的遗孀埃莉诺主持。

安娜·埃莉诺·罗斯福

安娜·埃莉诺·罗斯福于1884年出生于纽约市,她的丈夫富兰克林·罗斯福在1933—1945年连续4次当选为美国总统,她在此期间也一直担任美国第一夫人。20世纪40年代和50年代,她在世界各地为人权奔走,并在美国发起了反对贫困和种族主义的社会运动,她还担任了《世界人权宣言》起草委员会主席。

埃莉诺是西奥多·罗斯福总统(人称"泰迪")的侄女,于1905年嫁给了她的表兄弟富兰克林·罗斯福。她在丈夫于1921年因小儿麻痹症残疾后劝说他继续留在政界。她经常发表竞选演讲,并代表罗斯福在美国各地旅行。埃莉诺在1945年丈夫去世后仍然活跃在政界。她于1962年去世,6年后因在人权和妇女权利方面的工作而成为联合国人权奖的首批获奖者之一。

《世界人权宣言》的30项规定	
1.	人人生而自由，在尊严和权利上一律平等。
2.	每个人都有权享有本宣言所载的一切权利和自由。
3.	人人有权享有生命、自由和人身安全。
4.	任何人不得使为奴隶或奴役。
5.	任何人不得加以酷刑，或施以不人道的待遇。
6.	人人在任何地方有权被承认在法律面前的人格。
7.	法律面前人人平等。
8.	任何人有权寻求法律帮助来保护他们的权利。
9.	任何人不得加以任意逮捕、拘禁或放逐。
10.	人人完全平等地有权由一个独立而无偏倚的法庭进行公正和公开的审讯。
11.	在被证明有罪之前，每个人应被视为无罪。
12.	任何人的隐私或名誉免受攻击。
13.	人人在自己的国境内有权自由迁徙和居住。
14.	人人有权在其他国家寻求和享受庇护以避免迫害。
15.	人人有权享有国籍。
16.	成年男女有权结婚生子。
17.	任何人的财产不得任意剥夺。
18.	人人有思想、良心和宗教自由的权利。
19.	人们有权享有主张和发表意见的自由。
20.	人人有权享有和平集会和结社的自由。
21.	政府权力应当建立在自由选举的基础上。
22.	国家社会保障应在需要时提供。
23.	人人享有自由选择职业和获得公平报酬的权利。
24.	人人有享受休息和闲暇的权利。
25.	充足的食物和住所是一项基本人权。
26.	人人有受教育的权利。
27.	人人对由于他所创作的艺术作品产生的精神或物质利益，有享受保护的权利。
28.	人人有权要求一种能充分实现本宣言所载自由的国际秩序。
29.	人人有义务保护他人的权利。
30.	任何国家或个人都不能剥夺本宣言所载的权利。

《世界人权宣言》的最终定稿于1948年完成。同年12月10日，在巴黎举行的联合国大会（当时联合国纽约总部尚未建成）对题为"国际人权宪章"的第217号决议进行了投票。该决议以48个国家赞成、0个国家反对、包括南非在内的8个国家弃权的结果获得通过。由此，每年的12月10日被定为"世界人权日"。

一项原则性的宣言

《世界人权宣言》并不是一份法律文件，与其他国际条约有所不同的是，各国没有义务去按照国际法的有关规定来遵守《世界人权宣言》的内容。相对来说，《世界人权宣言》是一份关于哪些权利应该在全球受到保护的原则性宣言。

《世界人权宣言》是对第二次世界大战现实悲剧的积极回应，正如它所提到的那样，在第二次世界大战期间，"对人权的无视和蔑视导致了野蛮行为的出现，使人类的良知受到了侮辱"。在这一方面，倡导人权具有促进国家间和平的实际目的：正如《世界人权宣言》序言所指出的那样，实现人权有助于促进"国家间友好关系的发展"。

基于自然法，人权也被认为是普遍存在的。古希腊哲学家亚里士多德将自然法解释为一套独立于任何国家法律的不变的道德原则。《世界人权宣言》序言指出，人权对于保护"人的尊严和价值"是必要的。《世界人权宣言》第2条对此给出了具体规定，指出"人人有权享有本宣言所载的一切权利和自由，不分种族、肤色、性别、语

种族隔离和国际人权

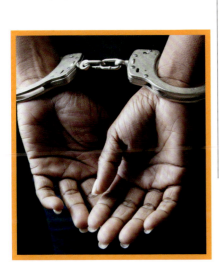

在南非开普敦一个长凳上的这个种族隔离时代的标志，令人心酸地提醒人们，在实行种族隔离的南非，每个公共场所都存在着种族隔离。

1948年，南非国民党政府上台，承诺在该国建立有关种族隔离的法律。同年，南非在《世界人权宣言》投票中投了弃权票，因为第2条明确规定，无论种族，每个人都有权享有宣言所载的所有权利。在随后的几年里，南非进一步颁布了有关法律，如1950年的《人口登记法》，明确地规定了基于种族的歧视。

20世纪60年代，世界非殖民化的浪潮来临，非洲和亚洲新独立的国家率先起草了1965年的《消除一切形式种族歧视公约》。20世纪70年代，南非的种族隔离问题经常被提交到联合国人权委员会和联合国大会上进行讨论。最终，在贸易、文化制裁和内部反对的双重压力下，德克勒克总统于1990年释放了非洲国民大会领导人纳尔逊·曼德拉。1994年，南非政府终于废除了种族隔离的法律。

言、宗教、政治或其他见解、国籍或社会出身、财产、出生或其他身份……"。

1949年，逃离纳粹的德裔美国哲学家和政治理论家汉娜·阿伦特对《世界人权宣言》持高度怀疑的态度，她简单地总结道："关于享有权利的权利，或每个独立个体作为人而享有的权利，应当由人类自身来保护。"

《世界人权宣言》的其他一些规定也旨在保护一个独立个体所享有权利的权利。该宣言的第28条提到：人人有权要求一种能充分实现本宣言所载自由的国际秩序。该宣言第30条则明确表示，任何国家或个人都不能剥夺本宣言所载的权利。

《世界人权宣言》的第3条规定，每个人都有权享有生命、自由和人身安全，而第4条和第5条分别侧重于禁止奴隶制和酷刑；第6~11条涉及法庭和刑事司法系统如何对待个人的法律权利。《世界人权宣言》还包括拥有财产的权利（第17条）、受教育的权利（第26条）以及寻求政治庇护的权利（第14条）。

不可分割的整体

许多分析人士试图对第一代和第二代人权进行区分。前者与自由和政治表达有关。这些权利有时被称为"自然权利"，包括生命权、言论自由和公平审判的权利。《世界人权宣言》的第3~21条就规定了这些权利，禁止国家干涉个人自由。

第二代人权则主要涉及经济和社会权利，如获得食物、住房和医疗保健的权利。《世界人权宣言》的第22~28条涵盖了这些权

剥夺人们的人权，就是挑战他们的人性。

纳尔逊·曼德拉在美国国会参众两院联席会议上的讲话（1990年）

《世界人权宣言》第9条规定，任何人不得加以任意逮捕、拘禁或放逐，例如被关押在精神病院的持不同政见的人。

利。这些权利要求政府有责任促进这些权利的实现，但这些权利能否实现，取决于资源的可获得性。

第三代人权超越了基本的公民权利和社会权利，包括享有健康环境的权利和参与文化遗产保护的权利。《世界人权宣言》并未涉及这些权利。明确地说，第三代人权既不包括拒绝战斗的权利，也不包括废除死刑。

一些观察人士批评第一代和第二代权利之间的区别是学术上的：所有权利的实现都需要国家做出承诺，实现人权的有关议题应该被视为普遍的、相互依存的和不可分割的。

《国际人权法案》

当联合国人权委员会试图将《世界人权宣言》转变为有约束力的国际法时，以美国代表为首的一些代表支持于1966年制定的两项独立的国际人权公约，即《公民权利和政治权利国际公约》和《经济、社会、文化权利国际公约》。截至2020年，《公民权利和政治权利

我们不能让文化相对主义成为镇压的最后避难所。

美国前国务卿沃伦·克里斯托弗
（1993—1997年在任）

国际公约》已被173个国家批准，而《经济、社会、文化权利国际公约》已有170个缔约国。

《世界人权宣言》将这些权利视为同等重要，但这两个公约之间存在一些重大差异。《公民权利和政治权利国际公约》第2条要求各缔约国"采取法律或其他必要措施，使条约所保护的权利生效"，并确保对侵犯这些权利的行为有补救措施。

相对而言，《经济、社会和文化权利国际公约》只要求各国利用其"现有资源，以逐步充分实现条约所载权利"。这通常被认为是一个相对较弱的法律要求，一些观察家认为，这是经济和社会权利在国际人权体系中没有得到足够重视的证据。

文化相对主义与人权

当起草《世界人权宣言》时，非洲和亚洲大部分地区仍处于殖民统治之下。《世界人权宣言》起草委员会谨慎地承认了不同文化和政

美国医学领域的学生们抗议政府废除《平价医疗法案》（2010年），这部法案的到来使医疗保险更实惠、更可负担，并坚持医疗是一项人权。

治传统下的权利。

然而，1947年，美国人类学协会对《世界人权宣言》针对所谓的文化差异实际上并"不宽容"的做法提出了警告，并对宣言究竟能否扮演一个真正普世意义上的人权宣言提出了质疑。

沙特阿拉伯是1948年在《世界人权宣言》投票中投弃权票的8个国家之一。沙特阿拉伯对《世界人权宣言》中提到的宗教自由表示关切，认为这些内容与沙特社会并不兼容，因为沙特严格遵守伊斯兰教和伊斯兰教法。

1968年在德黑兰举行的第一次国际人权会议上，一些国家质疑人权的概念是否适用于非洲、亚洲和中东的社会。1993年，在维也纳举行的第二次世界人权会议在宣言和行动纲领中告诫说：在促进和保

护人权时，"必须考虑国家和区域的特殊性以及不同的历史、文化和宗教背景的重要性"。

这个观点进一步引起了人们的担忧，即文化相对主义观点可能会破坏人权，因为这种观点允许国家基于自己的文化传统来取代所有人权的主张。一些学者，如苏丹裔美国伊斯兰法律和人权专家阿卜杜拉·艾哈迈德·安纳伊穆，已经确定了诸如禁止酷刑这样的权利是如何起源于世界各地许多不同的文化和宗教传统的，他认为只把人权当成西方的想法是错误的。

《世界人权宣言》是许多适用和扩展该宣言所载原则的其他人权文本的基石。例如，1976年，联合国人权委员会着手起草了一项有关妇女权利的条约，即《消除对妇女一切形式歧视公约》。该公约的序言指出：《世界人权宣言》确认不允许歧视妇女的原则，但接着又表示，尽管如此，"对妇女的广泛歧视仍然存在"。这样的表述承认了《世界人权宣言》需要在新的法律框架内制定，以应对各式歧视妇女的复杂性质。

同样，1989年，联合国《儿童权利公约》指出，《世界人权宣言》宣布儿童有权获得"特别照顾和援助"。随后，该公约概述了保护儿童权利的具体法律框架。

1981年的《非洲人权和人民权利宪章》是一项针对非洲联盟成员国的区域人权条约，其序言中指出，宪章寻求以尊重"非洲文明的历史传统和价值观"的《世界人权宣言》为基础。

未来的挑战

70多年来，各种各样的社会运动都利用《世界人权宣言》来帮助确定其对基本人权的主张。活动人士认为，为了跟上这个快速变化的世界，《世界人权宣言》的范围需要扩大，享有健康环境的权利和

> **让我们牢记我们起源于同一个人类大家庭，并永远致力于维护《世界人权宣言》的核心原则。**
> 美国前总统巴拉克·奥巴马
> （2009—2017年在任）

自由上网的权利，仅仅是其中的两项。

《世界人权宣言》取得了很大成就，但仍有数百万人被剥夺了基本权利。■

这是为了纪念《世界人权宣言》颁布70周年而设计的一面新旗帜，上面有一个脚印，象征着所有被迫逃离的人，这些人通常赤脚远离他们自己的家园。

自由和安全的权利

《欧洲人权公约》（1950年）

背景介绍

聚焦
人权

此前
1945年 第二次世界大战后，欧洲满目疮痍。世界上任何地方都不存在专门保护人权的法庭。

1948年 联合国发布了《世界人权宣言》。

此后
1960年 欧洲人权法院在"劳利斯诉爱尔兰案"中做出了法院设立以来的首次判决。该案件涉及拘留一名恐怖主义嫌疑人。

1998年 欧洲人权法院的"第11号议定书"强制要求所有成员国都允许个人向欧洲人权法院提出诉讼请求。

2017年 欧洲人权法院公布了它的第20000次判决。

《**欧**洲人权公约》是欧洲委员会（不能与完全独立的机构即欧盟混淆）47个成员国之间签署的有关人权的条约。《欧洲人权公约》植根于西欧在第二次世界大战后重建的决心，以及抵御东欧共产主义崛起的决心。

1948年，750名代表研究了欧洲统一和合法一体化的构想。1949年，新成立的欧洲委员会举行会

参见: 英国光荣革命与《权利法案》102~103页，《美利坚合众国宪法》与《权利法案》110~117页，《世界人权宣言》222~229页，《公民权利和政治权利国际公约》256~257页。

1948年，英国首相温斯顿·丘吉尔在荷兰海牙成为欧洲议会的名誉主席。

议，其关注的范围是制定一项人权条约，以保护民主和防范该地区的极权主义。

欧洲委员会的10个创始国是比利时、丹麦、法国、爱尔兰、意大利、荷兰、卢森堡、挪威、瑞典和英国。代表们就新公约中的紧急权力是否可能被用来侵犯人权等问题进行了辩论。英法两国也担心各自殖民地的一些独立运动可能会利用公约来反对他们。

关于是否建立一个法庭来执行新的人权公约，存在很多争论。一些国家不明白这样一个法庭将如何运作，而另一些国家则更关心它的权力范围。

《欧洲人权公约》的最后文本于1950年完成，在欧洲委员会10个创始国正式批准后于1953年生效，其他各国在接下来的50年里也陆续签署了该公约。在有足够多的国家批准了《欧洲人权公约》后，欧洲人权法院在法国斯特拉斯堡成立。欧洲人权法院由一个下级法院和一个上诉法庭组成，并于1959年审理了第一个案件。

各国签署《欧洲人权公约》时，必须根据该公约的第1条保护本国或其控制下的每个人依据该公约所享有的权利。如果这些国家不遵守该公约，居住在该国的个人或其他签署国的政府都可以将其告上欧洲人权法院。

《欧洲人权公约》的权利

《欧洲人权公约》部分受1948年联合国《世界人权宣言》的启发。该公约的第2~13条列出了12项实质性的人权，这12项人权应当是任何个人从他们的政府那里可期待并享有的权利。公约中的每一项权利经常用具体权利在公约中的条款编号来指代。例如，禁止奴隶制被称为"第4条权利"。其他条款涉及程序机制，例如在适用公约权利方面的减损和允许的限制。

1959年欧洲人权法院成立时，签署国可以选择是否接受法院的管辖权。然而，多年以来，最初的公约内容不断得到更新。一些被称为"议定书"的修正案涉及了程序，例如，1998年的第11号议定书要求所有签署国允许将案

你所居住的国家签署了《欧洲人权公约》。

你是人权被侵害的受害者，因为政府剥夺了你按照《欧洲人权公约》所享有的权利。

你试图在自己的国家解决与你有关的人权问题，但没有成功。

你的申诉属于欧洲人权法院以前从未解决过的类型。

你有资格让欧洲人权法院审理你的案件。

件提交至欧洲人权法院。其他议定书增加了新的权利，如财产权和受教育权，这是1954年的议定书所规定的内容。

权利的解释

根据《欧洲人权公约》，有些权利是绝对的。公约第3条禁止酷刑的权利，不受政府的限制，也不能在紧急情况下暂停。2006年，欧洲人权法院以纳西姆·萨阿迪与恐怖组织有联系为由，阻止意大利政府驱逐他，因为欧洲人权法院认为他在突尼斯有遭受酷刑的危险。

公约的其他条款限定了某些权利。20世纪50年代，大多数国家仍然对犯谋杀罪的人执行死刑。因此，公约第2条允许一个人"在被法院判有罪后，根据法律规定的刑罚"执行死刑。然而，1983年，公约的议定书废除了死刑。

有关自主决定生命权利的讨论，引发了是否应该为临终病人提供协助以使其获得死亡的权利的辩论。欧洲人权委员会认识到，欧洲各地的文化和做法各不相同，因此谨慎地表示，这些问题最好由国家自己的内部法院来处理。

公约第10条第2款关于言论、良心和表达意见的自由部分，规定了政府可以限制言论自由的条件。欧洲人权法院的任务是评估政府的限制是否合理。1997年，瑞士记者马丁·斯托尔发表了瑞士和美国就第二次世界大战期间纳粹使用的银行向大屠杀受害者赔偿进行的秘密谈判的信件。瑞士当局判定斯托尔有罪，并处以罚款。2007年，在

> 欧洲人权法院对其成员国的法律和社会现实产生了深远的影响。
>
> 国际法院英国籍主席
> 罗莎琳·希金斯夫人
> （2006—2009年在任）

"斯托尔诉瑞士案"中，欧洲人权法院认为，尽管罚款限制了斯托尔的言论自由权，但为了保护秘密谈判，罚款是合理的。

有些权利，如公约第5条和第6条涉及的权利，影响个人与所在国的法院和刑事司法系统的互动。公约的第2条，即关于生命权的规定，也被解释为要求各国确保其警察部队调查可疑的死亡。1988年，英国特种部队在直布罗陀杀死了3名可疑的爱尔兰共和军恐怖分子。1995年，欧洲人权法院批评英国对他们死亡的调查存在缺陷和未公开的秘密。

2008年修订后的公约的第3条，要求各国的警察部队积极防止涉及不人道或有辱人格待遇的某些类型的犯罪。2018年，被称为"黑色出租车强奸犯"的连环性犯罪者的受害者在英国最高法院成功主张，基于公约第3条，伦敦警方有

1950年《欧洲人权公约》中的主要权利	
第2条	生命权
第3条	免于酷刑和有辱人格的待遇
第4条	摆脱奴役和强迫劳动的权利
第5条	人身自由和安全的权利
第6条	获得公正审判的权利
第7条	不受法外惩罚的权利
第8条	隐私权和家庭生活权
第9条	思想和宗教自由
第10条	言论、良心和表达意见的自由
第11条	和平集会和参加工会的权利
第12条	结婚的权利
第13条	对侵犯人权行为获得有效救济的权利

在欧洲人权法院审理的案件中，移民的自由和家庭生活权利得到了维护，但并非所有国家的政府都同意这一点。

责任调查和试图预防性犯罪。

有争议的决定

1954年，《欧洲人权公约》第1号议定书的第3条规定了有关参加选举的权利，该权利被欧洲人权委员会解释为不允许缔约国完全禁止其囚犯投票。这在一些国家引起了争议，英国和苏联都强烈反对此决定。

《欧洲人权公约》的一些权利保护个人利益，如第8条的隐私权，以及第9条所保障的宗教自由。2011年，法国禁止在任何公共场所穿戴面纱，包括布卡罩袍和其他宗教服装。在2014年"S. A. S. 诉法国案"中，欧洲人权法院裁定，该禁令没有违反公约第9条的内容。但是，有人批评该判决，认为其过于顺从法国政府所采取的世俗主义政策，没有保护受禁令影响的妇女的权利。

促进人权

欧洲委员会是负责向各国施加政治压力，以执行欧洲人权法院判决的机构。多数国家即使败诉，也能遵守欧洲人权法院的判决，但在21世纪10年代中期，人们对一些国家长期不遵守法院判决表示担忧。希腊在20世纪60年代末的一次军事政变后正式退出了《欧洲人权公约》，尽管它后来在恢复民主后又重新加入了。2015年，俄罗斯通过了一项法律，允许本国法院无视欧洲人权法院的判决。

尽管存在一些挫折，但欧洲人权法院的判决仍然在世界各地被引用，在推动人权问题方面，如从废除死刑到保护同性恋、双性恋和跨性别者权利等方面，发挥了重要作用。■

2015年，欧洲人权法院审理了有关否认亚美尼亚种族灭绝的案件。国际人权律师阿迈勒·克鲁尼曾在该案件中为亚美尼亚共和国进行代理。

拥有空前权力的法院

欧洲法院（1952年）

背景介绍

聚焦
国际法

此前
1693年 威廉·佩恩提出建立欧洲议会的主张。

1806年 拿破仑·波拿巴提议在欧洲大陆建立关税联盟。

1927年 法国数学家埃米尔·博雷尔成立了法国欧洲合作委员会。

此后
1957年 基于《罗马条约》，欧洲经济共同体得以创建。

1992年 《欧洲联盟条约》的签订，促进了欧洲联盟的建立，欧洲的政治一体化借此迈出了一大步。

2009年 根据《里斯本条约》，新的欧盟宪法体系已经就位。

2020年 英国退出欧盟，欧盟剩下27个成员国。

欧洲议会和欧盟理事会通过了新的欧盟立法。

欧洲法院解释法律，并就成员国的国家法院如何执行法律提出建议。

如果成员国的国家法院不遵守该法律，欧洲法院将强制执行。欧洲法院也可以对不遵守规定的国家处以罚款。

欧洲法院还可以代表成员国对欧盟议会、理事会或委员会采取行动。

1693年，出生于英国的威廉·佩恩提议为整个欧洲建立一个议会。佩恩是一位贵格会教徒、民主理想主义者，也是美国宾夕法尼亚省（美国独立前，英国的宾夕法尼亚殖民地——译者注）的创始人。欧洲议会被设想为结束持续不断的战争的一种手段："（因此）通过同样的公正和谨慎的规则，父母和主人管理他们的家庭，治安官管理他们的城市，以及……王子和国王管理他们的公国和王国，欧洲可以在它的主权之中获得并维护自己的和平。"

佩恩的提议没有产生任何结果，尽管很多人抱有同样的梦想，其中包括1803—1815年拿破仑战争席卷欧洲时的俄国沙皇亚历山大一世。1946年，在两次世界大战的爆发将整个欧洲撕裂之后，这样的教训使许多人相信，只有统一的欧洲才能保证和平。因此，英国前首相温斯顿·丘吉尔呼吁建立一个"欧洲合众国"。

在这一设想的基础上，欧洲今天有两个基础的国际组织，即欧洲委员会与欧洲联盟（简称"欧盟"）。欧盟的目标是实现成员国一体化，以促进和平，防止民族主义再度复苏。欧盟建立在法治的基础上，欧洲法院确保欧盟的法规在每个欧盟国家都得到遵守，并在保证对法律的一致执行方面发挥着重要的作用。例如，2018年，英国就曾因在关于空气质量指令方面违反了欧盟法律而被提交至欧洲法院进行裁定。

欧洲委员会则成立于1949年。当时，法国、意大利、荷兰、比利时、卢森堡、丹麦、挪威、瑞典、爱尔兰和英国10个国家的代表齐聚

> **正义的规则确保权力不会征服或压迫权利，也不会让一个邻国对另一个国家行使独立和主权。**
>
> 威廉·佩恩
> 《欧洲现在和未来和平的随笔》
> （1693年）

参见: 瓦特尔的《万国法》108页,《拿破仑法典》130~131页,《欧洲人权公约》230~233页,《赫尔辛基条约》241~243页, 冈萨雷斯诉谷歌案 308~309页。

伦敦, 建立了一个对话与合作的平台。欧洲委员会的既定目的是维护欧洲的人权、民主和法治, 时至今日, 依旧如此。欧洲委员会目前共有47个成员国。

人们有时会把欧洲委员会与欧盟相混淆, 因为两者存在相同的旗帜和会歌。然而, 尽管欧洲委员会有权力执行欧洲国家达成的协议, 但它没有制定法律的权力。欧洲委员会强调欧洲公民的权利, 并产生了许多侧重于特定领域的附属组织和公约。其中较为引人瞩目的是欧洲防止酷刑委员会和《欧洲人权公约》《保护儿童免受性剥削和性虐待公约》。欧洲委员会于1959年成立了欧洲人权法院, 负责《欧洲人权公约》的具体执行。

经济纽带

欧洲委员会成立之初的议题之一是加强成员国经济和政治一体化的可能性。委员会提出了各种方案, 但没有一个能得到多数人的支持。

> 当国家和人们接受同样的规则时, 他们对待彼此的行为就会改变。这就是文明本身的过程。

让·莫内
《变革的发酵》
(1962年)

然而, 1945年, 法国政治经济学家让·莫内敦促法国接管德国鲁尔和萨尔地区的产煤区, 以削弱德国的工业实力, 帮助法国实现战后经济复苏。莫内的计划被采纳: 在美国的支持下, 萨尔在1947年成为法国的保护领地, 1949年《鲁尔协定》将鲁尔强加给西德, 允许美国、英国、法国和比荷卢三国(比利时、荷兰和卢森堡)共同控制鲁尔地区的煤矿。这是德意志联邦共和国得以成立的先决条件, 当时的

德意志联邦共和国是由盟国控制的德国西部地区进一步合并而成的。不久之后, 德国的东部变成了苏联统治下的德意志民主共和国。

曾经的敌人法国和西德在萨尔地区的控制权问题上处于关系紧张的局面, 这促使莫内提出了统一的欧洲共同体的设想。1950年, 在一份部分由莫内起草的宣言中, 法国外交部长罗伯特·舒曼提出了一项计划, 将法国和德国所有的煤炭和钢铁生产合并成一个共同市场, 由单一的最高权力机构进行管理(这个机构将最终演变为欧盟委员会)。欧洲煤钢共同体的成员资格将向所有西欧国家开放, 最高权力机构由每个成员国政府指定的代表组成。

人们希望在适当的时候出现更大的政治一体化。对此, 舒曼

20世纪50年代, 萨尔河是一条重要的工业走廊, 连接着德国萨尔州的煤田, 以及该地区的首府萨尔布吕肯, 也连接了法国和荷兰。

宣称："欧洲不会一下子形成。""它将通过首先创造事实上团结的具体成就来建立（新的欧洲）；而欧洲各国的团结，需要消除法德两国之间由来已久的对立。"

煤炭和钢铁工业的合并意味着"法德之间的任何战争不仅是不可想象的，而且在物质上是不可能的"。这将是"欧洲联邦的第一个具体的基础组成部分，对维护和平来说不可或缺"。

德国时任总理康拉德·阿登纳对此表示出极大的热情，意大利和比荷卢三国的领导人也是如此，尽管英国表示反对。重要的是，这一想法也得到了美国当时的国务卿乔治·C.马歇尔的支持。"马歇尔计划"于1948年颁布，向战后的欧洲注入了数十亿美元，用于重建基础设施和促进贸易。

《巴黎条约》

1950年6月，来自法国、西德、意大利和比荷卢三国的代表开始谈判，最终促成了欧洲煤钢共同

> 经济发展的共同基础……将改变那些长期致力于制造战争弹药的地区的命运。
>
> 罗伯特·舒曼
> 《舒曼宣言》
> （1950年）

体的建立。《巴黎条约》最终于1951年4月签署，并于1952年7月生效。谈判过程十分复杂，并不是所有的政党都与莫内拥有相同的愿景，建立一个全面的政治联盟的希望很快就破灭了。

莫内确信，单一的最高权力机构是实现一体化的关键，欧洲各国可以向单一的最高权力机构提出

申诉，要求单一的最高权力机构审查他们不喜欢的任何决定。但是，对比荷卢三国来说，这样的做法远远不够，他们提出了一个设立特别部长理事会的设想，作为阻止单一的最高权力机构独裁控制的民主保障。

理事会将由各国政府的代表组成，可对单一的最高权力机构的决定提出疑问，也可为此再行上诉。更重要的是，一些代表还提议设立一座法院，并认为一个强大的法院可以帮助建立欧洲实现全面一体化所需的宪法体系。

莫内对提议设立的法院持怀疑态度，认为法院的存在会阻碍合作。但是，成立特别部长理事会和法院的想法都得到了支持。比荷卢三国代表希望成立后的法院不仅能够审查单一的最高权力机构决定的合法性，还能审查其政策——但他们认为这应该是国家与国家之间的问题。然而，德国方面主张私下进行，而法国方面则担心，法院拥有审查政策的权力将导致法官领导的

让·莫内

法国政治顾问让·莫内是倡导欧洲一体化的先驱，也是"舒曼计划"的幕后推手。舒曼计划合并了西欧的重工业，催生了欧洲煤钢共同体。

1888年，莫内在法国的干邑地区出生。为了家族干邑白兰地的生意，他周游世界，并成为受人尊敬的国际金融家。

在第一次世界大战期间，作为法国及其盟国之间的经济中间人，他赢得了声誉，1919年被任命为国际联盟

副秘书长。1952年，他成为欧洲煤钢共同体的首任主席。

莫内为实现欧洲共同体的全面一体化而不懈努力。1955年，他成立了"欧洲合众国行动委员会"，该委员会成功推动了共同市场，以及之后欧盟的最终成立。莫内于1979年去世。

政府不民主。

最终各方达成了协议。欧洲法院有权撤销单一的最高权力机构违反《巴黎条约》条款和精神的决定，而单一的最高权力机构应当避免做出会影响成员国的决定。

对权力的限制

当人们都清楚地知道单一的最高权力机构是欧洲煤钢共同体的执行机构，而欧洲法院是司法机构时，法国政府还想要明确一件事情：法院仍是一个行政管理机构。法院将拥有确保欧洲煤钢共同体法律得到遵守和解释《巴黎条约》的权力，但没有权力对政策进行宪法审查。新的法院设在卢森堡，6个成员国各派出一名法官，外加西德、法国和意大利这3个大国各派出7名法官，轮流担任法官。

到1951年签署《巴黎条约》时，人们对超国家政治结合体的热情已经消退，建立政治联盟和国防联盟的计划也被放弃。然而，强有力的法律框架为实现欧洲一体化提供了动力。

欧洲煤钢共同体由4个机构监督：拥有9名执行长的单一的最高权力机构，由成员国议会任命的78名代表组成的共同理事会，由各国政府代表组成的特别部长理事会，法院。以欧洲委员会为蓝本，共同议会旨在提供民主层面的合法性。共同议会于1952年9月首次在斯特拉斯堡召开会议。

3个共同体

渐渐地，欧洲的政治家们开始讨论有关共同市场的想法。欧洲经济共同体，也被称为共同市场，是由欧洲煤钢共同体的6个创始成员国根据《建立欧洲经济共同体条约》（通常被称为《罗马条约》）组成的。该条约于1957年签署，并于1958年1月1日生效。

《罗马条约》还创建了第3个共同体——欧洲原子能共同体，即欧洲原子能联盟。欧洲原子能共同体的构想在于监督欧洲原子能市场的发展，现在则涵盖了核能的所有方面，包括核材料的安全处理。

欧洲经济共同体和欧洲原子能共同体有自己的理事会和执行机构。但是，由于一些国家对单一的最高权力机构的超国家权力有所保留，因此，与欧洲煤钢共同体相比，这些执行机构的权力更有限，反而它们的理事会的权力更大。

新的执行机构与其说是最高权力机构，倒不如说是"委员会"一般的存在。欧洲煤钢共同体法院的职权范围随后扩大到包括欧洲经济共同体和欧洲原子能共同体。共同议会也在这3个共同体间共享，并成为后来的欧洲议会。

进一步的整合

欧洲经济共同体的成立是一个分水岭。以前从来没有一个主要国家集团能如此自由地集中资源。成员国仍对进一步的政治一体化犹豫不决，但法律一体化进展迅速，法院在整个20世纪60年代做出了许多关键决定。

1965年，《合并条约》（也被称为《布鲁塞尔条约》）签署，并于1967年生效。该条约将欧洲煤钢共同体、欧洲经济共同体和欧洲原子能共同体合并为欧洲共同体，原来的执行机构则变成了欧洲共同体委员会。

英国此前拒绝加入这3个共同体中的任何一个，但在担心经济被孤立后改变了主意。英国曾在1963年和1967年两次申请加入欧洲经济共同体，但这两次尝试都被法国当时的总统夏尔·戴高乐所阻挠，因为戴高乐是从一个坚定的民族主义者的角度来看待经济联盟的，他将当时的欧洲经济共同体视为法国经济利益的工具，不希望其实现进一步的整合或扩张。

1969年戴高乐辞职后，法国反对英国加入的态度有所缓和。当时，德国正经历一场令人瞩目的经济复苏，而当时相对贫穷的英国最终在1973年与丹麦和爱尔兰一起被接纳为欧洲共同体成员。

然而，这种扩张恰好发生在1973年秋天，石油输出国组织发起的大规模油价上涨导致欧洲经济急剧下滑之前。同时，许多欧洲人认为，对抗美国和苏联这两个超级大国的唯一方法，是建立一个更紧密的欧洲。

1979年，欧洲议会首次举行直接选举，法国的西蒙娜·韦伊当选为欧洲议会主席。希腊于1981年加入欧洲共同体，西班牙和葡萄牙于1986年加入。1985年，10个成员国中的5个在卢森堡申根会议上同意取消边境检查。其他国家随后也签署了协议，到1997年，已有26个欧洲国家加入了《申根协定》。

英国对《申根协定》保持冷淡的态度，英国前首相玛格丽特·撒切尔反对实现进一步的欧洲经济

> (欧洲)实验成功的一个条件在于,应该存在一个机构,其任务是确保规则对每个人都是一样的。
>
> 欧洲法院大法官大卫·爱德华
> (1992—2004年在任)

一体化。但是,1985年,情况发生了变化,英国人亚瑟·考克菲尔德成为欧洲共同体委员会的副主席,主席则由法国当时的总统雅克·德洛尔担任。

考克菲尔德变成了"单一市场"理念的信仰者,这一理念将保证商品、资本、服务和劳动力在成员国之间实现自由流动。考克菲尔德关于这一主题的白皮书,受到了欧洲共同体其他成员国的好评,并促成了1986年《单一欧洲法案》的通过。该法案将在1993年创建一个单一市场,并赋予欧洲议会更大的立法权以实现该目标。

与此同时,关于重拾1952年首次提出的、曾经失败的欧洲政治共同体梦想的行动,在欧洲议会上获得了支持。1984年,根据主要由意大利政治理论家斯皮内利起草的计划,欧洲议会决定从经济联盟发展为全面的政治联盟。

随着谈判的继续,其他戏剧性事件发生了:1989年柏林墙倒塌,之后苏联解体,东德和西德统一。1991年12月,欧洲共同体的12个成员国在荷兰的马斯特里赫特召开会议,起草了一份新的条约。

欧洲联盟

《欧洲联盟条约》的一个重要正式目标是采用通用货币。经济和货币联盟旨在促进成员国经济的逐渐趋同,但在条约被批准之前,法国、丹麦和爱尔兰的法律要求对条约进行全民公投。在爱尔兰,多数人赞成;但在法国,赞成的人较少;在丹麦,它被全民否决。在经历了4次脱欧谈判后,丹麦再度进行全民公投,该条约最终被通过。

1992年2月,《欧洲联盟条约》被签署,1993年11月,欧洲共同体成为欧洲联盟(简称欧盟)。欧盟继承了其前身的机构:委员会、理事会、议会和法院。法院在2009年被重新命名为"欧洲法院",而它的下级法院,即以前的初审法院,被重新命名为"普通法院"。上下两级法院被合称为"欧盟法院"。欧盟委员会制定总体政策和战略,并提出新的法律,而欧盟理事会对政策进行协调。欧盟理事会和欧盟议会这两个机构同意并通过新的欧盟立法。

在40年的融合进程中,《欧洲联盟条约》是合乎逻辑的一步,但实现它并不容易。21世纪,欧盟成员国之间因经济危机和移民危机而爆发的紧张局势,考验了联邦制政治家的希望。他们不能再假定普通人也像他们一样有逐步融合的梦想。■

法国《自由报》以略带犹豫的标题,公布了1992年《欧洲联盟条约》的公投结果。这一公投结果被人们称为"微小的同意"。

凡甘和卢斯诉荷兰税务局案

煤钢共同体的法院(后成为欧洲法院)做出的一项具有里程碑意义的裁决是1963年的"凡甘和卢斯诉荷兰税务局案"的裁决。一家荷兰公司"凡甘和卢斯"将甲醛从德国运到荷兰。荷兰对这种进口商品征收关税,违反了共同市场规则。法院裁定凡甘和卢斯公司可以取回关税。这一裁决确立了"直接效力"的关键原则,即成员国的法院必须承认欧洲煤钢共同体赋予的权利。

姐妹国家一起成长

《赫尔辛基条约》（1962年）

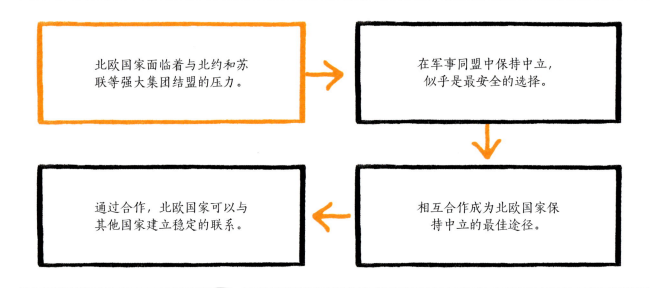

北欧国家面临着与北约和苏联等强大集团结盟的压力。

在军事同盟中保持中立，似乎是最安全的选择。

通过合作，北欧国家可以与其他国家建立稳定的联系。

相互合作成为北欧国家保持中立的最佳途径。

北欧理事会成立于1952年，由来自北欧各国——挪威、丹麦、瑞典、芬兰和冰岛——的议员组成。在国际会议中，积极参与的成员是议员而不是政府代表，这种情况是相当不寻常的，而这也促进了罕见程度的深化合作。

北欧理事会有87名议员，其中挪威、瑞典、丹麦和芬兰各20名，冰岛7名。丹麦有两名议员来自法罗群岛，两名则来自格陵兰岛；而芬兰有两名议员来自奥兰群岛。

理事会每年秋季举行一次会议，来年春季举行进一步的"主题会议"。北欧理事会与北欧部长理事会彼此间存在联系，北欧部长理事会由北欧各国政府的部长组成。

虽然北欧国家之间的联系由来已久，但实现北欧国家间合作的直接动力则来自第二次世界大战。丹麦和挪威都被纳粹占领，而芬兰一直受到苏联的威胁。瑞典保持中立，但在战争肆虐的情况下变得脆弱不堪。

第二次世界大战后的结盟

第二次世界大战结束后，瑞典向挪威和丹麦提出了建立斯堪的纳维亚防御联盟的构想，但几个国家最初的谈判破裂了，因为各个方向上都存在来自世界主要集团的巨大压力。

欧洲国家正在形成通向欧盟的经济联系。美国急于在斯堪的纳维亚半岛建立基地，因此坚持认为，北欧国家太过弱小，无法自卫，必须加入新兴的北大西洋公约组织（北约）。苏联则对芬兰虎视眈眈。

由于经济饱受战争蹂躏，丹麦、挪威和冰岛于1949年加入北约，成为北约的创始国。瑞典则保持中立。

芬兰渴望与强大的陆地邻国和昔日的敌人保持稳定的关系，于1948年签署了《苏芬友好合作互助条约》，这是一份体现"友谊、合作和互助"的两国协议。

北欧理事会

尽管防御联盟的构想失败了，但1952年，丹麦首相汉斯·海德托夫特提出了成立北欧理事会的构想，其只是作为一个国家议会间的咨询机构，而非一个更强大的联盟。挪威、瑞典和冰岛很快就同意了，第二年便在丹麦举行了第一次会议，由丹麦首相海德托夫特担任主席。

在成立后的几年内，理事会为北欧合作提供了实际的面向：一个联合的劳动力市场和一个护照联盟，使公民能够自由旅行，并在该区域的任何地方工作和居住。

事实证明，北欧理事会非常具有适应性。斯大林死后，芬兰和苏联的关系有所缓和，1955年，芬兰也加入了北欧理事会。随后，来自格陵兰岛、法罗群岛和奥兰群岛的代表参加了会议。

1962年，随着《赫尔辛基条约》的签署，5个北欧国家更加紧

参见: 瓦特尔的《万国法》108页, 斯堪的纳维亚的立法合作 160~161页, 联合国与国际法院 212~219页, 国际刑事警察组织 220~221页, 欧洲法院 234~240页。

连接瑞典和丹麦的厄勒海峡大桥全长7.85千米。这座大桥横跨马尔默和佩伯霍尔姆岛之间的海域, 然后通过海底隧道到达哥本哈根。

密地联系在一起。这一条约也促进了9年后北欧部长理事会的成立, 该理事会负责政府间合作。北欧部长理事会的愿景是让北欧地区成为世界上实现环境最可持续和国家合作最为一体化的地区。■

法律协同

北欧区域自1872年以来就有立法合作的传统。当时, 来自北欧各个国家的律师聚集在哥本哈根。后来, 实现司法协调的愿望成为《赫尔辛基条约》的一个关键部分, 该条约寻求 "在法律领域进行合作, 以在私法领域实现尽可能大的统一"。《赫尔辛基条约》声明的目标之一是制定惩罚刑事犯罪的统一规则。《赫尔辛基条约》的第5条阐述了其中的立法目标: 实现在某一个北欧国家犯下的罪行, 在另一个北欧国家也能够被起诉。虽然这些国家之间进行了合作, 但政治分歧一直是实现完全协同的障碍。近几年来, 欧盟的协同程度已超越北欧一体化的目标。这样的做法在实践中已经被证实存在一定的问题, 因为丹麦、芬兰和瑞典都是欧盟的成员国, 而冰岛和挪威不是。

让我们走出战争的阴影

《部分禁止核试验条约》（1963年）

背景介绍

聚焦
军备控制

此前

1945年 美国向日本广岛和长崎投下了两颗原子弹。

1946年 联合国原子能委员会成立，以应对原子能的使用风险。

1952年 美国进行了第一次氢弹试验。

1961年 苏联试射沙皇炸弹，这是有史以来威力最大的氢弹。

此后

1998年 印度和巴基斯坦各试验了几枚原子弹或氢弹，以期成为拥有核武器的国家。

2006—2017年 朝鲜进行了6次被证实的地下核试验。

1963年8月5日，美国、苏联和英国签署了《部分禁止核试验条约》。该条约并没有直接减缓军备竞赛的速度，而是禁止在大气层、水下或外层空间进行核武器试验，这标志着控制核武器迈出了至关重要的第一步。

疯狂的军备竞赛

20世纪50年代冷战期间，西方和苏联之间的紧张局势升级。美国和苏联进行了一场仓促的军备竞赛，这在一定程度上是由博弈论中的"相互保证毁灭"这一策略理论推动的。在全面使用核武器将彻底摧毁攻防双方的基础上，"相互

参见：4部《日内瓦公约》152~155页，两部《海牙公约》174~177页，《禁止化学武器公约》276~277页，《渥太华禁雷公约》290~293页。

沙皇炸弹，又名"炸弹之王"，被苏联在北极的一个岛屿上秘密引爆。这次爆炸威力是投向广岛和长崎的原子弹的爆炸威力总和的1500倍。

"保证毁灭"原则建议双方都制造足够的核武器，以确保如果发射核武器，则双方都将被彻底摧毁。如此一来，任何一方都不敢先发制人，核武器成为军事上的威慑武器。斯坦利·库布里克在1964年的电影《奇爱博士》中精彩地讽刺了这种策略的危险性。

公众对一场全面的核战争以及随之而来的全球毁灭的可能性感到恐惧。社会抗议运动层出不穷，其中最著名的是核裁军运动。1961年，多达5万名群众在美国60个城市举行了反对核武器的游行。

古巴导弹危机

国际核裁军谈判开始于1958年。1960年，联合国成立了十国裁

1962年，约翰·F.肯尼迪总统在电视上向美国公众发表讲话，解释苏联在古巴的导弹基地的威胁，以及美国海军为何封锁这个岛屿。

军委员会，1961年，它发展为十八国裁军委员会，但进展十分有限。核武器危机的爆发点出现在一系列核事故后。例如，1961年，美国在北卡罗来纳州的戈尔兹伯勒意外投下了核弹，当时距离引爆仅差一步。然而，1962年10月发生的为期13天的古巴导弹危机最终敲响了警钟。苏联在古巴建造核发射场，此地距离美国海岸只有145千米。当美国空军发现这一情况时，约翰·F.肯尼迪总统海上封锁了古巴。核战争似乎一触即发。

肯尼迪和苏联领导人尼基塔·赫鲁晓夫从战争的悬崖边上各自退了一步：苏联拆除了在古巴的基地，美国解除了海上封锁。对于即将到来的核危机的恐惧，促使肯尼迪和赫鲁晓夫来到了谈判桌前。赫

鲁晓夫主张全面禁止核试验，但肯尼迪没能让美国军方同意。作为前提条件，他的顾问希望苏联军队撤出古巴，而苏联担心提议中核武器的检查是西方进行间谍活动的借口。1963年6月，肯尼迪总统慷慨激昂地呼吁"签署一项禁止核试验的条约，并遏制不断升级的军备竞赛"。

我们不会……冒世界范围内的核战争的风险……让胜利的果实在我们嘴里化为灰烬。

美国前总统约翰·F.肯尼迪
（1961—1963年在任）

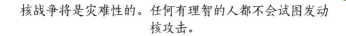

核战争将是灾难性的。任何有理智的人都不会试图发动核攻击。

如果核武器永远不能使用，它们就不能起到威慑作用，因此就没有了任何用途。

世界应该停止军备竞赛，并进行核裁军。

禁止核武器试验是核裁军的第一步。

核战争是打不赢的，也绝不能打。

美国前总统罗纳德·里根
（1981—1989年在任）

瑞典建议建立一个人人都能遵守的制度，这一建议在1968年的《不扩散核武器条约》中取得了相应的成果。

在《不扩散核武器条约》中，无核国家同意永远不获得或发展核武器，而有核国家则同意逐步削减它们的核武器库存，并共享核技术。

第一个核试验禁令

1963年7月，美国驻苏联大使W. 艾弗里尔·哈里曼和苏联外交部长安德烈·格罗米科在莫斯科恢复了谈判。10天后，他们草签了一份条约草案，希望当时的其他3个有核国家（英国、法国和中国）也能加入，但只有英国与美国和苏联签署了协议。

《部分禁止核试验条约》禁止在大气层、外层空间和水下进行核武器试验，但允许进行地下试验。该条约没有削减核武器库存、停止生产核武器或限制核武器的使用，但它的到来确实是向前迈出的重要一步。

在3个月内，共有近100个国家签署了该条约，尽管法国和中国没

有加入。此后，又有25个国家加入。根据该条约，美国、英国和苏联可以否决条约的修正案。此外，条约的任何修正案都必须获得包括所有3个原始参与国在内的多数通过。

核不扩散

除了《部分禁止核试验条约》，限制核武器在最初的5个有核国家外扩散的努力也在20世纪60年代开始了。1961年，联合国一致通过了爱尔兰的决议，禁止有核国家向其他国家提供核技术。同时，瑞典还提议，无核国家也应承诺不制造或拥有核武器。该提议得到了很好的支持，但包括美国在内的许多国家投了弃权票。爱尔兰和

全面禁止核试验

1977年，一项终止核试验的条约开始被起草，但进展十分缓慢，部分原因是美国武器开发人员认为试验对于保持核武器的更新至关重要。基于这方面的压力，美国时任总统罗纳德·里根于1982年停止了谈判。1979—1989年苏联对阿富汗的占领也使美苏关系恶化。

1991年，苏联总书记米哈伊尔·戈尔巴乔夫宣布苏联将单方面停止核试验。美国国会对此反应热烈，敦促尽快重启谈判。即便如此，双方军方的担忧还是阻碍了双方对该条约的讨论，该状况一直持

续到同年12月苏联解体。随后，联合国于1994年牵头成立了裁军谈判会议，起草了《全面禁止核试验条约》，禁止所有核武器与出于和平目的的核试爆。

1996年，美国成为第一个签署《全面禁止核试验条约》的国家，此后世界上的大多数国家加入了该条约。然而，条约的通过必须得到所有有核国家在内的44个会议成员国的签署和批准才能生效。截至2019年，已有168个国家批准了该条约，另有17个国家签署但未批准。至关重要的是，最初的44个会议成员国中有5个国家（中国、埃及、伊朗、以色列和美国）尚未批准该条约，另有3个国家（印度、朝鲜和巴基斯坦）甚至还没有签署。

僵持局面

尽管《全面禁止核试验条约》尚未生效，但目前已经取得了一些进展。根据1987年的《中导条约》，美俄两国大幅削减了各自的核弹头数量。《不扩散核武器条约》于1995年无限期延长，到2020年已有191个签署国。

《部分禁止核试验条约》签署以来，已知只有巴基斯坦、印度、朝鲜（可能还有以色列）拥有了核武器。然而，伊朗被指控使用非法浓缩铀来制造炸弹。国际原子能机构要求进入伊朗进行检查，并从2006年开始对伊朗实施国际制裁。紧张的外交谈判仍在继续，以试图阻止伊朗建立核武器库。

朝鲜也不顾国际制裁继续推进核武器计划。2006—2017年，朝鲜进行了6次被证实的地下核试验，并于2017年声称已研制出完备的氢弹。同时，五大有核国家似乎仍未消除它们的核武器库存。2019年，美国退出了《中导条约》。

现存的复杂的国际法体系反映了70年来为避免战争威胁而进行的紧张谈判。国际原子能机构支持这些条约，监督140多个国家的核活动，但许多国家不允许检查人员自由进入。国际法院裁决这些国家违反条约，但一些国家拒绝遵守国际法院的判决。只要核武器和其他

> 所有国家都应该宣布销毁核武器。这是为了拯救我们自己和我们的星球。
>
> 苏联总书记米哈伊尔·戈尔巴乔夫
> （1985—1991在任）

大规模毁灭性武器存在，危险就会存在，维护和延长裁军条约的努力就会继续。■

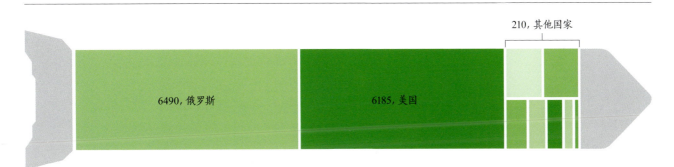

210, 其他国家

6490, 俄罗斯

6185, 美国

20世纪80年代以来，核弹头数量显著下降，特别是在90年代进行了削减。2019年，俄罗斯和美国拥有全球13885枚核弹头的90%以上，如上图所示。

我的孩子不会因为肤色而受到评判

美国《民权法案》（1964年）

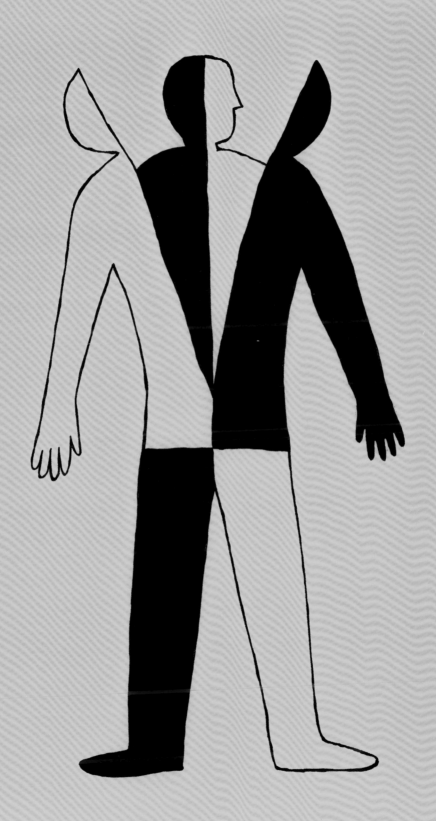

背景介绍

聚焦
人权

此前
1866年 美国第一部《民权法案》通过,该法案保障公民权利,但不保障政治和社会权利。

19世纪80年代 《吉姆·克劳法》将美国南方各州的白人和黑人隔离开来。

1896年 最高法院根据"隔离但平等"的原则,允许种族隔离。

此后
1965年 《投票权法案》宣布,阻止黑人投票的歧视性障碍是非法的。

1968年 《公平住房法》禁止住房歧视。

2019年 美国得克萨斯州埃尔帕索一名主张白人至上的枪手开枪打死了22人,打伤了24人。

所有美国公民生来平等,所有美国公民都应该享有平等的权利。

美国宪法第十三修正案和第十四修正案最初并未将种族歧视视为非法行为。

《民权法案》禁止在公共场合进行种族隔离,并将种族歧视定为非法行为。

1776年,美国在《独立宣言》中宣布:"我们认为这些真理是不言而喻的,人人生而平等……"然而,这并没有阻止非洲黑人被奴役一个多世纪。即使在美国南北战争结束后奴隶获得了自由,黑人仍继续遭受苦难。20世纪60年代初,在奴隶制已经结束的一个世纪后,种族隔离仍然存在。

1866年,美国第一部《民权法案》给予所有公民平等的法律保护。1875年的《民权法案》确认法律上人人平等,禁止在火车、餐馆和宿舍等公共场所实施种族歧视。然而,1883年3月最高法院审理的5个案件推翻了以上观点。最高法院认为,无论是美国宪法第十三修正案,还是第十四修正案,都不能防止个人的种族歧视。从本质上讲,美国最高法院等于宣布了1875年的《民权法案》违宪,这对非裔美国人的权利是一个巨大的打击。

种族隔离政策

美国南北战争结束后,共和党军队保护了南方被解放奴隶的公民权利,但在1877年,一项政治妥协撤回了这些军队,并给予了南方各州"在不受北方干涉的情况下处理黑人问题的权利"。美国南方的《吉姆·克劳法》以美国戏剧中的一幅黑人漫画命名,于19世纪70年代和80年代生效,其种族隔离程度不亚于南非的种族隔离法律。

从理论上讲,根据美国宪法,黑人应享有与白人同样的权利,但《吉姆·克劳法》赋予了种族隔离法律效力。南方的白人和黑人此前一直是相当自由地混在一起的,但相互的抗议随即开始。1892年,火车乘客荷马·普莱西拒绝坐在黑人专用的车厢里。普莱西声称自己拥有"八分之七白人血统,八分之一非洲血统",然而他被捕了。

黑人和白人一起玩纸牌、骰子、多米诺骨牌、跳棋……都是非法的。
《吉姆·克劳法》

参见：英国《人民代表法案》188~189页，《世界人权宣言》222~229页，《欧洲人权公约》230~233页，《公民权利和政治权利国际公约》256~257页。

1896年，最高法院裁定，只要给予所有种族平等的便利，州政府确实可以对人们进行种族隔离。这项裁定是一记重击。这种"隔离但平等"的原则给予了各州继续实施种族隔离的自由，之后这种隔离持续了近60年。

黑人被送到专门的学校，与白人分开工作，要乘坐专门的火车和公共汽车，在餐馆里也需要在隔出来的区域就座。尽管有平等原则，但黑人的设施远不如白人的设施，例如，白人孩子有校车可以乘坐，而黑人孩子却必须步行上学。

持续的种族歧视

1941年，美国加入第二次世界大战，100万名黑人男女为保卫民主和自由而服务于他们的国家。然而，他们回国后仍然面临歧视。1948年，杜鲁门总统宣布军队中的歧视为非法行为，民权运动开始蓬

区隔开来的等候室、用餐区、饮水机和入口很常见，而一些机构甚至根本不允许黑人进入。

勃发展。

20世纪50年代，民权运动取得了第一次真正的突破。成立于1909年的美国全国有色人种协进会耐心地对公立学校的种族隔离法提出法律挑战。在堪萨斯州的托皮卡，当地教育委员会拒绝让黑人居民奥利弗·布朗的女儿琳达·布朗在当地的学校就读。全国有色人种协进会介入了该案件，并代表奥利弗·布朗对托皮卡镇提起了诉讼。

全国有色人种协进会认为，黑人学校条件不如白人学校，并指出，种族隔离违反了美国宪法第十四修正案的条款，该条款认为，任何州都不能"拒绝在其管辖

范围内的任何人受到法律的平等保护"。该案件与其他4起案件一起被提交至美国最高法院，并被统称为"布朗诉托皮卡教育委员会案"。最高法院也同意这一观点，首席大法官厄尔·沃伦于1954年裁定，"在公共教育领域，'隔离但平等'的原则并无任何立足之地"，因为隔离学校"本质上是不平等的"。然而，这一决定要得到全面执行仍然需要几十年的时间。与此同时，种族隔离还面临着另一个挑战。

罗莎·帕克斯

1955年12月1日，亚拉巴马州蒙哥马利市的一位混血妇女罗莎·帕克斯平静地拒绝了所乘公交车司机的命令——司机要求她把公交车中部"混血"区的座位让出来。与

1954年以前，美国南方许多州甚至在学校里都强制实行种族隔离。在美国北方，种族隔离则往往是非法的或存在限制。

义务性种族隔离

未实施立法

可选/受限的种族隔离

禁止种族隔离

1955年，罗莎·帕克斯在美国亚拉巴马州蒙哥马利市的公共汽车座位问题上的反抗立场，引发了一场争取平等权利和结束种族隔离的运动。

63年前的普莱西一样，帕克斯被捕了，但这一次，她的被捕引起了公众的抗议与抵制。

在她受审的那天，牧师马丁·路德·金所领导的黑人民权活动人士呼吁抵制蒙哥马利市的所有公交车。当天的抵制活动变成了美国历史上最长、最坚决的民权运动之一。这场抵制活动共持续了381天，在此期间，90%的黑人拒绝乘坐该市的公交车。事实证明，这场抵制活动非常有效，最终最高法院裁定公交车上的种族隔离是非法的。

白人的对抗

法院的裁定引发了一系列恶性事件，有人向马丁·路德·金家的门上开了一枪，黑人教堂发生爆炸，一名年轻的黑人男子威利·爱德华兹则因与一名白人女性约会而被三K党（一个主张白人至上主义的仇恨组织）杀害。黑人和白人很快又恢复了分开乘坐公共汽车。

为了缓和紧张局势，艾森豪威尔总统于1957年推出了一项新的《民权法案》，允许起诉任何试图阻止他人投票的人。然而，种族隔离仍然是一个丑陋的事实。

1960年，北卡罗来纳州格林斯博罗的4名学生在伍尔沃斯餐厅的午餐柜台前举行了静坐示威，因为只有白人才被允许坐在柜台前。很快，学生静坐在整个南方不断上演。抗议者经常被殴打和监禁，但他们一直坚持到伍尔沃斯餐厅的态度软化并且结束了设定隔离柜台的做法。

1960年10月，马丁·路德·金在佐治亚州亚特兰大被捕，原因是他在一个午餐柜台前领导了一次民权静坐示威。当时的美国总统候选人约翰·F.肯尼迪表示支持马丁·路德·金，并协助他获释。他感谢肯尼迪在艰难时刻的协助，支持肯尼迪当选总统，结果，在同年

> 人们总是说我是因为疲倦才拒绝让座的，但事实并非如此……不，我唯一的疲倦就是对让座屈服。

罗莎·帕克斯
《罗莎·帕克斯：我的故事》（1992年）

11月的大选中，多达70%的黑人投票支持肯尼迪。

1961年，7名黑人和6名白人青年（被称为"自由乘车者"）一起乘坐公共汽车到南方抗议种族隔离法。当公共汽车到达亚拉巴马州的安尼斯顿时，一群暴徒伏击了公共汽车，朝公共汽车投掷了一枚燃烧弹。他们逃出时又遭到了暴徒的殴打。公共汽车燃烧的照片为民权运动增添了动力。

美国原住民的权利

与黑人不同的是，美国原住民试图通过保护部落土地，而不是通过隐忍包容来减小歧视造成的损害。1830年残酷的《印第安人迁移法》剥夺了北美原住民的绝大多数土地，仅仅为他们保留了小部分土地，以为他们提供居住的地方。在20世纪50年代和60年代的民权运动中，黑人和印第安人之间的关系十分紧张，黑人试图争取宪法的认可，而印第安人则认为这是一个天真的希望。美国国会于1968年通过了《印第安人民权法案》，旨在承认同化政策的失败。然而，并非所有的美国原住民都对这项法案感到满意。通过保障个人的宪法权利，《印第安人民权法案》允许他们对抗部落政府。此后，美国多届政府逐渐转向承认部落自治权，但这仍然是一个棘手的问题。

"我有一个梦想"

在马丁·路德·金的公开施压下，肯尼迪总统做出了一个决定性的举动。1963年6月11日，肯尼迪总统在广播中提及了当时种族隔离的道德问题及由此而导致的紧急事态，并呼吁立法结束种族隔离。他说道："这个国家是建立在人人生而平等的原则之上的……种族隔离在美国的生活和法律中没有立足之地。"

同年8月，为了向国会施压，迫使其通过肯尼迪总统提出的法案，马丁·路德·金在华盛顿特区领导了25万人的游行，发表了著名的"我有一个梦想"演讲，并承诺实现"一个关于自由和正义的绿洲"。

3个月后，肯尼迪总统遇刺身亡，当时他所提出的法案还没有通过国会审议。然而，他的继任者林登·约翰逊总统利用肯尼迪去世引发的情感浪潮推动了《民权法案》的通过，使其于1964年7月正式成

1963年8月，在马丁·路德·金的领导下，一场名为"为了就业和自由向华盛顿进军"的社会运动在美国华盛顿特区举行。大约有25万人参加了这场规模浩大的民权抗议活动。

为法律。

《民权法案》保障了所有人的就业平等，禁止超过25人的企业出现任何的歧视行为，并成立了平等就业机会委员会来审查劳动就业领域的投诉。

该法案还保护黑人在选民资格测试中不受歧视，禁止在旅馆、餐馆、剧院和所有公共场所实行种族隔离。此外，在公立学校废除种族隔离，联邦资金将从任何实行歧视的项目中撤出。

在反对歧视的斗争中，关键的战斗已取得胜利，但长期的战

斗仍在继续。马丁·路德·金于1968年在田纳西州孟菲斯市遇刺身亡，年仅39岁，这引发了一波种族骚乱。渐渐地，黑人的境况有所改善，随着2009年巴拉克·奥巴马当选为美国总统，情况似乎已经峰回路转。然而，很明显，要实现真正的平等还有很长的路要走。■

1963年，在华盛顿特区大游行期间，马丁·路德·金在林肯纪念堂向聚集的人群发表了富有感情、具有历史意义的"我有一个梦想"演讲。

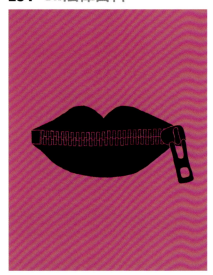

保持沉默的权利
米兰达诉亚利桑那州案（1966年）

对美国执法人员在审问嫌疑人时使用威胁手段的投诉越来越多。

↓

法院经常忽视美国宪法第五修正案，该修正案赋予被告不自证其罪的权利。

↓

米兰达判决支持沉默权和委托律师的权利。

↓

尽管有人声称正义受到了损害，但米兰达判决有助于防范警察的不当行为。

米兰达判决，或者更广泛流传的"米兰达诉亚利桑那州案"，是美国最高法院在1966年6月做出的具有里程碑意义的裁决。它强化了1791年的《权利法案》的修正案之一（美国宪法第五修正案）中保持沉默的权利。这一裁决被赞为个人权利的胜利，而同时也被谴责为对执法的无端限制，为了宪法的规范性而束缚了警察的双手。

美国宪法第五修正案

米兰达判决的中心内容超越了美国宪法第五修正案的主张，即任何人"不得在任何刑事案件中被迫成为不利于自己的证人"。相反，米兰达判决明确表示，任何被警方拘留的嫌疑人，不仅必须被明确告知他们所享有保持沉默的权利，而且有权拒绝回答问题。与此同时，根据第六修正案的规定，嫌疑人有权聘请律师，在必要时律师

参见:《美利坚合众国宪法》与《权利法案》110~117页,法国《人权和公民权利宣言》118~119页,非法证据排除规则 186~187页。

理查德·尼克松在1968年竞选总统时承诺要打击犯罪。他竞选的核心主张是发誓要推翻他强烈反对的米兰达判决。

将由政府提供。在此之后,米兰达警告就成为警察审问嫌疑人时的例行工作。

米兰达警告的背景与判决

该判决来自埃内斯托·米兰达的案件。米兰达是一名有着刑事犯罪前科的流浪汉。1963年,他因强奸和绑架在凤凰城被捕。最高法院还同时审理了另外3个案件,在这些案件中,所有受审和定罪的嫌疑人都未被明确告知美国宪法第五修正案所赋予的权利。

此案件的判决以5位法官支持、4位法官反对的多数票通过,立即引发了社会的全面争议。许多人认为这一判决有利于罪犯,显然有罪的人得到释放仅仅是由于技术上的小瑕疵。

哈兰大法官反对这项判决,他声称,这相当于一场危险的实验。北卡罗来纳州民主党参议员山姆·埃尔文为此抱怨道:"自首的

罪犯被释放了……因为逮捕他的警官没有告诉罪犯一些他已经知道的事情。"纽约民主党参议员罗伯特·肯尼迪则提出反驳:"你认为额外的警告,在某种程度上侵犯了有效的执法吗?"

米兰达警告的后续发展

有关额外警告的问题,其实符合当时存在的现实问题。在这4起案件中,犯罪嫌疑人被描述为"受教育程度有限",他们不太可能意识到他们所享有的权利。此外,警察的审问常带有敌意和威胁。尽管后来最高法院在2000年"迪克森诉美国案"的判决中再次重申支持米兰达判决,但2010年的"伯休斯诉汤普金斯案"的判决,却大大削弱了米兰达判决的功能。该判决裁定,只有在嫌疑人明确援引米兰达判决的情况下,他才有权保持沉默。∎

如果不遵守沉默权,刑法的执行就将出现严重问题。

米兰达在美国最高法院的辩护律师加里·K. 尼尔森
(1935—2013年)

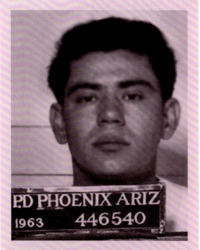

埃内斯托·米兰达

1941年出生于美国亚利桑那州梅萨的埃内斯托·米兰达,几乎是典型的流浪汉。在只有十几岁的时候,他就开始不断地实施一些轻罪,随后不可避免地被监禁在各式刑罚机构。1963年,他因为一些足以构成刑事处罚的事情被捕。不过,他并没有否认自己的罪行。

事实上,正是因为他在审讯中认罪,而没有被告知他有权保持沉默和有权委托律师,最高法院才推翻了对他的判决,尽管亚利桑那州最高法院支持最初认定他有罪的决定。他随后因同一罪行再次受审,但他的供词在作为证据的时候被保留。与此同时,有罪判决以及20~30年的刑期均被法院驳回。在1972年假释后,他又恢复了以前的贫困生活。随后他又被多次逮捕和监禁。1976年,他在菲尼克斯一家酒吧死于一场持刀斗殴。

自由、正义与和平的基础

《公民权利和政治权利国际公约》（1966年）

签署《公民权利和政治权利国际公约》的任何国家，都必须保护公约所载的权利。

| 这些国家应当通过保护这些权利的新法律。 | 执行保护这些权利的现行法律。 | 为侵犯人权行为提供当地的补救措施。 |

不落实权利，意味着国家不遵守此公约。

《公民权利和政治权利国际公约》规定，权利受到侵犯的受害者可以向联合国人权委员会提出申诉。

《公民权利和政治权利国际公约》（ICCPR）是联合国在1966年通过的两大国际公约之一，另一公约是《经济、社会及文化权利国际公约》（ICESCR）。ICCPR将1948年的《世界人权宣言》变成了具有约束力的国际法律。这两个公约以及《世界人权宣言》共同构成了《国际人权宪章》。1966年，联合国人权委员会起草了ICCPR，并对各成员国开放签署。该公约于1976年生效。签署该公约的国家还被要求通过有关法律，以保护该公约所载明的各项权利，并

参见: 法国《人权和公民权利宣言》118~119页, 联合国与国际法院 212~219页,《世界人权宣言》222~229页, 国际刑事法院 298~303页。

> 意见自由与表达自由是人类全面发展的必要条件。
>
> 人权委员会
> 《第34号一般性意见》

利用政府资源确保这些权利得到保障。

ICCPR所载明的权利包括:思想、宗教、言论和集会自由,获得公正审判的权利,免受酷刑和其他不人道或有辱人格的待遇,法律面前人人平等。基于种族、性别、语言、宗教或社会阶层的歧视都是非法的。ICCPR第25条保障了公民定期举行的自由选举和被选举的权利,因此有人批评ICCPR,认为其只代表了西方的民主传统。一些签署国,在符合自己利益的情况下,忽视了该公约的某些部分。例如,印度尼西亚有关宗教亵渎的法律被用来对付非穆斯林。

对缔约国的审查

截至2019年7月3日,已有173个国家批准了ICCPR。每隔4~5年,缔约国就必须向联合国人权委员会提交一份报告,说明该国在落实ICCPR所载权利方面取得的进

智利政治家米歇尔·巴切莱特于2018年被任命为联合国人权事务高级专员,负责确保《公民权利和政治权利国际公约》和其他人权条约的正常运作。

展。联合国人权委员会由来自缔约国的18名专家组成,有权审查各国并就其遵守公约的情况提出建议。尽管该委员会并不是一个正式的法院,但它在制定人权相关的法律方面发挥了至关重要的作用。

对国家采取行动

1966年的ICCPR第一项任择议定书允许已批准议定书的116个国家(包括法国、德国、苏联和巴西)的个人,在认为本国侵犯了自己依据ICCPR所享有的权利时,可以提请人权委员会对该国进行审查。1994年,尼古拉斯·突恩利用该议定书将澳大利亚政府告上人权

> ……只有创造人人都能享有公民与政治权利的条件,自由人享有公民和政治自由的理想,才能实现……
>
> 《公民权利和政治权利国际公约》序言

委员会,理由是塔斯马尼亚法律部分条款违反了公约第17条,即隐私权。

人权委员会还试图为人权受到侵犯的受害者在无处可去的情况下提供帮助。比如,一些教派已对韩国政府提起了系列诉讼,反对韩国对拒服兵役的人所施加的惩罚。他们成功地辩称,这样的做法违反了ICCPR第18条中关于保障信教与信仰自由的内容。

尽管人权委员会的工作取得了许多成功,但它没有权力迫使各国遵守公约的规定。此外,人权委员会资源有限,审理的速度缓慢,很难跟上它收到投诉和报告的速度。因此,一些国家仍然继续无视《公民权利和政治权利国际公约》的存在。■

责难游戏的终结
无过错离婚（1969年）

背景介绍

聚焦
民法

此前
1794年 《普鲁士一般邦法》允许没有孩子的夫妇离婚。

1917年 俄罗斯放宽了有关离婚的规定，理由是婚姻是资产阶级的产物。

此后
1975年 澳大利亚仅允许以婚姻"无法挽回的破裂"为理由的无过错离婚。

2010年 纽约成为美国最后一个引入无过错离婚的州。

2019年 英国承诺引入无过错离婚，并承诺于2020年将该法案提交议会审议。

在几乎所有的西方社会，离婚一度被认为是最绝望的婚姻补救办法，是一种社会耻辱。由于婚姻是基督教信仰中家庭至上的基石，因此离婚或多或少存在不可想象之处。离婚本身的复杂性，以及证明其中一方存在过错的需要，使得无论是在通奸、虐待的情况下，还是在被遗弃的情况下，离婚都变得十分艰难。这样的制度对于受害者尤其是婚姻中的儿童的影响同样沉重。到20世纪60年代末，人们的态度发生了变化。1969年，美国加利福尼亚州出现了一种新的法律观念：一对存在不可调和的分歧的夫妇，有足够的理由离婚，不需要证明过错。2010年后，无过错离婚在全美取得了合法地位。

关于无过错离婚的争论非常激烈。无过错离婚被认为是一种解脱，一种结束任何注定失败的婚姻的理性方式，可以避免痛苦的纠纷。同时，离婚也被批评为一种对终身承诺的贬低，因为开放的离婚法律必然会导致更多的离婚，对于孩子们是否能从父母更容易的分离中获益，至今仍无定论。

不管怎样，西方已经接受了无过错离婚是结束婚姻最无害的方式。然而，虽然法律可以调解和劝说，但人们无法为全面复杂的人类关系制定全面性的法律。■

> 这……让我感到困惑是……婚姻中的一方可能被迫与拒绝放手的人维持婚姻。
>
> 美国离婚律师L. M. 芬顿
> 2010年

参见：《世界人权宣言》222~229页，《欧洲人权公约》230~233页。

证人的安全和福利
美国联邦证人保护计划 (1970年)

美国联邦证人保护计划是基于1970年通过的《有组织犯罪控制法案》中的条款所设立的。这一计划由美国司法部和法警署联合管理，是由美国司法部下属的组织犯罪与诈骗分局的吉劳德·苏尔创设的。

这个计划由乔·瓦拉奇的案件所引发。1963年，瓦拉奇已经因谋杀被判处终身监禁，他是第一个详细描述黑手党内部运作的高级成员。作为回报，他在监狱里受到了官方的保护。瓦拉奇的案件突出了一个重要事实：该计划旨在保护那些成为告密者的罪犯，而不是帮助无辜的犯罪受害者。

那些被保护的人不仅与他们的过去隔绝，还与除了直系亲属的一切联系隔绝。他们获得了新的身份，低调地离开熟悉的地方，他们的生活发生了翻天覆地的变化。实际上，他们安全的代价是双面生活，这是一个精心编造的且被严格执行的谎言。迄今为止，约有1.8万人获得了该计划的保护。美国法警署夸口说，没有一个遵守其要求的人成为报复性谋杀的受害者。因前同事提供的证据而被定罪的比例为89%，美国联邦证人保护计划已经被证明是打击有组织犯罪的一个有力武器。■

乔·瓦拉奇，第一个打破黑手党缄默法则的人。舒尔声称，瓦拉奇"在谈到意大利面酱及密友惨遭杀害时表现出了同样的麻木"。

参见： 国际刑事警察组织 220~221页，《世界人权宣言》222~229页，DNA检测技术 272~273页。

女人有权自己决定

罗伊诉韦德案（1973年）

背景介绍

聚焦
民事权利

此前

1821年　康涅狄格州成为美国第一个禁止堕胎的州。

1900年　美国所有的州都将堕胎认定为非法行为。

1967年　科罗拉多州成为美国第一个将堕胎合法化的州。

此后

1976年　美国《海德修正案》禁止联邦政府为堕胎项目提供资助。

1990年　美国的堕胎率达到顶峰，每年有超过160万次堕胎。

2019年　一名美国联邦法官阻止了特朗普总统所主张的"良心规则"，该规则允许医疗服务提供者基于道德理由拒绝堕胎。

撇开投票权不谈，在现代世界，没有什么问题比堕胎更能明确界定妇女权利的斗争了。但是，妇女要求投票权的斗争从20世纪早期就已经开始了，并且已经在许多国家取得了胜利。相反，对妇女堕胎的合法权利的要求，直至20世纪60年代才开始得到重视。堕胎的合法权利将成为"妇女解放运动"的绝对试金石。直到今天，堕胎仍然可能是所有关于女性平等主张的主要焦点。

纵观历史，非意愿怀孕或意外怀孕的妇女一度面临前途尽毁的局面，尤其是在她们缺乏经济支持的情况下。如果被孩子的父亲抛

参见: 英国《人民代表法案》188~189页,《世界人权宣言》222~229页,《欧洲人权公约》230~233页, 美国《迪基-威克修正案》284页, 冰岛《同工同酬认证》314~315页。

玛格丽特·桑格

美国活动家玛格丽特·桑格是20世纪初计划生育和避孕的倡导者。她生于1879年,于1916年在美国开了第一家节育诊所。她建立了几个计划生育组织,并担任了国际计划生育联合会的第一任主席。该联合会成为世界上最大的非政府国际妇女健康、家庭计划和计划生育机构。20世纪50年代初,桑格鼓励和资助了生物学家格雷戈里·平卡斯对避孕药的研发工作。

桑格和英国活动家玛丽·斯特普在她们那个时代几乎最大的社会禁忌话题方面,取得了无与伦比的成功。她们对20世纪60年代妇女争取堕胎这一项基本权利的斗争所产生的影响不容忽视。也就是说,桑格从根本上反对堕胎,并认为避孕是预防意外怀孕的更有效的方法。玛格丽特·桑格于1966年去世。

弃——这是经常发生的事情,妇女可能会面临一生的赤贫,除非她们把孩子送人,因为她们很难在照顾孩子的同时兼顾工作。长久以来,所谓的“私生子”并不享有与“婚生子女”同等的继承权,他们的母亲经常被视为社会弃儿。

第一次世界大战后,美国的玛格丽特·桑格和英国的玛丽·斯特普的努力迫使公众开始讨论避孕和计划生育的话题,但这对各个阶层发现自己怀孕的女性的影响微乎其微,因为避孕和堕胎仍然是非法的。桑格对避孕的倡导导致她多次被捕。

1920年,俄罗斯成为第一个使堕胎合法化的欧洲国家,尽管之后的统治者约瑟夫·斯大林为增加因大清洗和饥荒大量减少的人口而于1936年推翻了此政策。在大多数国家,堕胎被视为一种绝望的最后补救措施,这是耻辱和恐惧的来源。那些不得已选择堕胎的妇女不

仅要面对被周围人污蔑的情感创伤,还要冒着生命危险由不合格的医生进行拙劣的手术——所谓的“非法堕胎”。

到自由化盛行的20世纪60年代,世界上很多地方出现了一股舆论,认为反堕胎法已经过时,应该被废除。当避孕药合法化时(1961年英国实现了避孕药合法化,到1972年,整个北美均实现了避孕药

强迫成为母亲,这是对妇女生命权和自由权最彻底的剥夺。
玛格丽特·桑格的《镇压》一文发表于1914年《妇女起义》杂志

合法化),剥夺妇女堕胎的权利似乎是不合逻辑的、带有歧视性的做法。在美国,妇女堕胎的权利最终在1973年“罗伊诉韦德案”中获得了法律效力。

一个开创性的案例

1969年,21岁的诺玛·麦考维发现自己怀了第三个孩子,她想要堕胎,但这在美国得克萨斯州是非法的。麦考维的案子由两位女性主义律师莎拉·韦丁顿和琳达·考菲接手,她们认为她的案子极具开创性。他们为麦考维提起了诉讼(为了法律听证会的目的,麦考维采用了简·罗伊的化名,以保护她的身份),并声称得克萨斯州的堕胎法违反了美国宪法。本案的被告是达拉斯县地方检察官亨利·韦德,他代表得克萨斯州。初审判决麦考维胜诉,但当得克萨斯州上诉时,案件于1970年被转至美国最高法院。经过两年多的法律争

经过几十年的斗争，人们越来越相信合法堕胎是女性的基本权利。

美国宪法第九修正案和第十四修正案被认为涵盖了妇女堕胎的权利。

美国最高法院裁定，妇女有选择堕胎的权利。

"罗伊诉韦德案"使妇女堕胎在美国合法化。

尽管在道德上存在一些反对意见，但堕胎在大多数国家仍然是妇女的合法权利。

论，1973年1月，大法官以7票赞成，2票反对的多数投票结果，裁定麦考维最终胜诉。

美国宪法第九修正案和第十四修正案规定的人身权利和隐私权，为这一判决提供了法律依据。最高法院裁定，这些权利应包括妇女自己决定是否堕胎的权利。但与此同时，最高法院也明确指出，该权利并非"绝对"，由于晚期堕胎存在严重的风险，因此堕胎权必须在保护母亲的生命权利以及胎儿的生命权利之间取得平衡。为了解决潜在冲突，最高法院试图通过从妊娠过程中的3个不同阶段来考虑堕胎问题。在"罗伊诉韦德案"中，除非有令人信服的医学原因，否则

在妊娠头3个月即12周内是否堕胎应由母亲自己决定。在这一期间，堕胎对妇女健康的威胁一般小于分娩。在妊娠中期，如果堕胎对妇女的健康构成威胁，就有理由不允许堕胎。尽管该判决在很大程度上回避了一个有争议的问题，即胎儿何时成为可存活的人，但它承认这应该从妊娠晚期开始，所以各州应当禁止在妊娠晚期堕胎，除非妇女的生命面临危险。

即使在严格的法律条款下，

诺玛·麦考维的怀孕是"罗伊诉韦德案"所涉及的核心问题。在皈依天主教之后，麦考维反对堕胎，并对自己在堕胎合法化过程中所扮演的角色，感到十分后悔。

这项裁决也遭到了许多评论家的质疑。大法官之间也出现了意见相左的情况。持反对意见的大法官拜伦·怀特说："我在宪法的语言和历史中找不到任何支持最高法院判决的东西。"他称这是"对司法审查权的一种轻率和奢侈的行使"。就连坚决支持妇女有堕胎权的最高法院书记官爱德华·拉扎勒斯也承认："从宪法解释和司法方法的角度来看，这项判决几乎是站不住脚的，而且根本没有理由支持此项判决。"

支持堕胎的主张

判决的影响立竿见影，任何与这一判决相抵触的州法律都会自动失效，但堕胎仍然是一个存在分歧的道德和政治问题。这一带有女性主义倾向的判例认为，堕胎从根本上说是妇女权利的问题，即堕胎和言论自由一样，是一种权利，也是争取妇女平等的关键武器。

女性主义者质疑，为什么只

活动人士抗议2019年亚拉巴马州审议中的《人类生命保护法案》，该法案实质上将堕胎定为非法行为。这部审议中的法案，最终被认为违反了1973年最高法院对"罗伊诉韦德案"做出的判决。

划生育联盟诉凯西案"，以及2016年的"整体女性健康组织诉赫勒斯泰特案"的判决——有力地强化了1973年"罗伊诉韦德案"的判决。

截至2020年，全球约60%的育龄妇女生活在堕胎合法的国家。剩下40%的女性生活的社会，要么完全禁止堕胎，要么只有在妇女的生命或健康受到威胁时才能够进行堕胎。堕胎所突出的分歧基本上仍然是不可调和的。■

有女性应该承受意外怀孕的后果，不仅是她们自己的生命，还有她们孩子的生命。她们同时也指出，不可否认的事实是，总会有非意愿怀孕的情况出现，所以总会有堕胎的需求，无论堕胎是否合法，非法堕胎都更容易出错，更有可能将母亲的生命置于危险之中。

反堕胎的主张

经典的反驳理由在于堕胎是谋杀——从受孕的那一刻起，胎儿就是一个独特的人类生命。2017年，美国保守派政治评论家本·夏皮罗简单地阐述了这一观点："杀死另一个人是违反道德法则的。这就是为什么我们有禁止谋杀的法律。"辩论的双方都声称科学站在自己这边。反对堕胎的人说，任何胎儿的DNA特征都能在受孕时立即显示出来，超声波技术表明胎儿是一个能够感觉到疼痛的活生生的人。而其他的临床医生则说，怀孕24周之前的胎儿不会感到疼痛。2018年，美国记者詹妮弗·赖特坚称："胎儿的生命权是有争议的。而女人的则没有。"

政治上的分歧

"罗伊诉韦德案"的判决进一步凸显了支持堕胎的民主党人和反对堕胎的共和党人之间存在的明显分歧。这项判决仍然有效，但在2017年，当特朗普总统提名保守派布雷特·卡瓦诺担任美国最高法院大法官时，民主党人发出了愤怒的吼声。民主党人怀疑卡瓦诺的这项任命是为了帮助总统兑现在2016年大选中做出的要推翻"罗伊诉韦德案"判决的承诺。尽管包括亚拉巴马州在内的几个州在2019年试图重新引入反堕胎的立法，但迄今为止，所有努力都遭到了阻挠，1973年以来，最高法院的所有判决都支持最初的裁决。尽管国会1976年颁布的《海德修正案》禁止联邦政府为堕胎提供资金，但最高法院的两项关键判决——1992年的"计

亚拉巴马州的堕胎禁令……削弱了女性在社会上的行为能力和生育决策能力。

美国最高法院大法官迈伦·汤普森
对2019年《人类生命保护法案》的评论

没有什么比动物的生命更有价值

美国《濒危物种法》（1973年）

背景介绍

聚焦
环境法

此前
1900年 美国的《雷斯法案》禁止商业狩猎和某些特定动植物的州际贸易。

1966年 美国《濒危物种保护法》首次列出了受威胁和濒危的物种。

1972年 美国禁止在其水域捕捞海洋哺乳动物。

此后
1988年 科学家们认为，地球上正在发生第6次物种大灭绝。

2004年 美国加州秃鹰17年来首次进行了野外繁殖。

2007年 白头海雕在种群得以恢复后，被从濒危物种列表中移除。

2008年 由于北极栖息地的丧失，北极熊被列为濒危物种。

美国《濒危物种法》的两个目标是，防止濒危物种灭绝，以及避免濒危物种的种类增加。

→

该法案的第4条要求列明受威胁或濒临灭绝的物种。

↓

如果某一物种被列为濒危物种，那么《濒危物种法》便会对其关键的栖息地给予特别保护。

←

濒危物种面临的主要威胁之一是栖息地被破坏。

纵观历史，人类直接导致了许多野生动物的灭绝，如渡渡鸟、大海雀、旅鸽和塔斯马尼亚虎的灭绝。现今，人类对其他动物生存的威胁似乎正在加剧，50%的物种正处于真正灭绝的危险之中。许多生物学家谈到，大规模物种灭绝的部分原因是人类的狩猎活动，但更主要的原因是农业、森林砍伐和城市化造成的自然栖息地的丧失。

从19世纪末期开始，美国人意识到这些行为对本土野生动物的威胁，并在1900年通过了《雷斯法案》，禁止贩卖特定种类的野生动物和植物。该法案旨在阻止对野生动物的捕猎和跨州销售，现在则主要用于防止入侵物种的进口。

20世纪，世界人口的急剧增加，以及人类活动的迅速增多，使更多动物的生存受到了威胁。20世纪60年代，环境保护运动对美国和其他国家的政府施加压力，要求它们采取行动以解决这一问题。

1966年，《濒危物种保护法》公布了首批濒危物种名单。1969年，美国国会对该法案进行了修订，通过禁止在美国进口和销售这些物种来为世界范围内濒临灭绝的物种提供额外的保护。

受1973年《濒危野生动植物

参见: 英国《防止虐待动物法》146~147页, 英国《活体解剖法案》163页, 世界生物圈保护区网络 270~271页,《京都议定书》305页。

《濒危野生动植物种国际贸易公约》及国际保护工作

20世纪中叶, 世界开始认识到, 野生动植物的国际贸易正导致一些物种灭绝, 这些野生动植物被用于食用、药用或其他目的。1963年, 负责监控全球物种多样性的世界自然保护联盟开始制定限制此类贸易的国际协议。前期的努力获得了成果,《濒危野生动植物种国际贸易公约》于1973年在美国华盛顿特区获得通过, 正式生效。《濒危野生动植物种国际贸易公约》禁止或规范濒危物种的国际贸易, 该公约现已成为国际保护的基石之一。《濒危野生动植物种国际贸易公约》目前有183个签署国, 对5000多种动物和3万种植物的贸易进行管制。该公约的缔约国定期开会并制订有关的保护计划, 以保护濒危植物和动物免受商业上的开发利用。

> 《濒危物种法》是我们修复造成物种灭绝的环境损害最强大、最有效的工具。
>
> 美国国会议员诺姆・迪克斯
> (1977—2013年)

种国际贸易公约》的启发, 一项开创性的法案得以出台, 这就是《濒危物种法》, 该法案进一步保护了美国的自然遗产。

协调一致的努力

《濒危物种法》允许个人和组织申请将某个物种列为濒危或受威胁物种。在最终决定将该物种列入名单之前, 还要进行严格的科学评估和公众审查。如果一个物种被列入名单, 那么它的关键栖息地将得到特别保护, 关于它的物种恢复计划也将得到实施, 该计划还会对如何增加该濒危物种的数量进行规划。

随着时间的推移, 生物种群数量会受到监测, 以确定一个物种是否已经恢复到可以从名单上删除的程度。这项长期的承诺是《濒危物种法》的关键部分。大多数野生动物专家认为,《濒危物种法》在防止物种灭绝方面取得了巨大成功。该法案已使包括美国白头海雕、加州秃鹰和灰熊在内的一些物种得以恢复, 并为保护濒危物种树立了全球标准。

2019年, 为了满足商业利益的要求, 美国特朗普政府对《濒危物种法》进行了修订, 大幅削弱了该法案。其中一项修订建议是, 将受保护的关键栖息地限制在濒危物种现在生存的地区, 而非它们恢复后将居住的地区。随着气候危机和其他环境威胁以惊人的速度加速物种灭绝, 这种对《濒危物种法》的改变, 实际上体现了对动物保护呼吁的无视。■

《濒危物种法》列出的受到威胁的鸟类

42% 数量有所增加

13% 被从列表中去除(不再存在灭绝风险)

16% 数量保持恒定

7% 已灭绝

40年后:

21% 数量有所下降

1% 无法获得数据

被列入名单的鸟类种群恢复较好

被列入名单的鸟类种群数量依然下降

LAW IN THE MODERN AGE

1980—PRESENT

现代的法律
1980年至今

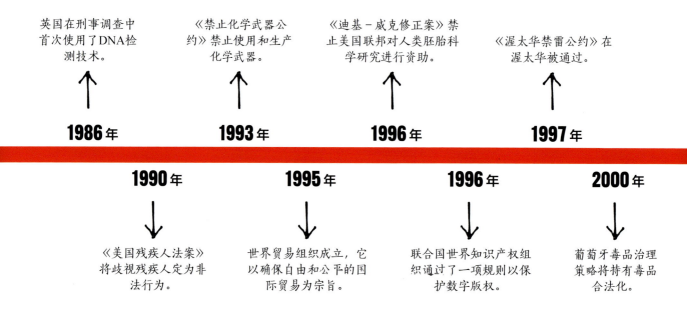

英国在刑事调查中首次使用了DNA检测技术。

1986年

《禁止化学武器公约》禁止使用和生产化学武器。

1993年

《迪基－威克修正案》禁止美国联邦对人类胚胎科学研究进行资助。

1996年

《渥太华禁雷公约》在渥太华被通过。

1997年

1990年

《美国残疾人法案》将歧视残疾人定为非法行为。

1995年

世界贸易组织成立，它以确保自由和公平的国际贸易为宗旨。

1996年

联合国世界知识产权组织通过了一项规则以保护数字版权。

2000年

葡萄牙毒品治理策略将持有毒品合法化。

在20世纪的最后几十年里，得益于国际合作、联合国及其下属机构的工作，新世界大战的威胁得以消退。但是，这些国际组织却无法阻止从科索沃到苏丹再到阿富汗和叙利亚等地区冲突中不断出现的人员伤亡。化学武器的影响和致命的地雷遗留问题，催生了两项国际公约，分别是1993年的《禁止化学武器公约》和1997年的《渥太华禁雷公约》。

世界正变得更加互联互通，国际贸易的增长和跨国公司的蓬勃发展进一步推动了1995年世界贸易组织的成立。世界贸易组织设立的宗旨是创建一个全球化的自由贸易框架。

然而，变化的不仅仅是经济格局，前所未有的科技进步带来了一个新的时代，但同时也带来了新的法律挑战。1996年，世界知识产权组织——一个隶属于联合国，致力于保护商标、专利和版权的国际机构，将注意力转向了数字革命所带来的一系列问题。制定法规保护知识产权和实现数据安全成为当务之急，但是，一旦推出技术解决方案，坚定的黑客就会找到破解它们的方法，法律一直在后面努力跟上脚步。

与此同时，社会大众对数字信息的获取也凸显了隐私和个人信息所有权方面的问题。2014年，欧洲法院裁定，"被遗忘权"高于言论自由，可即便如此，这一权利也受到了挑战。

人权

在世界某些地区，人们对人权和歧视的态度发生了根本性的转变，人权活动者不断向政府施压，要求政府制定法律，以保障残疾人的权利。美国率先采取行动，荷兰等其他国家纷纷效仿。在冰岛，同工同酬认证要求对雇主进行定期审核，以证明雇主提供了男女同工同酬的工作。不过，法律还在努力解决有关新的伦理问题，如由人类胚胎研究和绝症晚期患者的痛苦引发的伦理问题。

打击犯罪

科学的进步通常会带来伦理问题，但对科学来说，获取证据以确保正义得到伸张，同样具有不可估量的价值。用于识别罪犯的

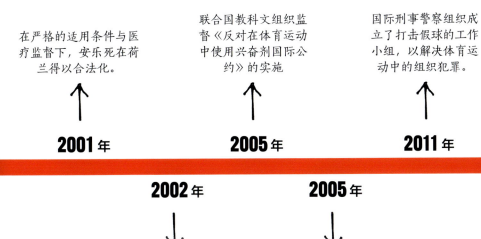

在严格的适用条件与医疗监督下，安乐死在荷兰得以合法化。

2001 年

联合国教科文组织监督《反对在体育运动中使用兴奋剂国际公约》的实施

2005 年

国际刑事警察组织成立了打击假球的工作小组，以解决体育运动中的组织犯罪。

2011 年

冰岛的同工同酬认证确保公司有义务向同等工作的男女支付相同的报酬。

2017 年

2002 年

国际刑事法院在荷兰海牙成立。

2005 年

《京都议定书》生效，旨在减少温室气体排放，以及减缓气候变化的步伐。

2014 年

欧洲法院裁定，人们有"被遗忘权"——有权从互联网搜索中删除有关他们的负面数据。

DNA检测技术与指纹识别一样，是重要的法医工具，而数字技术在执法的各个方面变得不可或缺，尤其是考虑到组织犯罪的复杂性和不断扩大的国际范围。

随着全球范围的商业赞助、电视直播和在线赌博的增加，体育界也经历了重大变化。伴随该行业的扩张，体育界的腐败现象不断增加——体育活动欺诈产生的奖励引诱了个人、犯罪集团和"流氓国家"。2005年，联合国教科文组织通过《反对在体育运动中使用兴奋剂国际公约》。2011年，国际刑事警察组织成立了打击假球的工作小组。

2000年，由于葡萄牙人类免疫病毒（艾滋病）感染病例（其中一半来自注射毒品）的增长速度让人感到震惊，葡萄牙政府制定了新的毒品治理策略，将持有毒品合法化，作为更为广泛的卫生和社会改革的一部分，并成功使其他国家针对这种毒品治理策略开展了有关社会影响方面的研究。

保护地球

到了20世纪80年代，人类活动对自然界的破坏性影响已经十分明显了，这个问题在国际议程上赢得了一席之地。1983年，联合国教科文组织在环境保护方面发挥了带头作用，通过建立世界生物圈保护区网络来促进生态保护和环境的可持续发展。

更大的问题是全球气候变化潜在的灾难性影响，1992年，里约热内卢地球峰会商定了减少温室气体排放的国际目标，但是，与会各国不愿实施环保变革和采纳可持续的能源政策，在21世纪到来之前，他们没能达成任何具有法律约束力的协议。1997年，《京都议定书》确定了减排目标，并于2005年生效。由于世界各国未能完全履行各自承诺的减排政策，法律面临的挑战是找到新的方法，确保每个国家都能尽到自己的责任。■

受到威胁的芸芸众生与无价之宝

世界生物圈保护区网络（1983年）

背景介绍

聚焦
环境法

此前

1821年 博物学家查尔斯·沃特顿在英国约克郡沃尔顿庄园创建了第一个自然保护区。

1872年 美国总统尤利西斯·格兰特签署法案，使黄石国家公园成为世界上第一个国家公园。

1916年 俄罗斯建立了第一个用于科学研究的国家级自然保护区。

1916年 美国总统伍德罗·威尔逊建立了国家公园管理局。

此后

1992年 《生物多样性公约》正式签署生效。

2016年 位于加拿大规模巨大的萨图生物圈保护区，由原住民甸尼族创建。

2016年 世界上最大的海洋保护区在南极洲附近的罗斯海建立。

生物圈是地球表面的"皮肤"，支持着人类和所有其他形式的生命。1971年，联合国教科文组织启动了人与生物圈计划，旨在鼓励在保护自然世界前提下取得可持续的经济发展。1972年，在斯德哥尔摩首次召开的人类环境会议旨在解决国际环境问题。会议的建议之一是设立生物圈保护区，以保护濒临灭绝的动植物。

当时，人们对森林砍伐、空气和水污染、过度捕捞及许多野生动物数量下降的担忧日益加剧。第一批生物圈保护区在1976年被选定，共57个。随后的几年里，更多的保护区被确定。1983年，在白俄罗斯的明斯克，联合国教科文组织发起了一个世界生物圈保护区网络的计划。

互惠互利

根据1992年联合国通过的具有法律约束力的《生物多样性公约》（截至2020年，共有193个国家批准），"生态系统、物种和遗传资源应该被用来造福人类，但需要以一种不会导致生物多样性下降的方式来实现"。认识到物种多样性对维持地球生命至关重要，世界生物圈保护区网络现在的目标是展示生

生物圈保护区

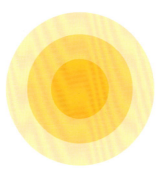

■ 核心区是人类活动受到限制的严格保护区，生命形式和生态系统（相互作用物种的群落及其赖以生存的环境）受到保护。

■ 缓冲区用于监测、科学研究、培训和教育。

□ 过渡区是人们生活和工作的地方，也是允许从事可持续文化和经济活动的地方。

参见：联合国与国际法院 212~219页，美国《濒危物种法》264~265页，《京都议定书》305页。

俄罗斯的自然保护区

俄罗斯在建立野生动物保护区方面处于世界领先地位。1916年，俄罗斯在贝加尔湖附近的巴尔古津区建立了第一个国家级自然保护区，以保护当地的黑貂——一种因皮毛而珍稀的小型哺乳动物。截至2020年，俄罗斯境内共有100多个保护区，占全国总面积的1.4%左右，有些保护区十分广阔，如北极保护区，由占地4万平方千米的冻原组成，区域内维持着北极熊、雪鸮、海豹、鲸鱼等物种的生长。

19世纪90年代，俄罗斯土壤科学家瓦西里·多库恰耶夫首先提出了设立自然保护区的想法，建议将科学家以外的人排除在自然保护区外。俄罗斯植物学家伊万·博罗丁后来表示，不应零星建立保护区，而应该落实规划到每一个主要的生态系统。这些保护区提供了研究环境，科学家可以看到不受人类影响的自然生态。

物多样性和人类文化多样性，以实现彼此之间的互惠互利。

环境的可持续性要建立在人们在环境中拥有经济或文化利益这一前提上，比如人们将捕鱼作为食物来源或砍伐木材用于建筑，在此情况下，人们更有可能倾向于保护环境，以确保不出现资源枯竭的情况。此外，在许多生物圈保护区，当地人也从生态旅游中获益。

构建世界保护网络

全球性的保护网络对于真实反映地球的生物多样性非常重要。各国政府可以提名新的生物圈保护区，如果符合相关的标准，并得到人与生物圈计划管理机构的同意，这些新提名的生物圈保护区就会被纳入世界生物圈保护区网络，每一个保护区都受到本国法律的保护。

黄石国家公园跨越美国怀俄明州、蒙大拿州和爱达荷州，于1976年被指定为生物圈保护区。

计划启动以来的50年里，生物圈面临的威胁加剧了，100万种物种面临灭绝危险。人类活动造成的气候变化将加剧这种威胁，科学家将其描述为地球的第6次生物大灭绝。截至2020年，共有124个国家建立了701个生物圈保护区，规模从巴西巨大的亚马孙河中心保护区，到南威尔士的戴菲河口岸保护区。如人与生物圈保护计划这般全球领域内的协调和法律上可执行的措施，为应对地球面临的环境挑战提供了最佳的治理途径。■

我们应该了解生物多样性对人类的意义，将其作为无价之宝，并加以保护。

美国生物学家爱德华·奥斯本·威尔森
（1992年）

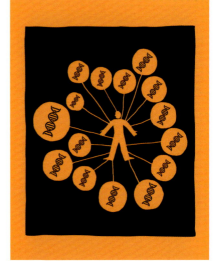

如望远镜观测星空般的正义

DNA检测技术（1986年）

科学家表明，DNA样本可以准确识别任何个体（同卵双胞胎除外）。

世界各地的执法机构经常采用DNA检测技术。

DNA数据库提供了一种快速增长的资源，数百万条记录被收集起来，关于它们的应用程序也在增多。

人们仍然担心DNA检测技术被滥用的情况。

DNA（脱氧核糖核酸）检测技术是20世纪早期指纹识别技术广泛应用以来法医鉴定方面最重要的突破。DNA分子在法医鉴定中的价值在于，尽管人类99.9%的DNA是相同的，但那0.1%的差异为任何个人（同卵双胞胎除外）提供了一种无可辩驳的身份认定。DNA可以从唾液、皮肤、血液、头发或细胞中提取。然而，为了检测的精准，抽样和分析必须按照严格的标准进行。

刑事调查中首次使用DNA检测，是为了证明清白而非证明有罪。1986年，一个有学习障碍的年轻人理查德·巴克兰因强奸和谋杀了15岁的道恩·阿什沃斯而被捕。这一案件引起了英国遗传学家亚

参见： 国际刑事警察组织 220~221页，《世界人权宣言》222~229页，《欧洲人权公约》230~233页，《反对在体育运动中使用兴奋剂国际公约》304页。

历克·杰弗里斯的注意，他检测了阿什沃斯尸体上精液的DNA，发现精液并非来自巴克兰。杰弗里斯还证明杀害阿什沃斯的凶手在3年前杀害了另一个女孩琳达·曼恩。于是，巴克兰被释放。后来经过长期调查，连环杀人犯科林·皮奇弗克被发现拥有与阿什沃斯尸体上精液样本的DNA相吻合的DNA。皮奇弗克以两项谋杀罪被判处终身监禁。

DNA检测技术的进展

得益于DNA快速检测这项刑侦领域的重大进步，世界各地的执法机构建立了数据库以存储和共享信息。美国联邦调查局于1998年推出了DNA联合索引系统，截至2020年，该系统保存了从犯罪现场收集的超过1400万名罪犯的DNA图谱。

基于同样的情况，成立于1995年的英国国家DNA数据库已建立了650万份档案（截至2020年）。

亚历克·杰弗里斯于1977—2012年在英国莱斯特大学从事遗传学方面的研究。他的工作在亲子鉴定、移民纠纷及犯罪侦查方面都很有成效。

从DNA检测技术首次被使用开始，技术的进步使得对微小样本的快速分析成为可能。DNA检测技术的成功，使人们认为检测结果是绝对正确的，但人为的错误也导致了几次司法误判。例如，1998年，根据DNA证据，来自得克萨斯州休斯敦16岁的乔赛亚·萨顿因强奸被判处25年监禁。后来证明，这是法医实验室的错误处置导致的，萨顿被证明无罪。

DNA检测技术的缺点

事实上，随着DNA样本储存数量的增加，出现错误的风险，如文件混乱或测试技术的误用，也在增加。检测样本存在的"二次转移"，即DNA通过中间物转移到

> 人们对科学证据的意义有不切实际的理解，尤其是涉及DNA的时候。
>
> 欧洲法医遗传学卓越网络
> （2017年）

物体或人身上，已被证明是检测技术上的难题。大多数日常用品都带有很多人的微小痕迹，而且几乎不可能针对经常接触的人的DNA进行区分。因此，来自英国政府的一份报告指出，我们分析DNA的能力可能超过我们解释的能力。■

格林河杀手

格林河杀手连环谋杀案是美国历史上最严重的案件之一，令人吃惊地证明了DNA检测技术使用的正确性。加里·里奇韦于1982—2001年在美国华盛顿州强奸并勒死了至少49名年轻女性，他把尸体扔在格林河中或附近区域。警方未能掌握任何有关线索。

2001年，改进的DNA取样技术为警方的调查带来了重大突破。警方将从一些受害者身上发现的精液

中提取的DNA样本与1987年从里奇韦身上提取的DNA样本进行了比对。当时，里奇韦因被卷入一桩杀人案而接受了讯问，但最终并未被起诉。这些样本后来被证明与里奇韦的样本完全匹配，里奇韦被判犯谋杀罪成立，并被判处48项终身监禁。后来，他声称杀害了多达80名女性，而真实的总数可能更多。

给不法行为的监督者授权

美国《吹哨人保护法》（1989年）

背景介绍

聚焦
劳动法

此前
1863年　美国《虚假申报法》可能是世界上第一部有关检举的法律，旨在遏制美国南北战争期间国防承包商的欺诈行为。

1966年　美国《信息自由法》旨在使政府事务"接受公众监督"。

此后
1998年　在英国，如果披露的信息符合公共利益，那么《公共利益披露法》会保护相关的举报人。

2010年　美国《多德-弗兰克法案》在针对金融机构的监管中，纳入了对举报人的保护。

2015年　人们越来越担心《多德-弗兰克法案》会损害小型银行和贷款机构。

1989年的《吹哨人保护法》首先保护了美国联邦机构中披露不当行为的雇员，无论其披露行为是否是故意的。该法案向检举人保证，不会对他们采取降职或停职等报复措施。

尽管美国在这项立法上处于世界领先地位，但2012年的《检举人保护加强法案》仍试图加强保护措施。但是，该法案并不包括雇主

保护那些披露政府违法行为、浪费和腐败行为的员工是提高公务员队伍效率的重要一步。

《吹哨人保护法》

的法律诉讼豁免权，这一事实阻止了其他雇员发声。

2006年，美国最高法院对"加尔塞蒂诉塞巴洛斯案"的裁决令人沮丧，即便裁决援引美国宪法第一修正案中言论自由条款，也被认为不适用于告密的公职人员，如洛杉矶地方副检察官理查德·塞巴洛斯。

1989年的法案修订还将美国情报机构的雇员排除在外。1998年的《情报机构举报人保护法》只赋予情报机构中举报的吹哨人有限的权利，该法于2014年进行了修订，延长了吹哨人的豁免权。

2007年金融危机后通过的《多德-弗兰克法案》旨在遏制金融机构的过度冒险行为，保护消费者。事实证明，这项立法十分成功，部分原因在于收回的全体资金中有10%～30%可作为奖励支付给举报人，这有效促进了举报人勇敢进行举报。■

参见：《世界人权宣言》222～229页，《公民权利和政治权利国际公约》256～257页，美国《梅根法案》285页。

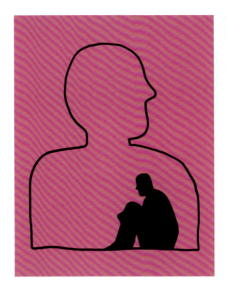

我们一起克服，我们必会克服

《美国残疾人法案》（1990年）

背景介绍

聚焦
平等权

此前
1964年　美国《民权法案》旨在结束基于种族的隔离。

1965年　《投票权法案》禁止阻止某些美国公民行使其投票权的歧视性措施。

1973年　美国《康复法案》禁止美国任何由联邦资助的项目歧视残疾人。

此后
1992年　平等就业机会委员会开始执行《美国残疾人法案》所规定的就业保护。

2000年　欧盟的就业和职业平等待遇框架涵盖了对残疾工人的保护。

1990年制定的《美国残疾人法案》旨在保障"残疾人充分实现公民权利和人权"。对此，美国政府想要通过这部法律来明确一个观点：社会应该鼓励和帮助残疾人为美国的生活做出最大的贡献。该法律禁止对残疾人的就业歧视，每一个拥有超过15名员工的雇主都必须"照顾"此类员工的"合理"需求，除非这种做法会给公司造成不必要的困难。

《美国残疾人法案》还要求，任何向公众开放的建筑物或企业，如学校、酒店、健身俱乐部和商店，都必须提供更便利的通道，不得歧视残疾人。电信和交通领域，诸如公共汽车、火车、飞机，甚至游轮，也必须履行同样的责任。2008年，《美国残疾人法案》的修正案扩大了原有的涵盖范围，以及关于身心障碍（残疾）的定义，以保护更多的人。虽然这些立法表明美国在残疾人立法方面

乔治·H. W. 布什总统于1990年7月26日签署了《美国残疾人法案》，这是针对残疾人士制定的民权领域的第一部全面性法律。

走在了世界前列，但其结果喜忧参半：许多小型企业抱怨合规成本太高。1990年，70%的"严重"残疾人处于失业状态，到了2010年，这个数字仍然没有变化。未遵守《美国残疾人法案》条款的组织，除对其违规行为进行补偿外，不会受到任何制裁。■

参见：《世界人权宣言》222~229页，《欧洲人权公约》230~233页，美国《民权法案》248~253页。

没有化学武器的世界

《禁止化学武器公约》（1993年）

作为规范国际战争最具野心的国际条约之一，《禁止化学武器公约》旨在禁止在任何地方使用化学武器。该条约获得了联合国大会的批准，并于1993年向各成员国开放签署。截至2020年，该条约已获得193个国家的签署，在联合国所有成员国中，仅有埃及、南苏丹和朝鲜3个国家未签署该公约。

禁止化学武器的协定由来已久。1675年，在斯特拉斯堡，法国和当时德意志的各个公国就禁止使用毒弹达成了一致意见，这也是第一个禁止使用化学武器的国际条约。1874年的《布鲁塞尔宣言》更有说服力，1899年和1907年的海牙和平会议进一步限制了化学武器的使用。

由于在第一次世界大战中广泛使用化学武器，根据《凡尔赛和约》，德国被禁止使用化学武器。1925年，《日内瓦议定书》宣布使用化学武器为非法行径，但议定书并未禁止制造化学武器。

背景介绍

聚焦
军备控制

此前

1899年、1907年 两部《海牙公约》提议在国际上禁止化学武器的使用。

1925年 《日内瓦议定书》提出了更具强制性的禁令，但影响有限。

1975年 《禁止生物武器公约》生效。

1990年 美国和苏联达成了一项协议，承诺停止生产新的化学武器，并销毁旧有的库存武器。

此后

2013年 叙利亚内战爆发，战争期间发生了多起化学武器袭击事件，包括对大马士革郊区的沙林毒气袭击。该袭击造成了1400多名平民死亡。

《禁止化学武器公约》同意采取措施，禁止在战争中使用化学武器。

→ 《禁止化学武器公约》禁止制造和使用任何化学武器。

公约下令销毁现有的化学武器，并关闭所有制造设施。

各国必须允许独立的核查人员进入检查，以确保销毁武器和制造设施退役工作已经完成。

参见: 4部《日内瓦公约》152~155页,两部《海牙公约》174~177页,联合国与国际法院 212~219页,《部分禁止核试验条约》244~247页,《渥太华禁雷公约》288~289页。

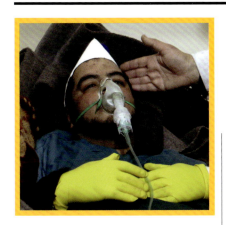

1931—1945年中国抗日战争期间,日本对中国人广泛使用了化学武器。在第二次世界大战开始时,纳粹德国和同盟国都有化学武器的库存,但它们很少在战场上被使用,主要是各方都担心遭到对方相应的报复。

国际协议

经过几年的筹备,《禁止化学武器公约》于1975年生效。这是首部禁止生产一系列化学武器的多边裁军条约,但由于缺乏核查手段,该条约的效力受到了限制。

2017年4月,叙利亚发生了化学武器袭击事件。叙利亚总统阿萨德指责"恐怖分子"发动了这次袭击和其他袭击,但他自己的武装部队也牵涉其中。

禁止化学武器真正的进展发生在1985年美苏关系解冻之后。到了1990年,美国和苏联两国同意停止生产化学武器,并销毁现有库存,为随后于1993年达成的全球协议铺平了道路。

化学武器的供给与滥用

《禁止化学武器公约》的表述十分明确:每个缔约国同意不再生产任何化学武器,销毁已经持有的任何化学武器,并允许禁止化学武器组织进行强制性检查,如有必要,只会在提前12小时通知的情况下,对可疑的缔约国进行化学武器的检查。2007年,阿尔巴尼亚成为第一个完全遵守规定的国家,到2018年年底,在化学武器拥有国所申报的库存中,97%的化学武器已

在战争中使用令人窒息的、有毒的气体或其他气体,以及所有类似的液体、材料或装置,都应受到公正的谴责。

《日内瓦公约》
(1925年)

被销毁并可供进一步核查。然而,此禁令的实施难以监管。叙利亚在2013年签署该公约,声称已销毁了所有化学武器,但在当年的内战中,叙利亚多次使用化学武器进行攻击。■

伊拉克的化学武器

阿里·哈桑·马吉德(拥有"化学阿里"的绰号)出生于1941年,是伊拉克独裁者萨达姆·侯赛因的堂兄。

在20世纪80年代和90年代,阿里·哈桑·马吉德担任过一些重要的政府职位,并且在两伊战争(1980—1988年)后期指挥着库尔德人居住的

北部地区的所有国家机构。

伊拉克从1980年开始对伊朗军队部署化学武器,但在1987—1988年,阿里·哈桑·马吉德批准对库尔德平民使用化学武器。

针对库尔德平民展开的"安法勒行动"可能导致了多达18万人死亡。在1988年3月16日最臭名昭著的事件中,

伊拉克飞机向哈拉卜贾省的城镇投下了芥子气和沙林罐,造成了至少5000人死亡,数千人受伤和长期患病。

阿里·哈桑·马吉德于2003年被美军逮捕,经过漫长的审判后,于2010年被处决。

为所有人的
利益开放贸易

世界贸易组织（1995年）

背景介绍

聚焦
国际自由贸易

此前
1929—1939年 经济大萧条在全球范围内造成了大规模失业。

1947年 《关税及贸易总协定》确立，共有23个国家或地区作为其创始成员。

1986年 《关税及贸易总协定》的乌拉圭回合，是迄今为止最雄心勃勃的国际贸易谈判。

此后
1999年 在西雅图举行的世界贸易组织会谈的场外发生了暴力抗议。

2001年 多哈回合贸易谈判试图扩大贸易自由化，但进展有限。

2015年 世界贸易组织正式宣布多哈回合贸易谈判中止。

1944年的布雷顿森林会议试图为第二次世界大战后的世界建立一个全球性的经济监管体系。

联合国发起的《关税及贸易总协定》于1947年签署。

此协定的既定目标是实现自由贸易和废除高额关税。

世界贸易组织成为全球最强大的立法和司法机构之一。

然而，世界贸易组织推动贸易自由化的目标，仍然持续受到国家利益竞争的阻碍。

世界贸易组织（WTO）成立于1995年，作为最具前瞻性的国际组织，它起源于1947年联合国确立的《关税及贸易总协定》。《关税及贸易总协定》和世贸组织都有一个共同的理念：国家之间以公平和透明方式进行自由贸易，对大家都有好处。

这样的理念实际上是18世纪苏格兰经济学家亚当·斯密观点的延伸。亚当·斯密认为，一种开明的利己主义若被运用于个人企业的发展中，则是确保财富增长最为可靠的方法。

随着第二次世界大战接近尾声，这样一个全球性的梦想似乎开始成为可能。对于美国前总统富兰克林·D. 罗斯福、英国经济学家约翰·梅纳德·凯恩斯和其他人而言，20世纪30年代的一个主要教训是，高额的进口关税破坏了国际关系的稳定，也无助于全球经济的发展。

他们认为自由贸易促进了繁荣与和平，因此，在1944年举行的布雷顿森林会议上成立了国际货币基金组织和世界银行，以确保全球金融的稳定，并为陷入困境的国家政府提供贷款。

同时，该会议还建立了一套规范国际贸易的系统。3年后，在联合国的赞助下，《关税及贸易总协定》得以诞生。

在利益之间进行调和

第二次世界大战后冷战的到

参见: 美国《谢尔曼反托拉斯法》170~173页, 美国联邦贸易委员会 184~185页,《世界知识产权组织版权条约》286~289页。

2019年, 非洲大陆自由贸易区的建立, 推动了非洲商业的发展, 使非洲大部分国家之间实现了免关税贸易。

来, 在世界上两个主要大国——美国和苏联之间形成了看似不可逾越的障碍。军备竞赛显示, 美国和苏联之间的对峙并不存在明显的解决方案。

与此同时, 第一世界和第三世界国家, 即经济上的发达国家和发展中国家之间的分歧, 使得建立任何通用商业手段的可能性都更为渺茫。这种问题不仅仅是如何调和各个国家之间的利益, 因为狭隘的国家利益总是比互利的崇高愿景更占上风, 这是一个从未解决的矛盾。

促成世界贸易组织成立的多边贸易谈判在乌拉圭的埃斯特角城开始, 即所谓的乌拉圭回合。这些谈判在《关税及贸易总协定》的框架内, 于1986—1993年陆续举行, 共有123个国家或地区参与。

众所周知, 贸易谈判非常复杂且进展缓慢, 例如, 经过15年的谈判, 中国直到2001年才加入世界贸易组织。话虽如此, 到2020年, 世界贸易组织已拥有164个成员。

世界贸易组织是全球经济治理中令人印象深刻的记录之一。
瑞典政治家安娜·琳德
(1957—2003年)

1999年的西雅图

世界贸易组织对内部纠纷并不陌生, 而这些纠纷往往涉及复杂的经济政策问题, 从20世纪90年代末开始, 为推动剥削性的资本主义利益, 促进新自由主义的全球政治议程, 包括国际货币基金组织、世界银行、欧盟及世界贸易组织在内的国际组织均遭到了来自外部的反对意见。1999年12月在美国华盛顿州西雅图举行的世界贸易组织会议中, 这种反对意见达到了一个新的高度, 超过5万名示威者涌进这座城市, 抗议环境恶化、廉价进口商品、缺乏问责的民主政治、不安全的工作条件, 以及普遍存在的资本主义。最终, 和平抗议升级为暴力形式, 警察以笨拙的方式试图清理街道, 但这样的做法使情况变得更糟, 一种带有破坏性的新的公民抗议形式由此诞生, 并对后续的占领运动产生了直接的影响。

"西雅图之战"发生在1999年的11月30日和12月1日, 引起了人们对全球贸易影响的关注。

世界贸易组织的结构

部长级会议

作为世界贸易组织的最高决策机构，通常每两年召开一次会议。每个成员都有代表，可就世界贸易组织多边贸易协议的任何方面做出决定。

争端解决小组

发生争端时，总理事会成员召集该委员会成立争端解决小组。

总理事会

在两次部长级会议期间举行，由来自全世界的代表组成。

贸易政策审查机构

总理事会成员有时会召集贸易政策审查机构监督成员贸易政策的修订。

货物贸易理事会

该理事会负责监督《关税及贸易总协定》的执行，该协定涵盖国际货物贸易事务。理事会下设10个分组，对应特定领域，如农业、市场准入和政府补贴。

知识产权理事会

与贸易有关的知识产权理事会负责监督消除侵犯知识产权的商品贸易。

服务贸易理事会

该机构监督若干小组委员会，并负责《服务贸易总协定》。该协定涵盖金融服务贸易。

世界贸易组织的基本机制

世界贸易组织的既定目标是确保贸易尽可能顺畅、可预测和自由地流动。它努力消除贸易保护主义和高进口关税，以创造稳定的贸易条件，进而鼓励投资和创造就业机会。这将促进发展中国家的经济发展，使其人民摆脱贫困，使其能够与发达国家平等竞争。

世界贸易组织与国际货币基金组织、世界银行配合，致力于实现以上目标，并对滥用贸易规则的国家实施贸易制裁。世界贸易组织通常每两年召开一次部长级会议，做出重大决定。负责监督货物和服务贸易及有争议的知识产权问题的委员会举行会议的频率更高，而争端解决小组则负责讨论贸易政策的细节。世界贸易组织的上诉机构成立于1995年，是一个由7名贸易法专家组成的独立委员会。该委员会审视来自争端解决小组的报告，并有权推翻报告。

广泛批评

世界贸易组织反应迟缓，因为它必须考虑大量相互冲突的利益。批评人士指责它受制于最强大成员的利益，他们还质疑世界贸易组织决定的透明度，认为这是对发展中国家的歧视。

一个普遍的批评观点是，世界贸易组织在寻求保护知识产权（特别是企业对其创造的任何产品的所有权）时，否认了药物所具有的潜在利益，特别是对那些无法负担药物价格的国家。例如，投资开发"专利"原始艾滋病病毒（人体免疫缺陷病毒）药物的公司迫使许多同样有效但价格更便宜的仿制药在发展中国家的市场上销声匿迹。在这种情况下，利润和股东分红似乎

> 各国加入世界贸易组织必须做到的是……接受法治，减少腐败，成为开放、负责和民主的国家。
>
> 美国外交官理查德•哈斯
> （2018年）

比病人的生命更受重视。

进一步的批评指向成功利用其经济实力征收远高于其他国家关税的贸易集团。举例来说，进口到欧盟的农产品面临平均11.5%的关税，在完全相同的世界贸易组织规则下，俄罗斯所能征收的关税从未高于6.5%，因此，欧盟农民享有世界贸易组织批准的某种程度的保护，但俄罗斯农民无法享有。

世界贸易组织这样的国际机构，很容易受到其最强大成员的操纵，其每一个成员或集团，比如欧盟、东协或南方共同市场（巴西、阿根廷、乌拉圭、委内瑞拉和巴拉圭5个南美洲国家的区域性贸易协定——译者注），需要与世界贸易组织就制定明确关税、配额和补贴的"时间表"达成一致。这些方面的协议随后也必须经世界贸易组织批准。然而，没有获得WTO认可的交易持续发生，2004年以来，欧盟的世界贸易"时间表"一直未

得到世界贸易组织的认可。

尽管世界贸易组织是关税和补贴争端的最终仲裁者，但要解决这些争端，需要世界贸易组织164个成员的一致同意，而且没有办法知道该如何做出此类决定。无论其是否真正具有全球性，世界贸易组织都很难声称自己是民主的。

不过，20世纪90年代后期以来，世界贸易组织下的贸易争端数量一直在下降，例如，1997年有50个，但在2017年却只有18个。这样的情况表明，只要有足够的时间，大多数此类困难都可以在世界贸易组织的管辖下得到解决。因此，世界贸易组织似乎为公平的全球贸易带来了希望。

一个强加的理想？

就国际政治的现实情况来看，对多边贸易协定的追求将永远排在国家利益之后，每个国家都试图扭曲世界贸易组织的裁决，以使其有利于自己。长期以来，美国一直对那些寻求从世界贸易组织中获取优惠贸易条件的国家或集团感到不满，同时美国也一直在寻求同样的做法。

世界贸易组织的批评者认为，实际上，世界贸易组织已成为经济实力雄厚的国家实现自己的政治议程的另一种手段。美国前总统唐纳德•特朗普曾声称，世界贸易组织是一场"灾难"，并威胁要让美国退出世界贸易组织，这是一场事关重大的谈判的第一步。

《关税及贸易总协定》诞生于

> 过去的25年使我们对世界贸易组织有了更多的了解，那就是这个组织富有弹性，足智多谋。
>
> 世界贸易组织前总干事
> 罗伯特•阿泽维多
> （2020年）

战后的信念，即世界应该也可以被重塑。世界贸易组织是它的"直接后裔"，世界贸易组织的存在更像是妥协的产物，但世界贸易组织已经将世界朝着更加繁荣和基于自由贸易的公平的方向推进，无论运作有多么笨拙，它的基本愿景本质上仍然是乐观的。■

生命何时开始?

美国《迪基-威克修正案》(1996年)

1996年以来,《迪基-威克修正案》禁止使用联邦资金来创造人类胚胎,或将联邦资金用于破坏或伤害人类胚胎的研究。该法案属于规范美国政府拨款的修正案,在1996年提交国会进行全体投票前,就已于1995年得到了众议院拨款委员会的批准。

《迪基-威克修正案》从未禁止从事人类胚胎的研究,仅仅禁止联邦政府资助此类研究。如此一来,此法案就触及了伦理的核心问题,同时,这些伦理问题也助长了有关堕胎的争论。争论的内容包括:人类的生命究竟从何时开始?又应该用什么法律来保护它?开始于20世纪70年代的人类胚胎研究开拓了医学的新视野,为不孕夫妇提供了怀孕的可能性,也为利用干细胞治疗严重疾病提供了可能性。但它始终存在着争议。2009年,时任美国总统巴拉克·奥巴马在一定程度上削弱了该修正案的影

国会经常在不了解立法的全部范围的情况下进行立法。

凯瑟琳·斯迈尔斯
肿瘤生殖学联盟
(2013年)

响力。2011年,美国上诉法院表示该修正案的有关规定存在"含糊不清"之处,并未全面禁止联邦资金资助使用胚胎干细胞的研究。医学界基本上反对该修正案的内容,声称有关生命的研究正受到过时法律的阻碍,该法案是由那些没有资格做出这样的决定的人制定的。■

参见:《世界人权宣言》222~229页,《欧洲人权公约》230~233页,罗伊诉韦德案260~263页。

每个家长都有权知道

美国《梅根法案》（1996年）

《梅根法案》是美国联邦法律的一部分，该法案要求各州当局向公众提供已登记的性犯罪者的信息。该法案作为1994年《雅各布·威特琳侵害儿童和性暴力罪犯登记法案》的修正案而获得通过，要求美国各州建立关于犯有性暴力罪或侵害儿童罪的罪犯的名册。各州有权决定面向公众发布的信息数量和发布相关信息的媒体渠道。

1994年7月，在新泽西州7岁女童梅根·坎卡被强奸和谋杀后，新泽西州出台了新的法案。梅根被33岁的邻居杰西·蒂门德夸斯杀害，而蒂门德夸斯曾因两起儿童性犯罪被定罪并在监狱里服刑了6年。梅根的父母莫林和理查德·坎卡发起了一项要求社区通报性犯罪者的运动，并表示，如果他们知道蒂门德夸斯过去的犯罪史，就可保护自己的女儿免受侵害。在谋杀案发生后的几个月内，新泽西州便颁布了《梅根法案》，两年后美国国会通过了同名法案，以纪念梅根。

没有人怀疑过《梅根法案》的良善意图，但该法案并未减少犯罪发生的数量，同时也被质疑侵犯了美国宪法第四修正案所保障的隐私权。但就该法案的实际影响来说，它实质上鼓励民众针对已被定罪的性犯罪者实施自发组织的惩罚。■

比尔·克林顿总统在梅根的母亲和弟弟面前签署了《梅根法案》。新泽西州众议员及电视节目《美国头号通缉犯》的主持人在旁观看了法案的签署过程。

参见：《美利坚合众国宪法》与《权利法案》110~117页，《世界人权宣言》222~229页，《欧洲人权公约》230~233页。

如果创造力是一片田野，那么版权就是篱笆

《世界知识产权组织版权条约》（1996年）

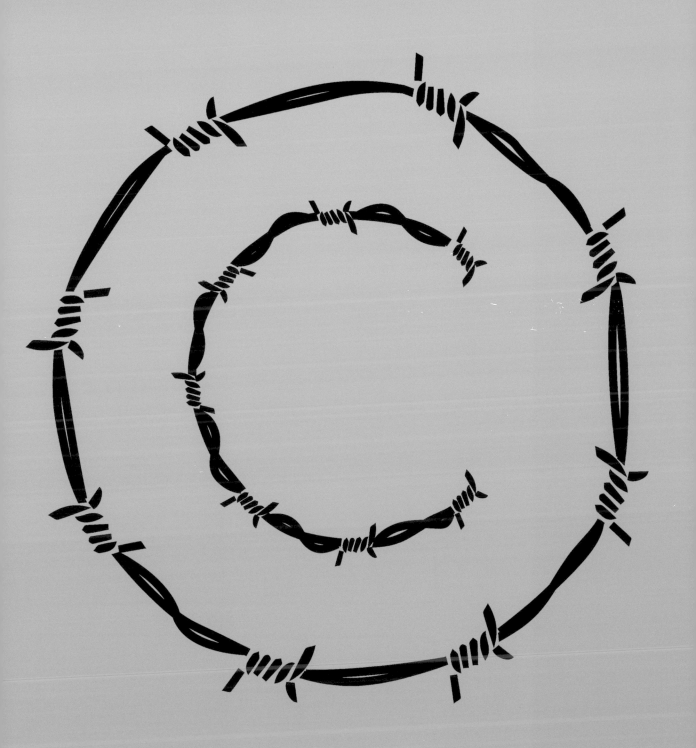

背景介绍

聚焦
版权法

此前

1886年 《伯尔尼公约》的各缔约国声明同意尊重国际版权。

1909年 美国《版权法》彻底修改了对作者的版权保护。

1988年 《版权、设计和专利法令》在英国成为法律。

此后

2016年 搜索引擎谷歌一年内就收到了高达9亿个关于删除侵犯知识产权的内容的请求。

2018年 美国《音乐现代化法案》扩大了对音乐流媒体艺术家的版权保护范围。

2019年 《欧盟数字化单一市场版权指令》使互联网服务提供商有责任停止侵权行为。

1886年的《伯尔尼公约》是国际上首次尝试对版权进行规范的国际立法。最初，仅有10个国家签署该公约，但在联合国世界知识产权组织的管理下，截至2021年3月，该公约已有179个缔约国。

世界上最早的版权法是1710年英国议会通过的《安妮女王法令》，但该法令不适用于英国以外的地区。《伯尔尼公约》将版权的保护范围扩大到越来越多国家的作者和艺术家，承认他们是自己作品的合法所有者，也应该是其创作工作的主要受益者。公约还表示，创作者无须主张自己拥有版权，版权自动属于创作者本人。《伯尔尼公约》在随后进行了几次更新，例如，1908年，人们同意将版权在创作者去世后的延续时间延长到50年（后来又延长到70年）。

数字世界

20世纪90年代以来，数字媒体呈指数级增长，音乐、书籍、期刊、照片、电影和艺术品通过在线点击便可获取。由于复制和上传变得越来越容易，因此确定这些数字媒体的来源也变得十分困难。艺术家、作者和其他人经常发现他们的作品在网上流传，没有署名，也没有拿到版税的希望。立法者面临的最大挑战便是如何使《伯尔尼公约》的有关条款适用于数字世界。

为了迎接这一挑战，1996年，由世界知识产权组织安排的一次会议通过了《世界知识产权组织版权条约》。该条约于6年后生效，总结了版权保护对鼓励创造性活动所具有的重要性。毕竟，如果一个作品会被复制，并被当作别人的作品上传到网络上，那么为什么有人会想要去创造这些东西呢？因此，对创造性内容和所有权的保护变得十分迫切，美国商会在2018年表示，在线盗版视频每年给美国造成近300亿美元的损失，还使美国电影和电视行业损失多达56万个工作岗位。《世界知识产权组织版权条约》还保护工业品的外观设计。与专利法和商标法一样，它也是打击假冒商品的法律武器。根据经济合作与发展组织的数据，到2016年，

互联网服务提供商提供艺术品、音乐、在线电影、照片、文章和书籍。

很多在线内容侵犯了版权，但原作者并未得到相应的版税。

《世界知识产权组织版权条约》扩大了《伯尔尼公约》的适用范围，涵盖了数字内容，而《音乐现代化法案》则涉及流媒体音乐。

尽管存在相应的立法，但在整个互联网上执行内容所有权原则仍然具有挑战性。

参见: 英国《安妮女王法令》106~107页,《世界人权宣言》222~229页,《欧洲人权公约》230~233页, 冈萨雷斯诉谷歌案 308~309页, 美国《开放互联网法令》310~313页。

这些假冒商品的全球贸易额已高达 5090亿美元。

后续关于版权保护的立法包括1998年的《数字千年版权法》, 该法案加大了对侵犯互联网版权行为的处罚力度, 以及2018年的《音乐现代化法案》, 该法案保护音乐艺术家在线播放领域的版权和版税。

然而, 问题依旧存在。尽管立法的初衷是好的, 但有关数字版权的部分仍然很难得到监管。■

1886年的美国杂志《帕克》的这幅漫画讽刺了出版行业的盗版情况。同一年, 旨在保护版权的《尼泊尔公约》签署。

金·多特康姆

1974年出生的金·多特康姆, 原名为金·施密茨, 是"互联网无限可能"最无耻的剥削者之一。在德国进行了"利润丰厚"的诈骗活动后, 他移居中国香港, 并于2005年建立了文件共享网站麦加共享。在运作的鼎盛时期, 麦加共享可能占据了全世界互联网流量的4%, 任何人都可以注册并上传内容, 使得该网站成为一个庞大的非法文件存储库。他便从巨额的广告收入中获利。随着资金的不断涌入, 他买了汽车、房屋、飞机和游艇。

美国指控多特康姆侵犯版权、洗钱和犯有其他罪名。2012年, 多特康姆在新西兰被捕, 至此他的挥霍行为才宣告结束。多特康姆否认了这些指控, 直到2020年3月, 多特康姆仍在试图阻止将他引渡到美国。

地雷不知道
什么叫作和平

《渥太华禁雷公约》（1997年）

20世纪90年代早期，全球大约埋藏着1.1亿颗杀伤人员地雷，其中大多数是之前非洲、中东和东南亚的军事冲突遗留下来的。这些地雷如果被引爆，将会造成可怕的人员伤亡。

虽然并不知道这些地雷造成的精确的伤亡人数，但每年有多达2.5万人在放牧或拾柴等日常活动中被地雷杀害或者致残。

直接踩在地雷上的人并不是唯一的受害者：对那些失去了养家糊口者的家庭来说，后果同样是毁灭性的。

在世界各地有冲突的地区，这些地雷武器被大量使用，因为它们易于部署，而且非常便宜。但是，要摆脱这些地雷却是十分危险且昂贵的。一枚只花费3美元购买的杀伤人员地雷，却可能需要花费1000美元进行移除。这显然是一场十分迫切且日益严重的人道主义危机。

《渥太华禁雷公约》

1997年12月，100多个国家在加拿大渥太华达成了《渥太华禁雷公约》（全称为《关于禁止使用、储存、生产和转让杀伤人员地雷及销毁此种地雷的公约》）。该公约于1999年3月生效。

到2020年，该公约的签署国已增加到164个。所有签署国承诺不生产或使用杀伤人员地雷，同时承诺在签署后4年内销毁所有库存杀伤人员地雷，并承诺在签署后10年内消除"其管辖或控制下"的所有雷区。该条约也鼓励在扫雷和医疗支持方面进行国际合作。

结果总体上十分令人鼓舞。到2014年，已有7000万枚地雷被清除，超过4000平方千米的雷区被清除。据估计，伤亡人数下降了

杀伤人员地雷的受害者中有71%是平民，其中儿童占一半。对成年人造成重创的伤害，对儿童来说往往是致命的。

参见：4部《日内瓦公约》152~155页，《世界人权宣言》222~229页，《禁止化学武器公约》276~277页。

```
┌─────────────────────┐        ┌─────────────────────┐
│ 所有类型的未爆炸武器都 │   →    │ 在后来的冲突中，尤其是在 │
│ 是第二次世界大战遗留下 │        │ 非洲和亚洲地区的冲突中， │
│ 来的。              │        │ 廉价的地雷被广泛使用。  │
└─────────────────────┘        └─────────────────────┘
                                          ↓
┌─────────────────────┐        ┌─────────────────────┐
│ 尽管俄罗斯、中国和美国拒绝 │  ←  │ 随着伤亡人数的增加，禁  │
│ 签署《渥太华禁雷公约》，但 │     │ 止和销毁地雷的呼声也越  │
│ 这3个国家仍支持这项禁令。  │     │ 来越高。              │
└─────────────────────┘        └─────────────────────┘
        ↓
```

人们一致认为，销毁地雷是一件体现人道主义的善事。

三分之二，但1999—2018年，仍有超过13万人伤亡。2018年，每天仍有近20名平民被地雷和其他装置炸死或炸伤。

公约的非签署国

目前为止，仍有32个国家拒绝签署该公约，其中包括美国、中国和俄罗斯，它们都是联合国安理会常任理事国。值得注意的是，印度、伊朗、叙利亚和利比亚也没有签署该条约。各国不签署的原因各不相同。例如，美国1997年以来就没有生产过杀伤人员地雷，并向扫雷项目捐赠了近20亿美元，但美国一直坚称杀伤人员地雷对韩国的防卫至关重要，因为韩国受到邻国的威胁。2014年，美国承诺不使用此类武器，除了在保护韩国方面。但是，2020年年初，唐纳德·特朗普政府解除了美军部署杀伤人员地雷的禁令。特朗普表示，该禁令的存在，将使美军的防卫能力出现"严重缺陷"。■

> 平民不应被盲目和毫无意义的武器杀害或致残。
>
> 军备控制协会

戴安娜效应

包括英国演员丹尼尔·克雷格（由联合国任命的排雷倡导者）在内的许多知名活动家都支持反地雷运动，但没有人比威尔士王妃戴安娜对公众舆论的影响更大。1997年1月，在《渥太华禁雷公约》达成之前，作为哈洛信托基金（世界上最大的反地雷慈善机构）的赞助人和红十字国际委员会的客座成员，戴安娜王妃访问了安哥拉的一个雷区，这只是该国内战期间埋设的数百个雷区中的一个。在全球媒体的头条报道中，戴安娜王妃对安哥拉地雷受害者的认同和公众对他们的支持，激起了世界各地的人们对地雷的愤怒情绪，并帮助建立了针对地雷的禁令。

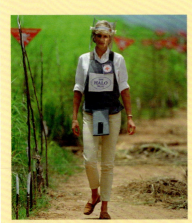

威尔士王妃戴安娜视察安哥拉的雷区。她的儿子哈里王子现在是哈洛信托基金的赞助人。

患者还是罪犯？

葡萄牙毒品治理策略（2000年）

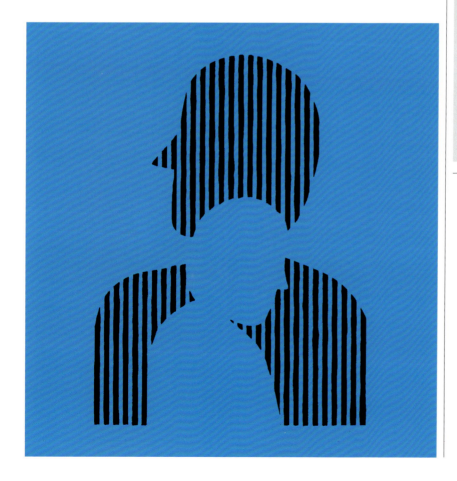

背景介绍

聚焦
毒品使用

此前

1868年 根据英国《药剂法》，只有合格的药剂师才被允许买卖危险药品和毒品。

1912年 第一个国际毒品管制条约《国际鸦片公约》通过，并于1919年在全球生效。

1971年 美国总统理查德·尼克松呼吁展开一场"禁毒战争"，以打击日益严重的毒品滥用。

此后

2012年 华盛顿州和科罗拉多州成为美国前两个将个人使用大麻合法化的州。

2014年 世界卫生组织呼吁将使用毒品合法化。

2019年 31个联合国机构将毒品使用合法化。

2000年，葡萄牙通过了一项立法，将使用海洛因和可卡因等毒品的行为合法化。这项政策的实施着眼于治疗，而非惩罚吸毒者，以解决日益严重的毒瘾问题——在以保守主义著称的葡萄牙，这是一个十分激进的举动。

19世纪，随着鸦片成瘾程度的增加，西方人对使用毒品的看法变得强硬起来。尽管在1840年和1856年英国曾两次与中国开战，以保护利润丰厚的鸦片贸易，但1868年，英国成为世界上首个以

参见:《济贫法》88~91页,国际刑事警察组织 220~221页,安乐死296~297页,《反对在体育运动中使用兴奋剂国际公约》304页。

> 禁毒法律的严厉程度和吸毒的发生率之间,并不存在关联。
>
> 《经济学人》,领袖栏目
> (2009年)

现代法律的形式限制毒品和毒药销售的国家。

20世纪,尽管国际性毒品管制条约相继出台,各国的法律也日益严厉,将毒品使用和贩运定为犯罪行为,但这两种行为仍在世界范围内不断蔓延。

应对毒品问题

1932—1968年,安东尼奥·德·奥利维拉·萨拉查担任葡萄牙

葡萄牙吸毒者在里斯本的一辆治疗车旁等待每日供应的美沙酮。每天有两辆这样的面包车在这个城市运行,每年为大约1200名患者(吸毒者)提供服务。

总理,在他的独裁统治下,葡萄牙没有出现其他国家经历的毒品使用激增的情况。1974年,即萨拉查去世的3年后,政权垮台,葡萄牙从此敞开大门,大麻和海洛因大量涌入。

葡萄牙最初的反应是镇压吸毒者和贩毒者,但收效甚微。1983年,一项新的法律给予了吸毒者接受治疗和中止刑事处罚的选择权。

1987年,获得了卫生部资助的公共卫生活动家若昂·卡斯特尔-布朗柯·古朗博士在里斯本成立了泰帕斯中心,旨在为葡萄牙各地的毒品治疗中心提供示范。

随着毒品使用人数的持续增加,1998年的葡萄牙政府报告支持了古朗博士起草的一项全面的毒品策略,该策略侧重于对吸毒者的支持,而非继续将其定罪。

2000年,葡萄牙通过第30号法律,该法律于同年7月生效,就吸毒者的治疗及有关福利制定了法律框架。

这项法律使吸毒合法化,但没有使毒品合法化。在葡萄牙,销售毒品是一种严重的犯罪行为,但是,拥有和使用毒品被视为一项公共卫生问题,而非刑事犯罪。凡是携带的毒品不足以供应其吸食10天的人,都会被带到地方委员会,并被引导到精神病医生、卫

生工作者和咨询师前,而非被转交给警察。

1999—2003年,随着葡萄牙开设了更多的毒品治疗中心,与毒品有关的死亡人数减少了一半以上,受污染针头导致的人类免疫缺陷病毒感染率大幅下降,使用烈性毒品的青少年数量也大大减少。这一趋势在很大程度上仍在继续。

尽管2015年因使用毒品所导致的死亡人数出现了一个小高峰,但葡萄牙的使用毒品平均水平仍然低于其他欧洲国家。

其他国家的跟进情况

到2000年,荷兰、德国、意大利、捷克和西班牙都通过法律或在实践中将一些毒品的使用合法化,爱沙尼亚、克罗地亚、波兰和瑞士也紧随其后。然而,葡萄牙是首个将所有毒品使用合法化的欧洲国家。

葡萄牙在毒品治理方面的战略似乎是使所有毒品使用行为合法化,并为有关毒品治理的计划提供资金,解除对毒品使用的刑事制裁,并释放用于治疗吸毒者和追捕毒贩的社会资源。

不过,大多数国家并不认同葡萄牙的做法,仍将吸毒定为犯罪。只是,现在越来越多的国家承认,与葡萄牙一样,他们必须找到更好的方法。■

同情? 犯罪?
安乐死(2001年)

背景介绍

聚焦
刑法

此前

1997年 俄勒冈州成为美国第一个将协助自杀合法化的州。

1998年 世界首家"尊严安乐死诊所"在瑞士开业。

此后

2002年 继荷兰后,比利时将安乐死和协助自杀合法化。

2005年 法国通过《莱奥内蒂法》,允许对病人生命结束时的治疗进行一定程度的限制。

2017年 比利时报告了2309起实施安乐死的合法死亡事件,其中两起涉及未成年人。

2019年 意大利最高法院规定,协助自杀并不完全是犯罪。

2019年 在"文森特·兰伯特案"中,法国法院准许关闭其生命支持系统。

安乐死仍然是21世纪最有争议的问题之一。许多人问,故意夺取他人的性命是否是一种正当的行为? 医学伦理旨在保护人的生命,而非结束生命,几乎所有的宗教都反对所谓的安乐死。

还有人担心,合法化安乐死可能导致老年人、残疾人和弱势群体在未经本人同意的情况下惨遭杀害。但从另一方面来说,有些情况下的痛苦是无法治愈的,延长生命成了一种折磨。

这场争论的中心是现代医学,它可以维持生命,但无法消除维持生命所带来的一切痛苦。对于那些只希望结束痛苦的病人来说,为什么他们渴望死亡的权利要被他人的顾虑所否定? 当无痛的医学死亡手段变得如此唾手可得的时候,这一点就变得更加明显了。

让辩论更加明朗

对安乐死的定义是理解这场辩论的关键所在。安乐死是指医生合法地使患有不治之症的病人死亡。安乐死又细分为自愿安乐死和非自愿安乐死。自愿安乐死是在征得病人同意的情况下实施的,非自愿安乐死是指病人靠人工维持生命,无法表示同意,所以只能由第三方(通常是亲密的家庭成员)同意。

安乐死可以是主动的,即由医生通过注射方式实施,也可以是被动的,即不使用维持生命的药物。

与安乐死相反,协助自杀或者协助死亡指的是有意为想自杀的人提供帮助。例如,医生为病人提供致命药物,由病人自主决定是否服用。有些人认为协助死亡与前面提

> 拒绝这种诱惑……用药物来支持病人可能存在的赴死之心。
>
> 教皇方济各
> (2019年)

参见:《世界人权宣言》222~229页,《欧洲人权公约》230~233页,罗伊诉韦德案 260~263页,美国《迪基-威克修正案》284页。

到的概念有所不同,协助死亡的病人必须患有绝症,且寿命只剩下不到6个月,但在实践中,两者往往可以互换。

在少数国家的合法化

2001年,荷兰成为第一个将安乐死合法化的国家。比利时则在2002年将安乐死合法化,而卢森堡于2020年赋予了安乐死合法地位。

加拿大在2016年将协助自杀合法化。美国9个州和华盛顿特区于1997—2020年将协助自杀合法化。澳大利亚的维多利亚州和西澳大利亚州于2019年将协助自杀合法化。荷兰、比利时和卢森堡于同年将协助自杀和安乐死合法化。

虽然安乐死在瑞士是被禁止的,但瑞士从1942年开始就允许协助自杀,而且它的独特之处在于可以向外国人提供协助自杀。

在这些国家中,允许的情况各不相同,如对病人的病情和年龄要求,都有不同的规定。例如,

2014年,比利时取消了对安乐死的年龄限制。

进一步的指导方针

所有这些国家对协助自杀和安乐死都有严格的法律指导方针。在比利时,法律既允许安乐死,也允许协助自杀,但病人必须患有无法治愈的疾病,且必须清醒、有能力,此外还必须提供书面请求。如果安乐死或协助自杀不是立即实施的,则必须有其他来源的医学意见

以《碟形世界》等奇幻小说闻名的英国作家特里·普拉切特,在被诊断出患有阿尔茨海默病后成为协助自杀的倡导者。

为最初的决定进行背书,并且在正式提出申请和实施之间必须有至少一个月的缓冲时间。荷兰的情况也几乎完全相同。

公众舆论

在全球大多数国家,安乐死仍然是非法的,例如在英国,实施安乐死是一种犯罪。无论如何,对于如何用法律手段结束那些处于无法忍受的痛苦中的人的生命,医学界和法律界仍存在分歧。■

如果一个正在遭受痛苦和面临死亡的成年人要求安乐死,为什么其他人有权利拒绝他们?

卡门扎·奥乔亚
尊严死权利基金会
(2015年)

法比亚诺·安东尼亚尼

没有什么案件比意大利DJ兼音乐制作人法比亚诺·安东尼亚尼的案件更能说明关于协助自杀的争论。2014年,一场车祸让他四肢瘫痪,双目失明,本质上来说,他在身体上已经完全失能了,但他在精神上仍然保持清醒。意大利协助自杀运动领袖马可·卡帕托接手了他的案子。2017年,卡帕托安排安东尼亚尼前往瑞士,安东尼亚尼于2月27日在

协助自杀下死亡。卡帕托随后被指控协助自杀,面临12年监禁。

2019年9月,意大利最高法院宣布他无罪,并表示在某些情况下,"为患有不可逆转的疾病且只能通过生命维持系统来维持生命的患者的自杀意图提供便利"的任何人都不应该受到惩罚。

全人类的事业

国际刑事法院（2002年）

背景介绍

聚焦
国际法

此前
1950年 《日内瓦第四公约》成为全球人道主义法的基础。

1998年 《国际刑事法院罗马规约》是一个关于建立国际刑事法院的公约。

此后
2005年 国际刑事法院首次以战争罪和反人类罪起诉3名乌干达叛军指挥官。

2009年 对刚果民主共和国反叛分子托马斯·卢班加的审判开始了。卢班加后来被判犯有战争罪，这是国际刑事法院的首次判决。

2019年 国际刑事法院授权对缅甸涉嫌反人类罪进行调查。

在荷兰海牙国际刑事法院总部前的一面玻璃墙上，可以清楚地看到ICC的标志，ICC即国际刑事法院的英文缩写。这是国际刑事法院的第一个永久性场所，于2015年开始运作。

设立国际法庭起诉战争罪的想法，可以追溯到第一次世界大战后的一段时期和针对如何审判挑起战争的德国皇帝凯撒·威廉二世的争论。然而，直到第二次世界大战后，世界上第一个国际刑事法庭才成立。

纽伦堡国际军事法庭和东京国际军事法庭起诉了德国和日本的高级政治和军事领导人，指控他们的军队在战争期间的行为。但是，这些法庭不是永久的，它们在做出最终的判决后就停止了运作。

冷战期间，苏联和美国之间的紧张关系意味着联合国在处理国际犯罪问题上无法达成共识。直到1991年冷战结束后，人们才开始考虑设立常设国际刑事法院这样的想法。前南斯拉夫在1993—2017年，以及卢旺达在1994—2015年先后爆发了内战。战争中的可怕罪行促使人们成立了法庭来处理这些具体的冲突。

20世纪90年代末，联合国大会召开了一系列会议，以建立一个新的国际刑事法院。1998年在罗马举行的最后一次会议上，《国际刑事法院罗马规约》获得通过，截至2019年，该规约已有123个缔约国。国际刑事法院于2002年在海牙成立，并于2005年发布了第一批起诉书。

国际刑事法院处理4种类型的国际罪行，这些罪行都包含在《国家刑事法院罗马规约》中，分别是战争罪、危害人类罪、灭绝种族罪和侵略罪。

同时，《国家刑事法院罗马规约》还阐明了如何进行审判、国际刑事法院审判中被告的权利，以

参见: 4部《日内瓦公约》152~155页，两部《海牙公约》174~177页，纽伦堡审判 202~208页，《防止及惩治灭绝种族罪公约》209~211页，联合国与国际法院 212~219页。

及国际刑事法院行政运作的其他方面。

国际犯罪

战争罪是指国家之间，或有组织的叛军武装团体与国家之间出现武装冲突的情况。战争罪起源于1899年和1907年的《海牙公约》，该公约涉及可允许的战争方式，后来发展为《日内瓦公约》，规范了军队作战方式，以及军事冲突中的其他问题，如战俘的待遇。

战争可能涉及杀戮，但像卢旺达指挥官博斯科·恩塔甘达在刚果东部命令军队杀死逃跑或投降的敌军士兵那样的行为，就是一种战争罪。

2016年，国际刑事法院判定艾哈迈德·法基·马赫迪犯有战争罪，他在马里叛军和政府军的战斗中故意袭击廷巴克图的宗教和文化遗址。

反人类罪与战争罪不同，因

为反人类罪的目标是平民，而非士兵。如果军队计划使用有组织的武装攻击平民，并且下达命令的指挥官们知道或者应当知道他们实施攻击的目标是平民，那么这些谋杀、奴役、折磨、驱逐和其他一些行为，就会被认为是反人类罪。性暴力和对平民的惩罚，也被视为反人类罪的一部分。

2007—2008年肯尼亚和2010—2011年科特迪瓦举行的选举活动中存在有组织的暴力行为，包括暴徒谋杀政治对手和殴打反对派支持者，这些行为均被认为构成了反人类罪。在穆阿迈尔·卡扎菲于2011年去世之前，国际刑事法院正在调

2016年以来，缅甸西部100多万名罗兴亚人被迫离开他们的国家。

法院的管辖权应限于整个国际社会所关心的最严重的罪行。

《国际刑事法院罗马规约》第1条

我们可以做得更好。我们总能做得更好。只要还有一个罪犯没有为他的罪行负责，我们就不应该休息。

国际刑事法院前任院长宋相现
（1941—）

如果发生了可由国际刑事法院起诉的罪行，有3种方式提起诉讼。

| 犯罪发生国的政府将案件提交至国际刑事法院起诉。 | 国际刑事法院的检察官可以授权对缔约国的情况进行调查。 | 联合国安理会指示国际刑事法院调查案件。 |

查他是否下令对抗议者进行武装报复。2019年，国际刑事法院同意就从缅甸北部强行驱逐罗兴亚人是否构成了反人类罪展开调查。

灭绝种族罪是企图全部或部分消灭一个种族或宗教团体的行为。它最初是在1948年的《防止及惩治灭绝种族罪公约》中明文规定的。在审理卢旺达和前南斯拉夫案件的特别法庭上，有人因灭绝种族罪而被起诉。

到目前为止，国际刑事法院只指控了一个人犯有灭绝种族罪，那就是苏丹前总统奥马尔·巴希尔。

侵略罪是指一国使用武力侵犯另一国的"主权、领土完整或政治独立"。与其他罪行不同的是，侵略涉及发动战争的过程。

最初的《国际刑事法院罗马规约》草案中并未包含这一罪行，但在2010年针对规约的修改将侵略罪纳入其中，不过直到2017年足够多的国家对此表示同意后，规约中关于侵略罪的定义条款才真正生效。

谁会成为被起诉对象

由于国际刑事法院不具备起诉每一项国际罪行的能力，因此国际刑事法院将重点放在最严重的案件上，以及那些被该法院认定"负有上级责任"的人身上。《国际刑事法院罗马规约》第28条规定，军事指挥官要为其所指挥的士兵的罪行负责，政治领导人要为本国的警察和军队的行为负责。

当一个国家加入国际刑事法院时，这个国家就有望将《国际刑事法院罗马规约》中国际罪行的所有定义纳入其国内法。犯下国际罪行的人，可以在他们自己的国家接受审判。

国际刑事法院只有在一个国家不愿意或没有能力起诉某人时才会提起诉讼。这种做法体现为国际刑事法领域的互补原则，但该原则被批评容易遭到扭曲，因为法律体系更发达和更稳定的富裕国家，比那些法律体系可能已经崩溃的国家更容易进行起诉。

肯尼亚前总统乌呼鲁·肯雅塔因2007年肯尼亚选举后发生的暴力事件而被指控犯有反人类罪，并于3年后被提交至国际刑事法院进行审理。肯雅塔被认为是煽动暴力的6名嫌疑人之一，但由于缺乏证据，对他的指控后来被撤销了。

2009年，国际刑事法院以在苏丹达尔富尔地区犯下反人类罪、战争罪和灭绝种族罪对苏丹当时的总统奥马尔·巴希尔发出逮捕令。他是第一个被国际刑事法院起诉的国家元首。

国际刑事法院遵循的原则是，即使是国家元首，也不能指望在这种严重指控的情况下享有法律豁免权。

对国际刑事法院的批评

到目前为止，美国、俄罗斯等国家都拒绝加入国际刑事法院。针对联合国安理会常任理事国，目前也没有有效的方式起诉它们在自己的领土上犯下的任何罪行，因为它们可以简单地否决任何涉及国际刑事法院的联合国安理会决议。

然而，这种逃避并不适用于它们在国际刑事法院成员国境内所

不用闪烁其词。去海牙国际法院受审就对了。

肯尼亚政治家提到选举暴力案件时的讲话（2007年）

犯的罪行。英国和法国都是联合国安理会和国际刑事法院的常任理事国。21世纪初，国际刑事法院曾对英国军队在伊拉克的行为进行调查，但未能提出任何起诉。

国际刑事法院最近试图扩大其管辖范围，如果涉及难民从非缔约国逃往缔约国的案件，那么国际刑事法院有权审理涉及非缔约国的案件。2019年，律师代表逃往约旦的叙利亚难民提起了诉讼——叙利亚并不是《国际刑事法院罗马规约》的缔约国，而约旦却是规约的缔约国。

国际刑事法院受理的大多数案件来自非洲，这导致国际刑事法院被批评为一个新殖民主义机构。一些国家威胁要退出国际刑事法院。其他国家也试图退出，抗议国际刑事法院在本国展开调查。2018年，当国际刑事法院开始调查菲律宾在"毒品战争"中犯下的反人类罪时，菲律宾正式退出了国际刑事法院。

只有少数人因被国际刑事法院定罪而服刑。加拿大国际刑法教

授威廉·沙巴斯称，国际刑事法院在成立初期进展"非常缓慢"，即使最终定罪，也存在一些高调的上诉情况。

2016年，刚果民主共和国前副总统让-皮埃尔·本巴·贡博被判犯有战争罪和反人类罪，因为他指挥的民兵组织被发现于2003年在中非共和国实施了大屠杀。由于审判过程中的程序错误，该判决后来在上诉中被推翻了。

尽管存在这些批评，国际刑事法院仍然是调查世界各地发生的一些最致命的暴行的重要地方。∎

必须有正义。必须存在公平。

国际刑事法院首席检察官法图·博姆·本苏达

法图·博姆·本苏达

曾任冈比亚司法部部长的法图·博姆·本苏达，出生于1961年，2012年以来一直担任国际刑事法院检察官。因此，她负责决定调查哪些嫌疑人，然后以国际罪行起诉哪些嫌疑人。检察官办公室独立于国际刑事法院，因此若要展开调查，检察官就需要向国际刑事法院的一个法官小组申请许可。

在她的任期（于2021年结束）内，本苏达确立了国际刑事法院的工作重点，对阿富汗、以色列、缅甸和孟加拉国可能犯下的战争罪行展开了调查。她还试图增加对武装冲突中强奸和剥削妇女的起诉数量。

兴奋剂破坏了公平竞赛

《反对在体育运动中使用兴奋剂国际公约》

（2005年）

背景介绍

聚焦
体育法

此前
1960年 丹麦自行车运动员克努·詹森在罗马奥运会期间去世。后来人们发现他服用了安非他命。

1966年 自行车和足球世界锦标赛引入了强制药检。

1972年 夏季奥运会开始采用药物检测。

1988年 环法自行车赛揭露了系统性滥用药物行为。

此后
2009年 运动员生物护照被引入，每个人的药检结果都以电子记录的形式被保存。

2016年 《麦克拉伦报告》称，2011—2015年，超过1000名俄罗斯运动员涉嫌在国家支持的情况下滥用兴奋剂。

2018年 俄罗斯被禁止参加平昌冬季奥运会。

早在2005年10月联合国教科文组织通过《反对在体育运动中使用兴奋剂国际公约》之前，在体育运动中使用提高成绩的药物就已经十分普遍了。1967年，国际奥林匹克委员会公布了一份违禁药物清单。1988年，加拿大短跑运动员本·约翰逊在汉城奥运会上因合成代谢类固醇检测结果呈阳性而被剥夺了金牌。

这个问题的规模如此之大，以

玛丽安·琼斯（中）在2000年奥运会上为美国赢得了3枚金牌和2枚铜牌。她最初否认服用兴奋剂的指控，但在7年后，她承认使用了类固醇。

至于到21世纪初，人们认为有必要动用联合国的法律权威来解决它。由于联合国教科文组织认为体育是"一种教育工具"，因此它承担了这一责任。《反对在体育运动中使用兴奋剂国际公约》的缔约国必须遵守公约的规定。许多反兴奋剂的实际工作属于其他机构的职权范围，包括国际奥林匹克委员会在1999年成立的世界反兴奋剂机构。它与国际组织密切合作，是2004年颁布的《世界反兴奋剂条例》的缔约方。

在很多情况下，在体育运动中使用兴奋剂的动机很简单，只出自一个人的野心，但这种做法也可能是一些国家刻意为之。20世纪70年代，东德是第一个系统性引入兴奋剂的国家。2016—2017年，世界反兴奋剂机构指出，意大利、法国和美国是违反该规则的运动员最多的国家，健美、田径和自行车是违反规则最多的运动项目。■

参见：DNA检测技术 272~273页，葡萄牙毒品治理策略 294~295页，打击操控比赛工作组 306~307页。

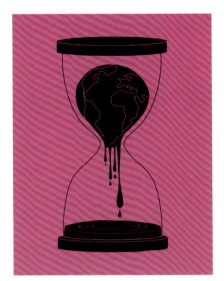

应对气候变化的斗争

《京都议定书》（2005年）

1997年通过并于2005年颁布的《京都议定书》，是工业化国家之间达成的首个明确减少温室气体排放的协议。这份议定书是根据1992年6月在里约热内卢地球峰会上通过的《联合国气候变化框架公约》制定的。1995年以来，《联合国气候变化框架公约》的签署国每年举行一次缔约方会议。《京都议定书》的目标在国际法下具有约束力。

在签署《京都议定书》时，各签署国承认，燃烧化石燃料产生的排放可能导致全球气温的灾难性上升，预计后果包括海平面上升、物种灭绝和生物多样性丧失，以及洪水、干旱和野火等极端天气事件的增加。2015年的《巴黎协定》规定，到2100年将全球气温升幅要限制在2℃以内，这需要做出前所未有的努力。考虑到所需改革的货币成本和所需的生活方式的改变，结果喜忧参半。虽然一些国家已经实现了目标，但政治领导人在发达国家（签署国）与主要新兴经济体的相对责任划分上产生了冲突。与此同时，全球温室气体排放量和气温还在持续上升。■

稳定大气中温室气体浓度，以防止对气候系统的危险的人为干扰。

《联合国气候变化框架公约》

参见： 联合国与国际法院 212~219页，美国《濒危物种法》264~265页，世界生物圈保护区网络 270~271页。

与这些人对抗的运动

打击操控比赛工作组（2011年）

长期以来，各种形式的体育运动都与博彩联系在一起，而非法博彩活动对体育诚信一直是一种潜在的威胁。

为了消除博彩活动对体育赛事的威胁，国际刑事警察组织于2011年成立了打击操控比赛工作组。成立该工作组的原因很简单：体育已经成为一项庞大的全球性业务，越来越容易受到系统性作弊行为的影响。

一种长期存在的作弊方法是诱使竞争对手故意输掉比赛，这样一来，任何体育赛事的结果都可以提前确定。赌博集团可以根据内部信息下注，从而获得巨额回报。国际刑事警察组织称这种比赛是价值上万亿美元的产业。如果体育赛事要保持其完整性，根除这种腐败就变得至关重要。

全球网络

赌博集团的中心是东南亚，许多体育项目遭遇腐败的指控，球队老板、裁判和球员都牵涉其中。

大约从2010年开始，东南亚财团将注意力转向全球。虽然个人体育项目比团体项目更容易被操纵，但后者之所以成为主要目标，是因为它们在全球更受欢迎，产生的赌注更多。

一个例子是巴基斯坦板球队，两名球员在2010年的一场测试赛中故意在预定的时刻投出"坏球"。这种操纵比赛中与最终结果无关的特定方面的行为，被称为"现场操纵"，可能会涉及巨额资金。

国际货币基金组织与全球执

赌博集团参与操控体育比赛，已使这一现象成为对体育操守和道德的全球性威胁。

欧洲委员会
（2019年）

参见: 国际刑事警察组织 220~221页, 国际刑事法院 298~303页,《反对在体育运动中使用兴奋剂国际公约》304页。

> 体育是世界各地赌博集团的目标, 操控比赛的可能性是显而易见的。

随着体育成为全球性产业, 赌博的回报也在增长。

东南亚地区操控比赛的犯罪集团数量激增。

世界各地的执法机构共享情报, 以打击犯罪组织。

跨境调查在打击假球方面取得了一些成功。

假球之王

1964年, 谭锡英 (又名"谭丹") 出生于新加坡, 曾被国际刑事警察组织描述为"世界上最臭名昭著的假球集团头目"。谭丹被称为"假球之王", 被指控于20世纪90年代早期在新加坡与助手威尔逊·拉吉·佩鲁马尔合作操控比赛, 并因赌博而被短暂监禁。到2010年, 意大利足球据说已经成为他的目标, 因为相关比赛与东欧的犯罪团伙有关联。

谭丹和佩鲁马尔还被指控操纵匈牙利、尼日利亚和芬兰的比赛。2011年, 佩鲁马尔在芬兰被捕, 并谴责谭丹, 称他才是全球假球集团的头目。2013年, 谭丹被新加坡警方根据当地法律逮捕, 并在没有正式指控的情况下被拘留。他于2019年12月获释, 但仍面临意大利和匈牙利的指控。他否认有任何不当行为。

法机构合作, 共享情报并为跨境调查提供平台。在一项成功的案例中, 谭丹 (见右栏) 在新加坡被逮捕和拘留。2011年, 国际足联同意向国际刑事警察组织拨款数百万欧元, 用于反腐败培训项目。但是, 国际足联本身也受到丑闻的冲击, 包括主席塞普·布拉特在内的许多高级官员遭遇腐败的指控; 而有关贿赂的指控集中在国际足联将2022年世界杯的主办权授予卡塔尔的申办过程上。

想要终结如此大规模的腐败, 任何一个组织的努力程度都是有限的, 而在线赌博使赌博对犯罪分子更具吸引力。不过, 跨国界的行动仍然使国际刑事警察组织在遏制此问题上取得了一些成功。■

2000年, 南非板球队队长汉西·克龙涅 (前锋), 因承认操控比赛而被判终身禁赛。他于2002年死于飞机失事。

被遗忘权
冈萨雷斯诉谷歌案（2014年）

2009 年，西班牙商人马里奥·科斯特亚·冈萨雷斯在谷歌搜索引擎上搜索自己的名字时，发现了11年前西班牙报纸上刊登的两份法律公告——官方关于他的房子被强行出售以清偿债务的公告。当报纸数字化保存旧版本时，谷歌创建了一个关于这些旧报纸的内容的链接。这是一个关于公开记录的问题，但这意味着，任何人都可以在互联网上阅读并察觉到冈萨雷斯曾经面临的财务困境。由于他是一名财务顾问，所以这对他的职业生涯有潜

马里奥·科斯特亚·冈萨雷斯拒绝透露他在与谷歌的法律斗争中花了多少钱，他坚称这是一场为理想而战的斗争，而这些理想已经获胜。

在的损害。报纸拒绝将这些公告撤下，指出它有法律义务印刷这些公告，谷歌也同样不合作。冈萨雷斯只好向法院寻求帮助。

西班牙数据保护局同意谷歌应该"删除"冈萨雷斯早期财务困境的链接，但它没有办法迫使谷歌遵守他们的命令。一家西班牙法院发现自己无法对此做出裁决，于是将其提交给了欧洲法院。此案提出了两个基本问题。首先，是否存在一种法律上的"被遗忘权"？其次，如果存在这样一种权利，它如何适用于互联网？

公共利益

　　谷歌在辩护中称，作为一家美国公司，谷歌只对美国法律负责，谷歌本身并不扮演数据收集者的角色，而仅仅是提供了一个搜索引擎，来标记、关联其他人所持有的信息。由于有关冈萨雷斯的信息被证明是真实的，因此任何压制它的企图都代表着对言论自由的侵犯——换句话说，冈萨雷斯的房子被强制出售，是符合公共利益的合

参见:《美利坚合众国宪法》与《权利法案》110~117页,《欧洲人权公约》230~233页, 欧洲法院 234~240页,《世界知识产权组织版权条约》286~289页, 美国《开放互联网法令》310~313页。

> 从法律的角度无法界定用来强加'被遗忘权'的有关标准。

西班牙信息系统与创新学教授
恩里克·丹斯
(2019年)

法信息,不应该让这一信息消失。

欧洲法院的裁决

欧洲法院的所有裁决都源自一位总法律顾问的初步决定。2013年,这位总法律顾问驳回了谷歌的第一个论点,称谷歌西班牙是一家西班牙公司,受欧洲法律管辖。他支持该公司的其他反对意见,人们认为欧洲法院也会如此。

然而,2014年,在一项令许多人震惊的裁决中,最高法院认定谷歌是一个"数据收集者",因此要对其搜索所产生的任何信息负责。它还规定,如果在线数据被认为"不充分、不再相关或过多……信息依据已经过时",那么这些数据就应该被删除。

2014年欧洲法院的裁决凸显了不同国家之间文化和法律方面的差异。在美国,言论自由的权利高于一切;但2010年以来,法国法律将"被遗忘权"奉为一项神圣的法律权利,将隐私保护视为一项基本人权,认为其应优先于言论自由的权利。另外,互联网内容实际上不受单一法律的约束,无论是某个国家的法律,还是有关的国际法。另一位充满激情的批评者讽刺道:"为什么欧洲法院没有同时通过一项禁止重力的法律,因为它的影响差不多。"

重大的让步

2019年,欧洲法院承认其限制只适用于欧洲。对欧洲法院裁决的一个主要反对意见是,谷歌被迫"删除"的任何东西对任何能上网的人仍然是可见的:链接可以被删除,但内容不能。任何试图捍卫"被遗忘权"的法律判决,无论多么有力,在一个被即时获取信息的欲望所驱动的数字世界里,都注定会变得无关紧要。在新的数字世界里,一场旨在对合法隐私权进行严肃重新评估的活动,最终以一场

> 欧洲数据监管机构不应该决定世界各地的互联网用户能够看到的搜索结果。

国际非政府组织"第十九条"网站
2019年执行主任托马斯·休斯

闹剧收场。冈萨雷斯为了保护自己的隐私发起了反对谷歌的运动,但最后他却因为他想被遗忘的事情而闻名世界。■

总法律顾问的角色

2019年9月,欧洲法院不情愿地同意,被遗忘权只能适用于欧洲,它在波兰总法律顾问马切伊·斯普纳尔的建议下,采用了这样的做法。5年前,当欧洲法院裁定谷歌应该对它所提供的数据负责时,它违背了另一位总法律顾问芬恩·尼洛·约斯基宁所提出的建议。

总法律顾问的工作通常独立于欧洲法院自己的法官,而且他们只审查法院认为有新法律观点提出的案件。每一个这样的案件都有一名总法律顾问,这名总法律顾问有权对争议各方提出质询。尽管他们的作用是咨询,但在大多数情况下,他们提出的"合理的意见书"会被欧洲法院法官在审议时采纳。欧洲法院共有11名总法律顾问,由欧盟各成员国提名,任期为6年。

自由开放的互联网

美国《开放互联网法令》（2015年）

几乎毫无疑问，在关于互联网及其在美国的未来的问题中，没有比网络中立（哥伦比亚大学法学教授吴修铭于2003年提出的一个法律术语）更具争议和麻烦的了。网络中立是指互联网上的所有内容和服务不受互联网服务提供商干扰的原则。它只涉及数字数据的传递机制，不会改变数字数据本身。

然而，网络中立不仅决定了如何访问信息，在实践中还决定了哪些信息可以访问。考虑到互联网的无处不在，以及世界对它近乎绝对的依赖，这是一个至关重要的问题。

参见：《美利坚合众国宪法》与《权利法案》110~117页，《世界人权宣言》222~229页，《世界知识产权组织版权条约》286~289页，冈萨雷斯诉谷歌案　308~309页。

互联网服务提供商和内容提供商

互联网是内容提供商和用户之间的数字互动，允许内容提供商和用户之间或多或少地无限传输数字数据——从消息、电子邮件、在线商店到视频流、社交媒体服务和搜索引擎。它们之间的物理连接是一个由互联网服务提供商提供的、由电缆和传输塔组成的、庞大而复杂的全球网络。除了构建这种昂贵的基础设施，每个服务提供商还设计了一个收费模式，向使用其网络的所有供应商和消费者收费。

任何互联网用户都必须向服务提供商支付使用费。如果服务提供商坚持网络中立，用户就可以相信他们的互联网接入是完全公平的。互联网服务提供商不会对任何内容给予优先或次要处理。即使是拥有众多用户的内容提供商，如谷歌、YouTube、脸书和推特，也会受到与最微小的网站，如本地个体贸易或社区网站完全相同的对待。

> 我们培育和保护我们的信息网络，因为它们是我们经济、民主、文化和个人生活的核心。
>
> 万维网的发明者蒂姆·伯纳斯－李
> （2006年）

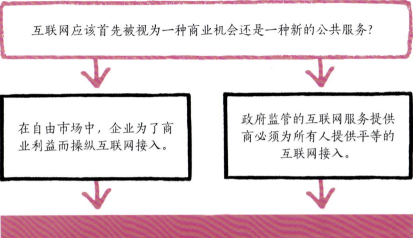

互联网应该首先被视为一种商业机会还是一种新的公共服务？

在自由市场中，企业为了商业利益而操纵互联网接入。

政府监管的互联网服务提供商必须为所有人提供平等的互联网接入。

政治和自由市场优先权之间的冲突影响到了立法。

在一个不受监管的市场中，为了自身的商业利益，服务提供商可以选择屏蔽或"节流"内容，通过故意放慢传输速度，使下载变慢或质量变差。它们可以实施价格歧视，例如，向内容供应商收取更高的费用，给予其人为加速的"快车道"（付费优先）或免流量访问（限制免费用户可获得的内容），这可能会让其他内容供应商处于不利地位。

1996年，当互联网还处于起步阶段时，美国颁布了《电信法》，这是美国对互联网服务提供商进行监管的首次尝试。它将现有电话网络——基于拨号上网的互联网服务提供商归类为电信服务或根据1934年的《电信法》归为"公共运营商"，以作为公用事业加以监管。宽带互联网提供商则被归为"信息服务"。这一区别至关重要，因为它决定了互联网服务提供商是否有法律义务为所有人提供平等的内容访问权。

联邦通信委员会的政策

美国联邦通信委员会（FCC）是美国所有通信系统的监管机构，但多年来它多次改变其政策。2002年，该委员会甚至将拨号上网服务提供商重新归类为"信息服务"，而非"公共运营商"。FCC在2008年试图规范互联网服务提供商的努力，以失败告终。

在公众的大力支持下，FCC确信网络中立的优势是压倒性的，并于2015年4月发布了《开放互联网法令》。该法令强化了这样一种观点，即互联网服务提供商与电话公司没有什么不同，它们被指定为"电信服务"而非"信息服务"。互联网服务提供商现在有义务为所有人提供平等的互联网接入。该法令制定了互联网服务提供商必须遵守的清晰的指导方针，或称为"明线规则"：不节流、增加透明度、不允许付费优先。

优点和缺点

在2015年《开放互联网法令》出台的前后一段时期，关于网络中立是否应该受到法律保护的争论非常激烈。美国政府是否应该将互联网视为一种公共产品和公共事业加以监管？还是应该由自由市场设定互联网接入的条款和条件？

立法支持者认为，良性的政府监管是互联网发展的必要条件，因为采用这样的做法能让最多人获得最大利益。互联网太重要了，不能把它留给不受约束的自由市场。几乎所有互联网服务提供商都会因推广或加速某些网站以及打压某些网站而拥有既得利益。如果互联网服务提供商偏爱付费最多的用户，那么付费最少的用户就会被边缘化。

此外，在互联网服务提供商选择有限或者根本不存在的农村地区，任何互联网服务提供商都有滥用本质上是垄断的明显可能。

另一个反对实施自我监管的理由是，任何双轨网络的存在都相当于一种审查形式，互联网服务提供商单纯根据自己的短期利益来决定浏览者什么可以看，什么不可以看。同时，它们也可以发挥政治影响力，例如采用网站屏蔽。

监管的反对者为此进行有力辩护：20世纪90年代互联网突然出现后，它已经证明自己完全有能力进行自我监管。互联网服务提供商主张建立由自由市场管理的双轨网络。例如，如果某一家视频流媒体服务占美国所有带宽使用量的30%以上，将其他所有使用相同服务提供商的同行排挤出去，那么为什么它不必为不成比例地使用有限带宽而支付更多的费用？此外，任何互联网用户，都可以选择通过支付更多的钱来获得更快、更高质量的服务，只要他们愿意。互联网服务提供商收入的增加会带动对新基础设施的投资，这对所有人

> 这不是一个管理互联网的计划，就像美国宪法第一修正案不是一个管理言论自由的计划一样。
>
> 美国联邦通信委员会前主席汤姆·惠勒
> （2015年）

都有长远的好处。

具有讽刺意味的是，一些相互竞争的公司，在网络中立问题上发生了冲突。例如，谷歌是一家内容提供商，但同时也拥有一家互联网服务提供商公司，并面临康卡斯特公司、威瑞森和美国电话电报公司等重量级竞争对手的竞争，这些公司都反对网络中立。谷歌作为一个搜索引擎，发送的数据占用了大量的带宽，谷歌为此质疑其互联网的接入价格，认为这样的做法实际

奥巴马总统领导下的联邦通信委员会前主席汤姆·惠勒是网络中立的拥护者，他认为监管的存在有其必要性。

康卡斯特公司与BT下载

反对网络中立的一个令人信服的理由是，它很难实施。早在2017年FCC撤销网络中立之前，互联网服务提供商就经常通过非法的手段，对他们认为占用过多带宽的流量传输降低速度。

美国最著名的网络中立案发生在2008年。几年来，康卡斯特公司一直系统化地阻止BT下载——一种用于下载电影等大文件的共享服务。

该公司声称，他们只在流量高的时候降低BT下载的传输速度，但就实际情况来说，此公司或多或少地采用永久性的办法降低了BT下载的传输速度。活动人士声称，这种做法"阻碍了互联网上的自由选择"。

FCC谴责康卡斯特公司限制BT下载的行径违反了网络中立，并在2008年发布了强制停止令。随后，该公司对FCC提出了诉讼。2012年，华盛顿特区上诉法院做出了不利于FCC的裁决。

批评人士认为，任何双轨互联网网络都不可避免地有利于富人，并将导致大多数用户和供应商的连接速度变慢，剥夺了所有人的平等接入权。

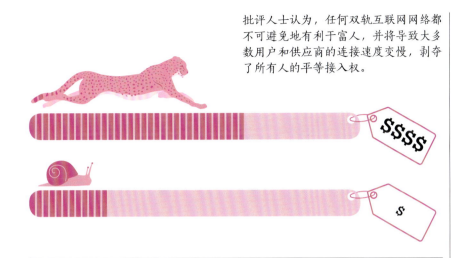

不同的方法

美国围绕网络中立的激烈争议反映了在技术日新月异的世界里立法的实际难度。这个问题并不局限于美国。在欧盟，人们强烈支持网络中立，将其作为首选的解决方案，就连退出欧盟的英国也支持这一立场。

欧洲的立场在一定程度上由芬兰推动，芬兰于2009年设立了一项"普遍服务义务"，该义务将提供宽带作为一项法律义务并强烈支持网络中立。在许多国家的农村地区，宽带的覆盖率仍然是一个与网络中立一样紧迫的问题。■

上是对谷歌竞争对手的补贴。

政治偏见

互联网市场自由化的倡导者与监管互联网的倡导者之间存在着激烈的斗争，并带有明显的政治因素。2015年负责《开放互联网法令》的5名FCC委员，由奥巴马总统任命。而2017年，大部分新FCC委员则是由特朗普总统任命的。他们对企业利益的支持是十分明显

是什么导致了互联网的惊人发展？这当然不是严厉的政府监管。
美国联邦通信委员会主席阿吉特·帕伊
（2017年）

的，FCC在2017年12月推翻了2015年的决定，制定了《恢复互联网自由秩序令》，禁止州或地方对互联网服务提供商进行监管。

2017年的法令不可避免地与希望制定自己的网络中立的各州进行了法律斗争。2018年年初，美国共有20多个州对该法令提起诉讼，但在2019年10月，网络中立的支持者遭遇重大挫折，当时华盛顿特区上诉法院裁定，FCC终止网络中立符合其职权范围。

上诉法院的裁决备受争议，与公众支持网络中立的立场背道而驰。有民调显示，80%的美国人明显支持网络中立。最高法院可能是此项极具争议的最终仲裁者，后续的裁决可能对美国在全球互联网上的主导地位产生直接影响。

2017年，被特朗普总统任命为FCC主席的阿吉特·帕伊，是网络中立活动人士青睐的攻击目标。具有讽刺意味的是，他在2012年首次被奥巴马总统任命为美国FCC委员。

这与金钱无关，而与平等有关

冰岛《同工同酬认证》（2017年）

背景介绍

聚焦
劳动法和平等权利

此前

1919年　在美国，密歇根州和蒙大拿州通过了同工同酬的法律。

1951年　联合国国际劳工组织的《同工同酬公约》规定了男女同工同酬的原则。

1957年　《罗马条约》将男女同工同酬列为欧洲经济共同体的重要原则。

1963年　《同工同酬法》在美国出台。

1975年　冰岛妇女罢工一天，她们拒绝工作、做饭或照顾孩子。

此后

2019年　美国纽约州州长安德鲁·科莫加强了该州1944年的立法，禁止潜在雇主询问之前的工资。

2017年6月，冰岛议会通过了旨在缩小性别薪酬差距的立法。和许多国家一样，冰岛长期以来都有同工同酬的法律，但雇主付给女性的工资仍然低于男性。新的法律旨在确保同工同酬被实际执行。

该法案规定，冰岛所有雇员超过25人的企业必须提供证明，以确保其薪酬结构符合同工同酬的法律。更大的公司必须在2019年年底前完成符合该项法律的要求的证明；而小公司则被要求在2020年到2022年之间完成。

这一变化被认为是女性地位的一项突破，并引发了其他国家对类似立法的呼吁。但是，批评人士坚称，这项法律没有必要，因为冰岛已经有了保障女性同工同酬的法律。他们认为，显示性别薪酬差距

在几乎每个国家，女性的工资仍远远低于男性。

大多数国家有同工同酬的法律，但由于难以执行，它们只在有限程度上缩小了差距。

2017年，冰岛通过了一项立法，迫使大多数雇主证明他们的薪酬结构符合国家同工同酬标准。

但是，雇主仍然可以通过使男性和女性担任不同的职位来回避同工同酬法律。

参见: 英国《工会法》156~159页, 德国工伤保险制度 164~167页, 英国《人民代表法案》188~189页, 美国《民权法案》248~253页, 罗伊诉韦德案 260~263页。

福特女缝纫师罢工

1968年6月7日, 英国达格南福特汽车厂的女缝纫师们举行了罢工。她们当时正在为汽车座椅制作椅套, 没有了她们的贡献, 汽车生产线很快就陷入了停顿。在罗斯·博兰、艾琳·普伦、维拉·西梅、格温·戴维斯和希拉·道格拉斯的领导下, 女缝纫师们抗议将她们的工作划分为B级, 这是一个技能较差的级别, 意味着她们的工资比大多数男性要低, 而后者的工作被划分为C级, 即技能较强的级别。她们认为, 缝纫需要很高的技术水平, 所以他们应该得到同工同酬的待遇。

这次罢工吸引了很多人的注意, 因为该工厂对英国经济十分重要, 从事其他工作的女性也开始争取平等权利。最终, 英国负责就业和生产的国务大臣芭芭拉·卡素尔通过谈判, 将女缝纫师的工资提高到低于男性工资8%的水平。两年后, 《同工同酬法》出台。

女缝纫师罢工的领导人在芭芭拉·卡素尔的办公室外抗议。3周后, 卡素尔同意听取他们的申诉。

持续存在的研究是有缺陷的, 新的立法将阻碍雇主雇用女性。他们还指出, 在过去的10年里, 冰岛有9年都位居世界经济论坛全球性别薪酬差距指数的榜首, 该指数监测世界各地女性的薪酬。

男女应同工同酬的观念已经有些过时了。1839年, 法国作家乔治·桑德在她的戏剧《加布里埃尔》中描述了"一个无法穿透的水晶穹顶", 后来的女性主义者称之为"玻璃天花板", 即阻止女性在职业生涯中取得和男性一样大的进步的无形障碍。

只有在两次世界大战后, 当女性不得不承担先前由男性完成的工作时, 同工同酬的呼声才得到广泛关注。1944年, 美国纽约州立法规定男女应同工同酬, 这也成为1957年新成立的欧洲经济共同体的一项关键原则。1963年, 美国颁布了首部国家立法《同工同酬法》, 英国在1970年也颁布了《同工同酬

法》。后来, 许多其他国家加入了立法行列。

尽管有了同工同酬的立法, 但性别薪酬差距仍然存在。女性的平均薪酬仅为男性的77%。造成这一现象的原因很复杂。从事低薪工作的女性比男性多, 比如护士或教师, 所以她们的总体薪酬比男性

在99.6%的职业中,
男性的收入高于女性。
这不是意外; 这是歧视。
美国政治家、律师伊丽莎白·沃伦
(1949—)

低。相比之下, 典型的男性行业, 如工程行业的薪酬一般很高。女性从事有偿工作的时间也更少, 因为她们承担了76.4%的家务和无偿的照顾工作。即使是在公司内部, 女性也倾向于被安排在较低薪的职位上, 而且很少有女性能升迁至最高薪酬的职位。即便在世界上较为平等的国家冰岛, 女性CEO的比例也不到20%。

前路漫漫

冰岛的立法可能不会消除男性和女性在职业需求和抱负方面的差异, 但它朝着纠正不平等迈出了明显的一步。即便如此, 薪酬差距, 连同教育、卫生和参政比例方面的不平衡, 也只是全球范围内整体性别差距的一个缩影。世界经济论坛根据153个国家目前的变动率预测, 这一差距在99.5年内不会缩小。■

DIRECTORY

法律事件目录

法律事件目录

本书列出的法律里程碑，构成了现代法律的支柱。这些关键事件不仅要归功于历史上伟大的法律学者，还要归功于君主、神学家、政治家和社会活动家，他们为社会议题发出倡议、先例和立法活动做出了贡献。比如，法兰克王国奠基人克洛维一世等统治者制定了影响后来政府施政的国家民事法律；伊斯兰学者制定了《阿拉姆吉尔法典》，影响了整个南亚的法律编纂；南非的德克勒克总统废除了南非的种族隔离法律，为实现种族平等迈出了重要的一步。以下列出的法律领域的进步事件，都为现代立法的发展做出了贡献。

《德拉古法典》
公元前621年

为了减少任意的惩罚和暴力复仇，雅典贵族德拉古被要求为雅典城邦编纂第一部成文法典。德拉古的法典有利于具有权势的贵族，即使是轻微的罪行，也会受到严厉的惩罚。

雅典人很快就开始反对这种极端形式的刑罚。公元前594年，雅典地方长官梭伦废除了德拉古的大部分法律，只保留了对蓄意杀人的流放惩罚。截至今日，任何被认为过于严厉的东西都被称为是"严酷的"（draconian），该词由德拉古的名字演变而来。

参见：柏拉图的法律观31页，亚里士多德与自然法32~33页。

《铸刑书》
公元前536年

《铸刑书》是中国最早的法典之一，由郑国政治家子产将郑国的法律条文铸在象征诸侯权力的青铜鼎上而来。虽然青铜鼎上的法律条文并未被保存下来，但据说，子产列出了22项严厉的惩罚，包括苦役、肢解、阉割和死刑等。一个邻国的官员为此撰写了一篇对该法律的议论信，信中留下了郑国使用这些法律的证据和社会层面上对这些残酷的惩罚的反对声浪。

参见：中国周朝24页，中国的儒家、道家和法家26~29页。

对苏格拉底的审判
公元前399年

哲学家苏格拉底反对雅典的民主制度，他主张只有真正有学问和智慧的人才应该掌权，他因此成为众矢之的。苏格拉底的教导激发了许多雅典年轻人对现状的质疑。公元前399年，3位演说家指责他"不敬"和"腐蚀年轻人的心灵"。当由500人组成的陪审团通过抽签的方式认定苏格拉底有罪时，这位哲学家被判处死刑。最终，苏格拉底服毒自尽。

参见：柏拉图的法律观31页，亚里士多德与自然法32~33页，对伽利略的审判93页。

卡普
约500年

夏威夷古老的卡普体系，为夏威夷文化中许多日常生活提供了公认的行为准则——涉及宗教、性别角色、生活方式和政治等许多方面。类似于波利尼西亚的传统禁忌规范，卡普可以被翻译为"禁止的"，但也可以表示"神圣的"。违反卡普的行为会受到严厉的惩罚，即使是无心之过。到了19世纪早期，人们对卡普体系的信任程度已经下降。1819年，国王卡美哈梅哈二世废除了卡普，他还公开打破卡普的规定，允许男人和女人一起吃饭。

参见：柏拉图的法律观31页。

《埃塞尔伯特法典》
600年

　　已知最早的英国法律是由英国第一位信奉基督教的国王肯特国王埃塞尔伯特起草的法典。这部法典现存于12世纪的《罗彻斯特书》中。由于《埃塞尔伯特法典》是用古英语而非常用的拉丁语书写的，因此这部法典也成为第一部用日耳曼语言记录的法典。《埃塞尔伯特法典》以德国法律为基础，针对如暴力犯罪、权利和义务、赔偿和国王的地位等问题做出规定。

　　参见："征服者"威廉的《末日审判书》58~59页，《大宪章》66~71页。

《唐律》
624年

　　中国记录法律的悠久传统可以追溯到公元前1046年到公元前771年的西周。《唐律》共有502条，是中国现存最早的完整法典。《唐律》结合了儒家哲学和法家论述法律的传统，由两个部分组成，即一般规则和具体罪行。《唐律》影响了中国和整个东亚未来的法典发展。

　　参见：中国周朝24页，中国的儒家、道家和法家26~29页。

布里亨法
7—17世纪

　　古代的爱尔兰法律，被称为布里亨法或者布列洪法，这些法律是被称作布里亨的巡回仲裁员解释和保存的古代法律。早在青铜器时代，就有关于布里亨法的书面记载。布里亨法是一种等级制度，等级较低的人面临更严厉的惩罚。然而，布里亨法所包含的刑事法律部分，不鼓励暴力和死刑，而倾向于规定罚款和赔偿。17世纪，英格兰统治爱尔兰，布里亨法被禁止，英国普通法得以实施。

　　参见：早期法典18~19页，《格拉提安教令集》60~63页。

《西哥特法典》
约643年

　　西哥特王国（现在西班牙和法国南部）的统治者金达苏伊斯引入了《西哥特法典》。654年，他的儿子拉斯文思主持了后续的修订。《西哥特法典》标志着从罗马法向日耳曼法的过渡，之后日耳曼法首次覆盖了整个国家。生活在西哥特的罗马人早先受罗马法的约束，而西哥特人则受日耳曼法的约束。

　　参见：《十二表法》30页，《格拉提安教令集》60~63页。

中世纪的法学院
11—13世纪

　　大约在1070年，《学说汇纂》的重新发现，鼓励了欧洲第一所大学对法律的研究。这所大学于1088年在意大利的博洛尼亚建立。11世纪，博洛尼亚法学家格拉提安写了一本关于教会法的著作——《格拉提安教令集》。同时，博洛尼亚大学也开始讲授与法律有关的内容。博洛尼亚大学设立了一所专门的法学院，这是人类历史上的第一所法学院，其他欧洲教育机构纷纷效仿。到12世纪末，牛津大学、巴黎大学和蒙彼利埃大学也开始讲授法律。

　　参见：法学家乌尔比安36~37页，《格拉提安教令集》60~63页。

《伟大的和平法则》
12世纪

　　大约在12世纪，易洛魁联盟标志着5个美洲土著民族（后来又加入一个）的合并。他们的领袖——"伟大的"和平缔造者——与同为美洲土著酋长的海华沙一起制定了《伟大的和平法则》。这是一个由贝壳-珠子符号传达的口头宪章，为美洲土著民族各族制定了具有约束力的社会和道德准则。《伟大的和平法则》所实现的统一，给美国开国元勋本杰明·富兰克林留下了深刻的印象。这部口头宪章进一步影响了富兰克林帮助制定的美国宪法，美国参议院于1988年正式承认了这一点。

　　参见：《威斯特伐利亚和约》94~95页，《美利坚合众国宪法》与《权利法案》110~117页。

《面包和麦酒法令》
1202年

　　英国第一部规范食品销售的法律是《面包和麦酒法令》。为了保护公众不受恶质商人的损害，该法令确保公众以公平的价格购买他们的麦芽酒，并规定了以1美分出售的面包的标准重量。

　　参见：《商人法》74~77页，美国《谢尔曼反托拉斯法》170~173页。

《成吉思汗法典》
1206年

成吉思汗统一了东北亚广阔的蒙古草原，实行了只有统治家族才能获取和执行的习惯法。《成吉思汗法典》并未流传后世，但有关的记载表明，这部法典帮助成吉思汗获得了政治层面上的服从，统一了蒙古游牧部落，并对违反该法典的罪行实施了法律惩罚。

参见： 中国周朝24页，柏拉图的法律观31页。

《七章法典》
1256年

在西班牙卡斯提尔的阿方索十世的主导下编纂的《七章法典》，为所有卡斯提尔人提供了法律、道德和哲学层面的行为准则。《七章法典》以罗马法为基础，旨在指导立法判决，并为整个王国提供统一的法典。随着西班牙帝国在16世纪的发展，《七章法典》进一步被输出到拉丁美洲，直到19世纪仍然具有影响力。

参见： 《托德西利亚斯条约》86~87页。

对圣女贞德的审判
1431年

在法国鲁昂的一个教会法庭上举行的对圣女贞德的审判，是中世纪最完整的司法记录。圣女贞德在看到异象后，确信自己可以把英国人赶出法国，并帮助王储加冕为法兰西国王。她领导了许多对抗英国人的战役，但后来被英国的法国盟友勃艮第人俘虏。贞德被指控犯有70项罪名，主要是因为她声称得到了神的启示，这被判定为亵渎神明。她被判犯有异端罪，并被处以火刑。

参见： 对伽利略的审判93页，塞勒姆审巫案104~105页。

对马丁·路德的审判
1521年

1517年，马丁·路德在德国威登堡一所教堂的门上钉上了抨击罗马天主教会弊端的《九十五条论纲》。该论纲被广泛认为标志着基督教新教改革的开始，一场挑战教会教义和实践的运动从此拉开了帷幕。1521年，教皇将路德逐出教会，路德被指控为异端，并在沃尔姆斯的神圣罗马帝国议会上接受审判。路德利用这次审判来捍卫和传播他的思想。随后，一项要求逮捕他的教令出台，但从未被实施，因为萨克森的弗雷德里克三世保护了路德，路德得以继续他的工作，最终促成了基督教新教的建立。

参见： 对伽利略的审判93页。

《会议法典》
1649年

1649年俄罗斯引入《会议法典》之前，官员们的腐败行径普遍存在。在发生俄罗斯内乱后，一群莫斯科人对周边国家法典所带来的稳定效果印象深刻，要求俄罗斯加以效仿，并颁行法典。政治家尼基塔·奥多耶夫斯基的任务是根据俄罗斯判例和拜占庭法来编撰新的法典。所谓的拜占庭法，是一种基于罗马法体系，同时受到基督教信仰的影响，于6世纪到1453年君士坦丁堡沦陷期间施行的法律。新的法典内容上非常彻底，25个章节涵盖了宗教、财产、土地持有、继承、商业、旅行许可、兵役和刑法。《会议法典》还把农民设定为农奴，并限制了东正教的权力。

参见： 奴隶法98~101页，苏俄宪法190~191页。

《人身保护令》
1679年

英格兰1215年签署的《大宪章》规定了有关人身保护的概念，即一个人不应被非法监禁，但1660年恢复君主制后，英国议会决定将人身保护的内容正式写入法律。《人身保护令》来自拉丁语，意为"你应该拥有自己的身体"，从法律上来讲，一个人若要被拘留，就必须被带上法庭，以评估对其的拘留的合法性。人身保护是当今普通法中的一个关键原则，在历史上曾多次被暂停执行，例如，在第二次世界大战期间，对"来自敌国的外国人"可未经指控直接实施拘留。

参见： 《大宪章》66~71页，英国光荣革命与《权利法案》102~103页。

《阿拉姆吉尔法典》
17世纪晚期

印度莫卧儿帝国颁布了以伊斯兰教法为基础的《阿拉姆吉尔法典》，该法典以奥朗泽布皇帝的头衔为名。《阿拉姆吉尔法典》是由逊尼派伊斯兰教4个法学流派之一的哈纳菲学派的学者编纂的，为印度莫卧儿帝国的司法法律奠定了基础。该法典涵盖了生活的各个方面，包括家庭、奴隶、税收、战争和财产。这部法典后来影响了整个南亚的法律编纂。

　　参见：古印度的《政事论》与《摩奴法典》35页，《古兰经》54~57页。

《运输法》
1717年

　　《运输法》在很大程度上是为了解决英国监狱空间不足的问题而颁布的。1717年通过的《运输法》，规定了将罪犯运送到北美的有关内容。罪犯必须遵守与当局签订的一份合同，轻罪者要无偿工作7年，重罪者要无偿工作14年以上。1776年美国独立后，英国将罪犯流放到澳大利亚。

　　参见：《济贫法》88~91页。

航空法
1784年

　　1783年，孟格菲兄弟在法国巴黎上空放飞了第一个载人热气球。这一创举引起了人们对领空主权的质疑。一项来自警方的法令禁止气球在没有特别许可的情况下在巴黎上空飞行。比利时和德国很快通过了类似的法律，标志着专门航空法的开始。

　　参见：两部《海牙公约》174~177页。

澳大利亚的刑事和解
1788年

　　1788年1月，736名囚犯被从英国运到澳大利亚的植物学湾，创建了澳大利亚大陆上第一个流放地。在接下来的80年里，超过16万名囚犯被运送到澳大利亚，帮助英国在这个新殖民地定居，但由于疾病、冲突和土地征用，澳大利亚土著的数量严重减少。随着殖民地的繁荣，越来越多的新定居者反对运送囚犯到澳大利亚，这种做法在1868年结束。

　　参见：《托德西利亚斯条约》86~87页，《济贫法》88~91页。

《怀唐伊条约》
1840年

　　19世纪30年代，随着越来越多的英国移民抵达新西兰，英国政府意识到有必要与土著毛利人首长签订条约，以保护英国的利益和确保土地权利。《怀唐伊条约》被起草，并被翻译成毛利语，但毛利语版本的条约内容与英语版本有所不同，毛利语版本的条约在翻译表述上试图掩盖条约中毛利人权利的割让程度。《怀唐伊条约》赋予了英国对新西兰的统治权，以及购买毛利人土地的专有权。作为回报，毛利人获得了对其所有土地的所有权，并获得了英国臣民的权利。

　　参见：《托德西利亚斯条约》86~87页，圣凯瑟琳木材加工厂案169页。

《伯尔尼公约》
1874年

　　邮政系统在18世纪和19世纪蓬勃发展，但缺乏控制国际邮件的标准协议阻碍了贸易。1874年，在瑞士政府召集的一次会议上，来自22个国家的代表同意了《伯尔尼条约》。该条约于1875年生效。该条约成立了邮政联盟，并在19个欧洲国家以及美国和埃及建立了一个单一的邮政区，允许在统一的规则和法规框架下进行邮件交换。在最初的10年里，邮政联盟的成员增加到55个国家。

　　1878年，邮政联盟更名为万国邮政联盟，原条约成为《万国邮政公约》。该条约为今后同样基于互惠原则的国际协定铺平了道路。例如，1883年的《保护工业产权巴黎公约》中包括了对专利和商标的保护。

　　参见：世界贸易组织278~283页，美国《开放互联网法令》310~313页。

《商标注册条例》
1875年

　　1875年通过的《商标注册条例》创建了一个系统，首次允许英国企业正式注册，并为其商标提供法律保护，以防止其他公司复制其产品标识。该条例将商标定义为"以某种特殊和与众不同的方式印刷"的个人或公司的装置、标志或名称。第一个注册的英国商标是巴斯啤酒独特的红色三角形。

　　参见：《威尼斯专利法》82~85页，英国《安妮女王法令》106~107页，《世界知识产权组织版权条约》286~289页。

德雷福斯事件
1894年

1894年，法国陆军上尉阿尔弗雷德·德雷福斯被诬告向德国出卖机密，但证据不足。他因叛国罪被军事法庭判处死刑，并被关押在法属圭亚那的魔鬼岛。后来，新证据出现，表明真正的罪犯是费迪南德·沃尔辛-埃斯特哈齐少校，这一证据是在1896年被发现的，但没有得到适当的调查。埃斯特哈齐少校被无罪释放。

尽管涉及德雷福斯的一份文件被揭露是伪造的，但1899年的第二次军事法庭还是认定德雷福斯有罪。他被减刑，并接受了总统赦免。1906年，上诉法院终于宣布德雷福斯无罪。

参见： 对伽利略的审判93页，塞勒姆审巫案104~105页。

《德国民法典》
1900年

1871年，德意志帝国统一后，其各州保留着各自不同的民法，但人们普遍认为需要统一的德国法典。以罗马法为基础的《德国民法典》于1881年起草，并于1896年得到批准，1900年正式生效。它确立了全德国通行的民法典。《德国民法典》奠定了现代德国法律的基础，并被意大利、日本、韩国和瑞士等国作为民法的典范。

参见： 《十二表法》30页，《拿破仑法典》130~131页。

猴子审判
1925年

1925年，美国田纳西州通过了《巴特勒法案》，禁止在学校讲授进化论。此后，激进分子热衷于反驳该法案的有效性。物理老师约翰·斯科普斯自愿被指控在学校里讲授人类进化论。在他的审判中，原告、反进化论者威廉·詹宁斯·布莱恩和被告的辩护律师克拉伦斯·达罗展开了精彩的辩论。斯科普斯被判有罪，并被罚款100美元，但他和他的支持者们实现了将科学与宗教的辩论带入公共领域的目标。

参见： 对伽利略的审判93页。

《月球协定》
1979年

为了确保国际社会对太空有一定的管辖权，联合国大会于1979年通过了涵盖月球和其他天体的《月球协定》（全称为《关于各国在月球和其他天体上活动的协定》）。该协定指出，这些外层空间区域是"人类的共同遗产"，应得到保护。

《月球协定》于1984年生效，奥地利成为第5个批准该协定的国家。该协定要求成立一个国际组织，以规范未来对月球或其他天体自然资源的开发。虽然有18个国家批准了《月球协定》，但尚未有任何参与载人航天飞行的国家批准该协定。

参见： 世界生物圈保护区网络270~271页，《京都议定书》305页。

种族隔离法的废除
1991年

从1948年起实行的种族隔离政策，按种族将南非人口隔离，歧视人口占多数的黑人，而偏袒白人。1991年，在南非活动人士和国际社会日益增加的压力下，德克勒克总统废除了大部分剩余的种族隔离法律，其中包括1913年和1936年颁布的《土地法》（这两部法案把最好的土地给了白人），以及1950年的《人口登记法》（这部法案按出生时的种族对所有婴儿进行了分类）。1994年，法律的废除和非白人占多数的政府的选举，正式结束了种族隔离制度。

参见： 德国《纽伦堡法案》197页，美国《民权法案》248~253页。

《奥斯陆协议》
1993和1995年

为了确保以色列和巴勒斯坦之间的持久和平，以色列政府和巴勒斯坦解放组织分别于1993年（在美国华盛顿特区）和1995年（在埃及）签署了最初在挪威谈判的两项《奥斯陆协议》。

早期的和平倡议包括联合国安理会在1967年形成的第242号决议，该决议是在以色列与来自埃及、叙利亚和约旦的阿拉伯军队之间的六日战争结束后一致通过的。

《奥斯陆协议》实现了安理会决议的一个关键目标——巴勒斯坦解放组织承认以色列的生存权并被承认是巴勒斯坦的代表机构。同时，协议还使巴勒斯坦人在加沙和约旦河西岸被占领土地上享有一定程度的自治权，要求双方不得煽动暴力。

《奥斯陆协议》所规定的5年过渡期于1999年结束，双方并未达成后续的协议，暴力重新出现，《奥斯陆协议》的规定基本上被双方所抛弃。

参见：《威斯特伐利亚和约》94~95页，《凡尔赛和约》192~193页。

《基础法律法》
2000年

在1975年巴布亚新几内亚脱离英国独立之前，巴布亚新几内亚的法律体系一直以英国的普通法为基础。新的巴布亚宪法包括习惯法和普通法。《基础法律法》的制定有利于确保习惯法是国家基本法律的关键法律渊源。

参见：圣凯瑟琳木材加工厂案169页。

《美国爱国者法案》
2001年

2001年9月11日，伊斯兰极端组织发动了美国历史上最致命的恐怖袭击。1个月后，乔治·W. 布什总统签署了《美国爱国者法案》。该法案扩大了情报和执法机构的监视权限，包括搜查嫌疑人的住宅、商业场所、电子邮件、电话和财务记录等其他措施。

当局监视权力的扩大，引发了人们对公民权利的关注。从2005年开始，该法案的16个章节被废止，但2006年通过的一项修正案使14项原先设有失效日期的条款有了永久效力，另外两项条款得以延长实施期限。2011年，3项主要监测措施延长

至2015年。

2015年的《美国自由法案》限制了美国政府收集数据的权力，但《美国爱国者法案》所赋予政府的关键监控权力，再次得到恢复和扩大。

参见：《公民权利和政治权利国际公约》256~257页。

全球新闻自由指数
2002年

2002年以来，记者无国界组织每年都会发布全球新闻自由指数。该组织根据新闻自由程度，对世界上180个国家进行排名。记者无国界组织汇集专家的反馈，并分析对记者的虐待和暴力行为，从而确定排名。

参见：《世界人权宣言》222~229页。

《传染病控制和预防法案》
2009年

韩国在新冠病毒感染疫情暴发时可以迅速采取应对措施，得益于其关于传染病的早期立法，即《传染病控制和预防法案》的出台。除了实施广泛的检测方案，韩国政府还采用了2015年中东呼吸综合征暴发时的一项措施。该法案允许政府官员收集手机、电子邮件中的信息，以确定确诊患者之前的活动情况。这些信息随后被发布在社交媒体上，用于提醒、追踪和测试可能的接触者。尽管有些人认为这一措施侵犯了有关权利，但这部法案帮助韩国控制了感染水平。

参见：《公民权利和政治权利

国际公约》256~257页。

《现代反奴隶制法案》
2015年

根据《现代反奴隶制法案》，任何在英国提供商品或服务且全球营业额超过3600万英镑的组织必须每年发布一份声明，概述其采取的措施，以确保不存在任何关于人口贩运、奴役或者强迫劳动的情况。2019年英国内政部的一份审查报告呼吁进一步加强和扩人《现代反奴隶制法案》的实施，以覆盖公共的部门领域。

参见：《废除奴隶贸易法案》132~139页。

术语表

在本术语表中，在另一个条目中定义的术语采用斜体字标识。

君主专制政体 Absolute monarchy
以古代君王为核心的中央集权的政治体制。另参见：*君主立宪制*。

无罪开释 Acquittal
*被告*获判无罪裁定。

法案 Act
立法部门正式通过的成文*法规*或法律。

诉讼 Action
为解决双方或多方之间的争端而向*法院*提出的正式要求。

议会法案 Act of Parliament
英国议会所制定的新的法律，或针对现有法律的修改。

辩护律师 Advocate
在法庭上协助、参与辩护或为某人的案件进行辩护的律师。

修正案 Amendment
对法律、*法规*或*宪法*的正式补充或修改。美国《人权法案》包括美国宪法的前10个修正案。

上诉 Appeal
当事人不服下级*法院*的*判决*或裁定，依法向上一级法院提请重新审理。

仲裁 Arbitration
由公正的第三方对法律纠纷做出有约束力的决定，而不必诉诸*法院*解决的过程。

巡回裁判 Assize
中世纪英格兰各郡定期巡回审理案件的法庭。

出庭律师 Barrister
英国和其他一些普通法国家的律师，可以作为*辩护律师*在高等*法院*和基层法院出庭。

议案 Bill
针对新法律或对现有法律的修改提出的可供讨论的方案。

权利法案 Bill of rights
对一个*国家*或州的所有公民共有的最重要*权利*和自由的正式声明。

教会法 Canon Law
管理基督教教会组织和*编纂*基督教信仰的法律体系。

判例法 Case law
以之前案件中*法官*的*判决*为判决依据的法律。另参见：*先例*。

公民 Citizen
属于一个城市或一个更大的社区，如*州*或*国家*的人。

城邦 City-state
以一个独立、自主、单独的城镇为中心的政治*国家*。

民法 Civil law
（1）基于*罗马法*和通过成文*编纂*的法律，而非*判例法*，主要用于欧洲大陆和南美洲。
（2）处理私人组织或个人之间的纠纷，而非制裁犯罪的法律分支。

公民权利 Civil rights
在一个社会中，不论性别、种族或宗教信仰，人们享有平等待遇和均等机会的*权利*。公民权利的例子包括投票权、获得公平审判的权利，以及使用政府服务和公共设施的权利。

编纂 Codification
确定法律的有关内容，并将法律整理成系统形式（如*宪法*和*法典*）的过程。

普通法 Common law
采用普通法形式的*国家*的法律，既不来自法典，也不来白成文*宪法*，而是来自过去基于*先例*的*法院判决*。普通法是大多数英语国家法律制度的基础。另参见：*民法*。

比较法 Comparative law
通过比较和对比的分析形式来研究不同国家的法律制度。

国会 Congress
美国*宪法*中构成*联邦*政府*立法*部门的机构。美国国会由两个经选举产生的议会，即众议院（或下议院）和参议院（或上议院）组成。

宪法 Constitution
有关*国家*治理的原则和法律。

君主立宪制 Constitutional monarchy
国王或女王与选举产生的议会分享权力的君主制。参见：*君主专制政体*。

合同 Contract
双方或多方之间具有法律约束力的协议，在该协议中，要约被提出并被接受，每一方都因此受益。

版权 Copyright
复制、出售或发行原创作品的专有法律*权利*，通常存在一定的年限。

公司 Corporation
由股东所拥有，并被授权经营业务的独立法人。

法律顾问 Counsel
（1）大律师。
（2）被任命提供法律建议或在法庭上代表客户的律师。

法院 Court
有权审理和解决法律纠纷的机构或团体；同时，也是法律纠纷的审理场所。

协定 Covenant
（1）可以在法庭上强制执行的具有约束力的书面协议。
（2）在《圣经》中，上帝和他的子民之间以忠诚为基础且有约束力的协议。

反人类罪 Crimes against humanity
针对平民的蓄意的、有系统的、广泛的侵害活动，例如谋杀、强奸和实施酷刑。

刑法 Criminal law
*国家*用来惩罚犯有最严重罪行的人的法律分支。

网络犯罪 Cybercrime
利用电脑或互联网进行的犯罪活动。

损害赔偿 Damages
因另一方的不法行为而遭受损失或伤害的一方所得到的赔偿金。

非刑事化 Decriminalization
即合法化，取消或减少对某一行为所实施的法律惩罚。

辩护 Defence
为证明*被告*无罪而提出*证据*的过程。

被告 Defendant
在法庭上被控告的人或组织。

民主 Democracy
最高权力属于人民或由人民选出的代表行使权力的一种政府形式。

直接民主 Direct democracy
事实上（而非原则上），政府是公民的，*公民*对每一个影响他们的问题直接进行投票。

歧视 Discrimination
基于种族、性别、宗教、残疾、社会阶层等因素给予一个人或一群人不公平和带偏见的对待。

君权神授 Divine right of kings
一种认为君主从上帝那里获得合法性而不受任何世俗权威支配的学说。

脱氧核糖核酸 DNA
一种携带独特遗传信息的生物大分子，可以准确地识别个体。

正当程序 Due process
按照既定的规则和原则进行诉讼，确保人们受到公平对待，并使他们的合法权利得到尊重。

法令 Edict
由权威人士发布的官方公告、命令或指示。

选举 Election
一个*国家*、*州*或地方的选民，投票选举一个人担任公职的正式过程。

禁运 Embargo
一国或数国联合禁止向某国输出或从某国输入某种或全部商品。

启蒙运动 Enlightenment
横跨1685—1815年，在这一时期，欧洲思想家质疑关于宗教和权威的既定观念，并提倡自由、进步和宽容等理念。

证据 Evidence
在法庭、*听证会*或*审判*中为帮助*法官*或*陪审团*做出*裁决*而提供的信息。

行政部门 Executive
负责确保法律和政策得到实施和执行的政府部门。

引渡 Extradition
将被控犯罪的人送回犯罪发生的*州*或*国家*的司法执行形式。

联邦制 Federal
一种存在整体意义上的中央政府（又被称作"联邦政府"）的政治体系；但是，许多领域的决策交由地方政府（如省政府或州政府）执行。联邦政府和地方政府之间的权力划分通常受到*宪法*的保障。

重罪 Felony
被许多法律制度视为比轻罪更为严重的犯罪。

封建制 Feudal
描述了中世纪的一种政治、社会、经济和军事制度。在这种制度下，一个*国家*的君主位于金字塔状的等级制度的顶端，社会的每一层级都有权向"下层"的人主张*权利*，但也有义务对"上层"的人承担义务。

欺诈 Fraud
为获得经济或个人利益而进行的刑事欺诈。

灭绝种族 Genocide
蓄意、有针对性地杀害或严重伤害一大

群人，尤其是整个宗教团体、种族或*国家*。

人身保护令 Habeas corpus
拉丁语的意思是"你应该拥有自己的身体"。被监禁或拘留的人在法庭上出庭以确定对其的拘留是否合法。人身保护令命令有关的看守人将被拘留者带到法庭上。

听证 Hearing
在法庭或其他法律决策机构面前进行的程序。听证通常比*审判*时间短，形式上也比较自由。

人权 Human rights
所有人类固有并受法律保护的自由和*权利*。人权包括生命权、自由权和安全权。

起诉书 Indictment
正式的书面指控。

知识产权 Intellectual property
受*专利*、*版权*和*商标*等方面的法律保障的创造或发明，使人们能够要求承认其创作作品，或从他们的创作中获得经济利益。

国际法 International law
涵盖*主权国家权利*和义务的法律体系。

法官 Judge
有权主持法律事务和法庭诉讼的公职人员。

判决 Judgement
*法院*或*法官*对法律问题做出的最终决定。

司法审查 Judicial review
*司法部门*审查*立法部门*或*行政部门*做出的*判决*是否合法的过程。司法审查提供了一个必不可少的制衡系统。司法审查的一个重要例子是美国最高法院判断一项法律是否违反美国*宪法*。

司法部门 Judiciary
负责执行司法的政府部门，包括*法官*和*法院*。

管辖权 Jurisdiction
州、*法院*或*法官*做出法律决定和执行法律的权力。例如，一个州可能对其管辖区域内的人员、财产或情况拥有管辖权。

陪审团 Jury
由一群被称为"陪审员"的人组成，他们宣誓根据提交给他们的*证据*对案件做出*判决*。

法典 Law code
一个*国家*或*州*通过的综合和系统的书面法律集合。

执法 Law enforcement
通过逮捕、惩罚、改造和威慑等手段，确保法律得以实施的过程。

诉讼 Lawsuit
在*民法*中，*原告*声称因*被告*的不当行为而遭受损失的法庭案件。

立法 Legislation
法律的形成阶段，即正在准备内容、颁布或通过一项或多项法律的过程。

立法部门 Legislature
负责制定和通过法律的政府部门。

诉讼 Litigation
在*法院*解决两个或两个以上对立方之间纠纷的过程。

治安法官 Magistrate
一种司法官员，在英格兰和威尔士又被称为"太平绅士"，在处理轻微犯罪的法庭上执行法律。

大宪章 Magna Carta
1215年起草的*权利*宪章，旨在限制英国君主滥用权力。

授权 Mandate
由选民给予政府代表以某种方式行事的命令或权力。

戒严令 Martial law
取代一个国家正常文职政府的军事控制，通常在危机时期用于维持秩序。

民族国家 Nation state
一个大多数公民拥有共同语言和文化的独立*国家*。这些*公民*认同一个民族，国家以他们的名义统治。

自然法 Natural law
一种被认为是所有人共有的*正义*体系，自然法源自永恒不变的自然规则，而非不断变化的社会规则。

教皇诏书 Papal bull
教皇就宗教、法律或政治重要问题发布的命令或法令。

议会 Parliament
*国家*政府的立法部门或立法部门，通常由选举产生的政治家组成。

专利 Patent
一种授予发明者对其创意的所有权的法律保护形式，确保其他人在未经发明者许可的情况下，不能复制其发明。专利保护发明，而*版权*保护思想的表达。

原告 Plaintiff
在法庭上指控*被告*的个人、组织、*州*或*国家*。

先例 Precedent
由以前的法律案件的*判决*确立的原则或规则。在处理类似问题的后续案件时，可以引用先例来证明*判决*的合理性。

起诉 Prosecution
出示*证据*以试图证明*被告*有罪的过程。

批准 Ratification
签署正式法律、条约、合同、修正案或其他协议，使其具有法律效力的过程。

全民公投 Referendum
选民对某一特定问题、提议或政策的直接投票。

共和制 Republic
一个不存在君主的*国家*，权力属于人民，并由他们选出的代表来行使政治权力。

革命 Revolution
人民通过突然、暴力的形式推翻现有的社会秩序或政权。

权利 Rights
一个人依法行使的权力和享受的权益。

罗马法 Roman law
古罗马的法律制度，至今仍是许多现代*民法*制度的基础。

判刑 Sentence
*法官*对在法庭上被判有罪的*被告*给予的惩罚。

权力分立 Separation of powers
将政府划分为3个独立的分支：*行政部门*、*司法部门*和*立法部门*。这样的制度确保了任何一个部门都不会获得过多的权力。

伊斯兰教法 Sharia law
伊斯兰教中支配穆斯林宗教和世俗生活的律法。

主权 Sovereignty
*国家*或其统治者、领袖、议会或政府所拥有的不受任何外部力量控制或影响的政治权威。

国家或州 State
（1）一个具有*主权*政治的地理区域和居住在其中的人民。
（2）一个*联邦制*国家的地方政府，如美国各州。
（3）一个政府及其机构。

法规 Statute
由*立法部门*颁布并正式成文的法律。可以对现行法规进行修改。

选举权 Suffrage
在*选举*或*全民公投*中投票的权利。所谓的普选是指公民不分性别、种族、社会地位或财富而享有的选举权。妇女选举权是指妇女享有的与男子相同的选举权。

最高法院 Supreme court
一个*国家或州*的最高*法院*，对下级法院有管辖权。在美国，最高法院是最高的联邦法院，有权解释美国*宪法*。

侵权法 Tort law
*民法*的一个分支，处理一方的不法行为导致另一方遭受损失或伤害的案件。

商标 Trademark
将一个企业的商品或服务与其他企业的商品或服务区分开来的词、短语、标志或符号。商标可以被注册，这就赋予了商标所有人对该商标的专有权。

工会 Trade union
由雇员组成的有组织的团体，该团体与雇主和公司协商以维持和改善工资和工作条件。

条约 Treaty
*国家*之间签订的有关政治、军事、经济或文化等方面的*权利*和义务的文书。

审判 Trial
在刑事或民事案件中，法官为做出*判决*而在法庭上对*证据*进行正式审查。

普遍管辖权 Universal jurisdiction
在*国际法*中，*国家法院*有权起诉犯下*反人类罪*、*战争罪*和*灭绝种族罪*等严重罪行的个人，无论罪行发生在何处。

裁决 Verdict
*法官*或*陪审团*根据法庭上的*证据*所做的结论。

战争罪 War crime
在战争中实施的违反*国际法*和战争惯例的行为。战争罪的例子包括劫持人质、使用儿童士兵，以及故意杀害平民或囚犯。

授权令 Warrant
允许某人做某事的法律文件，尤指允许警察逮捕、扣押物品或搜查财产的法律文件。

令状 Writ
命令某人实施或停止某一特定行为的正式法律文件。

原著索引

Page numbers in **bold** refer to main entries

9/11 attacks 180, 323

引文出处

致 谢

Dorling Kindersley would like to thank Ira Sharma, Vikas Sachdeva, Shipra Jain, and Sampda Mago for design assistance; Chauney Dunford, Maisie Peppitt, Janashree Singha, and Tanya Singhal for editorial assistance; Miriam Kingston for advice on the contents list; Alexandra Beeden for proofreading; Helen Peters for indexing; DTP Designer Rakesh Kumar; Jackets Editorial Coordinator Priyanka Sharma; Managing Jackets Editor Saloni Singh; and Geetika Bhandari for picture research assistance.

PICTURE CREDITS

18 Alamy Stock Photo: Ivy Close Images (br). **19 Alamy Stock Photo:** Science History Images (crb). **Getty Images:** DEA PICTURE LIBRARY / De Agostini (cla). **21 Alamy Stock Photo:** Art Collection 2 (cla). **23 Alamy Stock Photo:** Ira Berger. **25 Getty Images:** API / Gamma-Rapho (cb). **27 Alamy Stock Photo:** China Span / Keren Su. **29 Dreamstime.com:** Mariusz Prusaczyk. **31 Dreamstime.com:** Whirlitzer (cr). **33 Alamy Stock Photo:** Janetta Scanlan (tr). **35 Alamy Stock Photo:** Mark Markau (br). **37 Alamy Stock Photo:** Chronicle (cla). **iStockphoto.com:** Nastasic (br). **40 Alamy Stock Photo:** Lebrecht Music & Arts / Lebrecht Authors. **41 Alamy Stock Photo:** Lebrecht Music & Arts / Lebrecht (bl); Historic Images (tr). **44 Alamy Stock Photo:** Niday Picture Library. **46 Alamy Stock Photo:** Classic Image. **47 Alamy Stock Photo:** imageBROKER / hwo. **53 Alamy Stock Photo:** Granger Historical Picture Archive / Granger, NYC. **55 Dreamstime.com:** Yulia Babkina. **56 Bridgeman Images. 57 SuperStock:** Universal Images. **59 Alamy Stock Photo:** IanDagnall Computing. **61 Alamy Stock Photo:** Aurelian Images. **62 Alamy Stock Photo:** Glasshouse Images / JT Vintage. **63 SuperStock:** Universal Images. **65 Alamy Stock Photo:** Art Collection 2. **69 Alamy Stock Photo:** Pictorial Press Ltd. **70 Alamy Stock Photo:** World History Archive. **71 Alamy Stock Photo:** Ian Dagnall. **73 Alamy Stock Photo:** Granger Historical Picture Archive / Granger, NYC (tr). **Getty Images:** UIG / Prisma (bc). **75 Alamy Stock Photo:** INTERFOTO / History. **76 Alamy Stock Photo:** Timewatch Images. **77 Getty Images:** UniversalImagesGroup / Prisma. **83 Alamy Stock Photo:** Sergey Borisov. **84 Getty Images:** Dea / A. Dagli Orti / De Agostini Editorial. **85 Alamy Stock Photo:** Art Collection. **87 Alamy Stock Photo:** Pictorial Press Ltd. **89 Alamy Stock Photo:** Granger Historical Picture Archive / Granger, NYC. **90 Getty Images:** Stringer / Fotosearch (br). **91 Alamy Stock Photo:** The Print Collector / Heritage Images. **92 Alamy Stock Photo:** Pictorial Press Ltd (cr). **94 Alamy Stock Photo:** INTERFOTO / History (br). **97 Alamy Stock Photo:** incamerastock. **100 Alamy Stock Photo:** Virginia Museum of History & Culture. **101 Alamy Stock Photo:** North Wind Picture Archives (tl, crb). **102 Alamy Stock Photo:** GL Archive (cb). **103 Alamy Stock Photo:** GL Archive. **105 Alamy Stock Photo:** Pictorial Press Ltd. **106 Alamy Stock Photo:** Chronicle (cb). **109 Alamy Stock Photo:** Archive Images (cr). **112 Alamy Stock Photo:** IanDagnall Computing. **115 The New York Public Library. 116 Alamy Stock Photo:** Granger Historical Picture Archive / Granger, NYC. **117 Alamy Stock Photo:** IanDagnall Computing. **119 Alamy Stock Photo:** World History Archive. **127 Alamy Stock Photo:** Granger Historical Picture Archive / Granger, NYC. **128 Alamy Stock Photo:** © Aldo Liverani / Andia. **129 Dreamstime.com:** Luckyphotographer. **130 Getty Images:** Universal Images Group / Christophel Fine Art (br). **131 Alamy Stock Photo:** Classic Image. **135 Alamy Stock Photo:** incamerastock (t); Nic Hamilton Photographic (bl). **136 Alamy Stock Photo:** Everett Collection / Everett Collection Historical (bc); World History Archive (tl). **137 Alamy Stock Photo:** The History Collection. **141 Alamy Stock Photo:** Chronicle. **142 Alamy Stock Photo:** GL Archive. **143 Alamy Stock Photo:** The Picture Art Collection. **145 Alamy Stock Photo:** The Granger Collection. **147 Getty Images:** Stringer / Hulton Archive. **149 Alamy Stock Photo:** Archivah. **150 Alamy Stock Photo:** Lebrecht Music & Arts / Lebrecht Authors. **153 Alamy Stock Photo:** Pictorial Press Ltd (bl); The History Collection (cra). **154 Alamy Stock Photo:** Shawshots. **158 Alamy Stock Photo:** North Wind Picture Archives (tl); Prisma Archivo (br). **159 Getty Images:** Stringer / Hulton Archive. **160 Alamy Stock Photo:** Artokoloro (cr). **162 Alamy Stock Photo:** Chronicle. **165 Alamy Stock Photo:** GL Archive (tr); INTERFOTO / History (ca). **166 Alamy Stock Photo:** Falkensteinfoto. **168 Alamy Stock Photo:** 19th era 2 (tb). **171 Alamy Stock Photo:** Glasshouse Images / JT Vintage (cla); Universal Images Group North America LLC / Encyclopaedia Britannica, Inc. / Library of Congress (tr). **173 Alamy Stock Photo:** Craig Joiner Photography (crb). **Dreamstime.com:** Demerzel21 (tr). **175 Library of Congress, Washington, D.C.:** Kurz & Allison LC-DIG-pga-01949 (digital file from original print) LC-USZC4-507 (color film copy transparency) LC-USZ62-1288 (b&w film copy neg.) LC-USZC2-1889 (color film copy slide). **176 Alamy Stock Photo:** Historical image collection by Bildagentur-online. **177 Getty Images:** Foto Frost / Ullstein Bild Dtl. **179 Alamy Stock Photo:** Painters. **181 Getty Images:** Hulton Archive / Archive Photos. **182 Alamy Stock Photo:** Granger Historical Picture Archive / Granger, NYC. **183 Alamy Stock Photo:** Everett Collection Historical / Everett Collection (tr); WS Collection (bl). **185 Alamy Stock Photo:** Granger Historical Picture Archive / Granger, NYC (cla). **Getty Images:** Bettmann (tr). **187 Alamy Stock Photo:** Imago History Collection (clb). **Missouri Valley Special Collections, Kansas City Public Library, Kansas City, Missouri:** (cra). **188 Getty Images:** Hulton Archive / Heritage Images (bc). **189 Getty Images:** Bettmann. **191 Getty Images:** Corbis Historical / Michael Nicholson. **192 Alamy Stock Photo:** Sueddeutsche Zeitung Photo / Scherl (cb). **195 Dreamstime.com:** Aliaksei Haiduchyk. **196 Getty Images:** NurPhoto (crb). **204 Getty Images:** Bettmann. **205 Getty Images:** The LIFE Picture Collection / Thomas D. Mcavoy. **206 Getty Images:** Bettmann (bl); Library of Congress / Corbis Historical (tr). **208 Getty Images:** Bettmann. **209 Alamy Stock Photo:** The Picture Art Collection. **211 Getty Images:** Bettmann (cla); Hulton Archive / Malcolm Linton (clb). **214 Alamy Stock Photo:** Granger Historical Picture Archive / Granger, NYC. **215 Alamy Stock Photo:** Pictorial Press Ltd. **218 Getty Images:** AFP / Walter Astrada. **219 Alamy Stock Photo:** UPI / Jemal Countess (ca). **Rex by Shutterstock:** Sipa / Dommergues (clb). **220 Alamy Stock Photo:** Pictorial Press Ltd. **225 Alamy Stock Photo:** Everett Collection Historical / Everett Collection (cra). **Getty Images:** GPO / Hulton Archive / Zoltan Kluger (bl). **227 Alamy Stock Photo:** Shaun Higson / South Africa (tl). **iStockphoto.com:** E+ / Bill Oxford (bl). **228 Getty Images:** NurPhoto / Ronen Tivony. **229 Getty Images:** John Phillips. **231 Getty Images:** Picture Post / Kurt Hutton. **233 Getty Images:** Anadolu Agency / Anadolu (br); Christopher Furlong (tl). **237 Alamy Stock Photo:** INTERFOTO / History. **238 Getty Images:** Roger Viollet / Harlingue. **240 Getty Images:** Keystone / Hulton Archive. **241 Alamy Stock Photo:** Agencja Fotograficzna Caro / Eckelt (br); World History Archive (tl). **243 Alamy Stock Photo:** mauritius images GmbH / Johannes Heuckeroth (ca). **iStockphoto.com:** E+ / KristianSeptimiusKrogh (bl). **245 Alamy Stock Photo:** mccool (bl). **SuperStock:** Fine Art Images / A. Burkatovski (cra). **247 Federation of American Scientists:** https://fas.org/issues/nuclear-weapons/status-world-nuclear-forces (b). **251 Alamy Stock Photo:** IanDagnall Computing (cla). **252 Alamy Stock Photo:** World History Archive. **253 Getty Images:** Bettmann (tl); Rolls Press / Popperfoto (br). **255 Alamy Stock Photo:** PictureLux / The Hollywood Archive (cla). **Rex by Shutterstock:** AP / Matt York (tr). **257 Getty Images:** IP3 / Nicolas Kovarik. **259 Getty Images:** Washington Bureau / Archive Photos (crb). **261 Getty Images:** Bettmann. **262 Getty Images:** The LIFE Picture Collection / Cynthia Johnson. **263 Getty Images:** Julie Bennett. **265 American Bird Conservancy:** Endangered Species Act: A Record of Success (br/Data). **Dreamstime.com:** Artof Sha (br/Bird). **271 Getty Images:** Moment / James Forsyth. **273 Alamy Stock Photo:** Science History Images. **275 Getty Images:** Fotosearch / Archive Photos (cr). **277 Getty Images:** AFP / Mohamed Al-Bakour (cla); AFP (clb). **281 Getty Images:** AFP / Khaled Desouki (cla); Sygma / Sion Touhig (crb). **283 Getty Images:** Bloomberg. **285 Rex by Shutterstock:** AP / Denis Paquin (crb). **289 Alamy Stock Photo:** History and Art Collection. **292 Getty Images:** LightRocket / Peter Charlesworth (cb). **293 Getty Images:** Tim Graham Photo Library / Tim Graham. **295 European Monitoring Centre for Drugs and Drug Addiction:** © EMCDDA, 1995–2019 (tr). **Getty Images:** Corbis News / Horacio Villalobos (bl). **297 Getty Images:** Corbis Entertainment / Colin McPherson. **300 Dreamstime.com:** Mikechapazzo. **301 Getty Images:** AFP / Fred Dufour. **302 Getty Images:** AFP. **303 Getty Images:** AFP / Michael Kooren (clb). **Rex by Shutterstock:** Alan Gignoux (tr). **304 Getty Images:** AFP / Jeff Haynes (cb). **307 Getty Images:** ALLSPORT / Graham Chadwick. **308 Reuters:** Vincent West (cb). **312 Getty Images:** Mark Wilson. **313 Dreamstime.com:** Simi32 (tl). **Getty Images:** Alex Edelman (br). **315 Alamy Stock Photo:** Trinity Mirror / Mirrorpix

All other images © Dorling Kindersley

For further information see: www.dkimages.com